国家社科基金一般项目"移动图书馆的用户体验模型与服务质量提升研究"(项目批准号17BTQ037) 成果

移动图书馆的用户体验模型与服务质量提升研究

魏群义 许天才 | 著

图书在版编目(CIP)数据

移动图书馆的用户体验模型与服务质量提升研究 / 魏群义，许天才著. —北京：中央编译出版社，2021.4

ISBN 978-7-5117-3790-8

Ⅰ.①移… Ⅱ.①魏… ②许… Ⅲ.①数字图书馆-图书馆服务-研究 Ⅳ.①G250.76

中国版本图书馆 CIP 数据核字(2021)第 042569 号

移动图书馆的用户体验模型与服务质量提升研究

责任编辑	刘　溪　郑永杰
责任印制	刘　慧
出版发行	中央编译出版社
地　　址	北京西城区车公庄大街乙 5 号鸿儒大厦 B 座(100044)
电　　话	(010) 52612345(总编室)　　(010) 52612362(编辑室) (010) 52612316(发行部)　　(010) 52612346(馆配部)
传　　真	(010) 66515838
经　　销	全国新华书店
印　　刷	河北下花园光华印刷有限责任公司
开　　本	710 毫米×1000 毫米　1/16
字　　数	315 千字
印　　张	21.25
版　　次	2021 年 4 月第 1 版
印　　次	2021 年 4 月第 1 次印刷
定　　价	95.00 元

新浪微博：@中央编译出版社　　　　微　信：中央编译出版社(ID：cctphome)
淘宝店铺：中央编译出版社直销店(http://shop108367160.taobao.com)　(010)55626985

本社常年法律顾问：北京市吴栾赵阎律师事务所律师　　闫军　梁勤
凡有印装质量问题，本社负责调换。电话：(010)55626985

前言

移动互联网时代，移动服务深入人心。越来越多的图书馆通过短信息、移动网站、客户端、微信图书馆等方式为读者提供丰富多样的移动图书馆服务。移动服务的快速发展增进了用户与图书馆之间的信息交互，图书馆的移动服务逐渐从以资源为中心转向以用户为中心。随着移动服务的深化与拓展，用户越来越重视图书馆的服务质量，用户体验已成为衡量图书馆服务质量的重要标志。图书馆作为资源中心和学习中心，在泛在信息社会环境下如何提升用户体验，提高图书馆的移动服务质量，让用户随时随地享受图书馆无处不在的服务，是当前图书馆面临的重要课题。

用户体验是人们对使用或期望使用的产品、系统或者服务的所有反应和结果，最初在人机交互领域被广泛应用。随着移动图书馆研究重点的转变，即由最初的以资源为中心转变为以用户为中心，用户体验成为移动图书馆用户研究的重要部分。移动服务正改变着人们获取知识的方式，移动用户更加注重用户体验中情感的愉悦与满足，这就对移动图书馆提出了更高的要求。深入挖掘移动图书馆用户体验要素，开展移动图书馆用户体验理论研究，构建移动图书馆用户体验理论模型与评价模型，对全面了解和提升用户体验、促进移动服务质量全面提升具有重要的理论和实践意义。

本书的研究主题为移动图书馆的用户体验与质量提升。从研究与分析用户体验影响因素入手，围绕系统特性、服务特性、用户特性和社会特性等，构建移动图书馆用户体验影响因素模型。结合技术接受模型、整合型技术接受与使用模型等，构建移动图书馆用户体验结构性模型和评价指标体系，并以重庆大学微信图书馆为研究对象开展实证研究。同时，构建了移动图书馆流失用户模型和用户转换行为模型。最后，围绕移动图书馆的服务质量提升开展了相应的对策研究。

本书共分为7章。第1章是移动图书馆用户体验概述。本章对移动图书馆的兴起、建设与发展现状进行了概述，梳理了移动图书馆的四种服务模式。对移动图书馆用户体验的定义、要素、维度等进行概述，对移动图书馆用户体验的研究现状进行了综述。

第2章是移动图书馆用户体验要素研究。本章分析了移动图书馆用户体验的内涵与要素，从系统特性、服务特性、用户特性和社会特性等构建移动图书馆用户体验影响因素模型。采用Meta文献定量分析方法，对已有的研究文献开展移动图书馆用户体验要素研究。

第3章是移动图书馆用户体验结构性模型研究。本章从用户体验的视角，融合移动图书馆用户体验影响因素研究成果，结合技术接受模型、整合型技术接受与使用模型、信息系统成功模型的相关理论，构建移动图书馆用户体验结构性模型，并以重庆大学图书馆微信图书馆为研究对象开展了用户体验模型的实证研究。

第4章是移动图书馆用户体验评价指标体系研究。本章在移动图书馆用户体验结构性模型研究结果的基础上，构建用户体验评价的测评指标体系，并以重庆大学微信图书馆为研究对象开展实证研究。

第5章是移动图书馆流失用户画像模型构建。本章在S-O-R理论的指导下，运用扎根理论分析访谈数据用户画像标签，构建高校移动图书馆流失用户画像标签框架及模型。

第6章是移动图书馆用户转换行为模型与实证研究。本章基于PPM模型和相关研究成果，提出了移动图书馆用户转换行为模型，并进行了模型的实证检验，最后从推力因素、拉力因素和锚定因素三方面验证了影响用户转换行为的因素。

第7章是移动图书馆服务质量提升研究。本章对移动图书馆的现有服务模式和服务功能进行了梳理，阐释了服务模式和服务功能之间的逻辑关系，分析了当前移动服务存在的问题。围绕移动图书馆的服务质量提升开展了相应的对策研究。

本书是国家社科基金项目名称"移动图书馆的用户体验模型与服务质量提升研究"（批准号17BTQ037）的研究成果。项目研究得到了重庆大学图书馆杨新涯馆长、彭晓东教授等专家的指导和支持，他们为课题研究给出了诸多意见和建议。项目团队为项目研究和专著出版付出了辛勤的劳动，姚媛等参与移动图书馆用户体验结构性模型和评价指标体系研究，王靖芸等参与移动图书馆用户体验要素研究，冯龄萱等参与移动图书馆流失用户画像模型构建，李艺亭等参与移动图书馆用户转换行为模型与实证研究，潘雨亭、冯婷婷等参与移动图书馆服务质量提升研究。在此一并表示感谢。

移动图书馆用户体验是一个新兴的研究领域，学科交叉性较强。作者虽然付出了很多努力，做了一些理论探索和实证工作，但由于学识和水平有限，疏漏和不当之处在所难免，敬请专家、同行、读者批评指正。

魏群义　许天才

2020年4月于重庆

目 录

第1章 移动图书馆用户体验概述 / 001

1.1 移动图书馆概述 / 001
- 1.1.1 移动图书馆的兴起 / 001
- 1.1.2 移动图书馆的服务模式 / 004
- 1.1.3 移动图书馆建设现状与分析 / 010

1.2 用户体验概述 / 017
- 1.2.1 概念 / 017
- 1.2.2 要素 / 019
- 1.2.3 研究方法 / 020

1.3 移动图书馆用户体验概述 / 021
- 1.3.1 定义 / 021
- 1.3.2 要素 / 022
- 1.3.3 维度 / 023

1.4 移动图书馆用户体验研究综述 / 025
- 1.4.1 用户体验影响因素研究 / 026
- 1.4.2 用户体验模型研究 / 028
- 1.4.3 用户体验测评研究 / 030
- 1.4.4 用户体验提升研究 / 032
- 1.4.5 未来研究展望 / 038

第 2 章　移动图书馆用户体验要素研究 / 040

2.1　移动图书馆用户体验内涵 / 040

2.2　移动图书馆用户体验要素 / 044

2.3　移动图书馆用户体验影响因素模型构建 / 052

  2.3.1　系统特性 / 055

  2.3.2　服务特性 / 056

  2.3.3　用户特性 / 057

  2.3.4　社会特性 / 058

2.4　移动图书馆用户体验要素研究 / 059

  2.4.1　研究方法 / 059

  2.4.2　研究设计 / 060

  2.4.3　研究结果与分析 / 064

  2.4.4　影响因素总结 / 069

第 3 章　移动图书馆用户体验结构性模型研究 / 070

3.1　相关理论基础 / 070

  3.1.1　技术接受模型 / 071

  3.1.2　整合型技术接受与使用模型 / 072

  3.1.3　信息系统成功模型 / 074

3.2　模型构建与研究假设 / 075

  3.2.1　模型构建 / 075

  3.2.2　变量定义与研究假设 / 076

3.3　调查问卷设计 / 081

  3.3.1　问卷内容设计 / 082

  3.3.2　问卷测量量表 / 082

  3.3.3　预问卷的信度与效度检验 / 086

  3.3.4　正式问卷的发放与回收 / 089

3.4 研究结果分析 / 090

    3.4.1 描述性统计分析 / 090

    3.4.2 信度检验 / 093

    3.4.3 效度检验 / 094

    3.4.4 影响因素路径分析 / 108

    3.4.5 参数估计与假设检验 / 117

    3.4.6 拟合检验与模型修正 / 119

3.5 结果讨论 / 122

第4章 移动图书馆用户体验评价指标体系研究 / 125

4.1 用户体验评价指标体系研究 / 125

    4.1.1 指标体系构建原则 / 125

    4.1.2 指标体系评价方法 / 127

    4.1.3 评价指标体系构建 / 131

    4.1.4 指标描述与说明 / 133

    4.1.5 权重分配与一致性检验 / 135

4.2 用户体验评价体系实证研究 / 142

    4.2.1 研究过程 / 142

    4.2.2 评价结果分析 / 144

    4.2.3 存在的问题 / 149

    4.2.4 结果讨论 / 151

第5章 移动图书馆流失用户画像模型构建 / 153

5.1 用户画像与用户流失 / 153

    5.1.1 用户画像 / 153

    5.1.2 用户流失 / 157

5.2 移动图书馆流失用户模型构建 / 159

5.2.1　S-O-R 模型 / 159

　　5.2.2　用户流失标签提取 / 161

　　5.2.3　流失用户画像模型 / 168

　　5.2.4　用户画像模型解释 / 171

5.3　移动图书馆用户流失改进对策 / 175

　　5.3.1　用户流失要素启示 / 175

　　5.3.2　用户变化标签和行为启示 / 179

第6章　移动图书馆用户转换行为模型与实证研究 / 181

6.1　移动图书馆用户转换行为 / 181

　　6.1.1　用户转换行为概述 / 181

　　6.1.2　用户转换行为研究现状 / 184

6.2　移动图书馆用户转换行为模型 / 188

　　6.2.1　理论基础 / 188

　　6.2.2　用户转换行为影响因素分析 / 191

　　6.2.3　用户转换行为模型构建 / 198

6.3　移动图书馆用户转换行为实证研究 / 199

　　6.3.1　问卷设计 / 199

　　6.3.2　问卷发放与回收 / 206

　　6.3.3　实证结果分析 / 207

　　6.3.4　研究结论 / 243

第7章　移动图书馆服务质量提升研究 / 246

7.1　移动图书馆服务模式梳理 / 246

　　7.1.1　移动网站 / 247

　　7.1.2　客户端 / 252

　　7.1.3　微信图书馆 / 253

  7.1.4 其他 / 261

7.2 移动服务模式改进建议 / 263

7.3 移动图书馆服务功能梳理 / 264

  7.3.1 信息推送与展示 / 264

  7.3.2 资源服务 / 272

  7.3.3 在线互动 / 277

  7.3.4 特色服务 / 278

7.4 服务模式与服务功能间的逻辑阐述 / 283

7.5 移动图书馆服务问题分析 / 284

  7.5.1 服务稳定性需提升 / 284

  7.5.2 用户交互性能不佳 / 285

  7.5.3 移动服务创新不足 / 286

  7.5.4 资源体系有待完善 / 287

  7.5.5 宣传推广有待加强 / 288

7.6 移动图书馆服务质量提升研究 / 288

  7.6.1 打造创新的移动服务体系，提升功能体验 / 289

  7.6.2 构建完备的移动资源体系，提升内容体验 / 294

  7.6.3 建设高效的服务管理体系，提升情感体验 / 296

7.7 移动图书馆未来发展趋势 / 302

  7.7.1 5G / 302

  7.7.2 大数据 / 303

  7.7.3 云计算 / 304

  7.7.4 新媒体 / 304

  7.7.5 虚拟现实 / 306

7.8 研究局限与研究展望 / 307

  7.8.1 研究局限 / 307

  7.8.2 研究展望 / 308

附录 / 309

A.1 微信图书馆用户体验评价问卷调查 / 309

A.2 微信图书馆用户体验评价指标体系调查问卷 / 313

A.3 重庆大学微信图书馆用户体验评价调查问卷 / 317

A.4 高校移动图书馆用户转换行为调查问卷 / 321

第1章 移动图书馆用户体验概述

1.1 移动图书馆概述

1.1.1 移动图书馆的兴起

在大数据信息时代背景下,图书馆的建设朝着信息化和数字化的方向发展,图书馆顺应时代潮流不断优化管理思路、创新服务模式,为用户提供更加优质、便捷的信息资源服务。随着网络通信技术和移动互联的高速发展,信息传播形式与载体均发生巨大的变化,电子资源取代纸质资源成为主要的信息资源传播形式。同时,以智能手机和平板电脑为代表的移动终端,成为人们获取信息资源的重要载体。这种变化对图书馆的发展提出了新的挑战和要求,资源的数字化和服务的移动化成为当前图书馆发展的重要趋势和方向。移动社交、移动学习、移动阅读、移动商务、移动搜索等正在大踏步进入我们的生活，移动时代已经到来①。移动图书馆是国内外图书馆为了顺应时代潮流、满足用户需求而提出的一种新的服务形式，它实现了用户对图书馆资源的快速查询与获取，可以满足用户的各类信息需求，除了传统的文字信息外，移动图书馆还可为用户提供图像、音频、视频等多媒体资源。同时，移动图书馆打破了人们获取资源的时空限制，真正实现了用户随时、随地查询与获取信息资源，切实增强了用户体验感。可以说，移动图书馆的建设与发展深刻推动了图书馆的信息化建设和服务模式变革。

移动图书馆译自英文中的"mobile library"或"m-libraries"，原指"汽车图书馆"或"流动书车（bookmobile）"②，美国图书馆协议县级图书馆工作组（The County Libraries Group of the Library Association）早在1949年就将其定义为"设计、配备和运行的一种运载工具，尽可能远地提供比临时分馆更加实用的服务"③。最初的移动图书馆是为了方便给不能亲自前往图书馆借阅的读者提供服务，从而在大型的汽车、轮船等移动交通工具中安装能够放置图书的书架，方便读者阅读。最早的移动图书馆是人们为了满足知识需求而采取的最朴实的服务形式，这个时期的移动图书馆和手机毫无关联。随着网络通信技术的发展，传统意义上的移动图书馆承载了新的服务内容，并被赋予了新的定义和内涵，泛指图书馆提供的移动服务，用户通过移动终端享受图书馆资源和服务。本书后续的研究中提到的移动图书馆特指图书馆通过移动终端为移动用户提供移动服务，而不是汽车图书馆或流动图书馆。

随着智能手机的兴起和发展，"信息服务"在无线通信领域飞速发展，以短信服务为主的手机图书馆服务逐渐兴起，并在图书馆系统和读者之间

---

① 〔英〕保罗·斯盖尔敦：《移动就是一切》，李亮译，南京：江苏文艺出版社2013年版。

② Bookmobile. WIKIPEDIA. https://en.wikipedia.org/wiki/Bookmobile.

③ Penny Want, "The History and Development of Mobile Libraries", *Library Management*, Vol.11, No.2, 1990, pp.5-14.

架起了一道桥梁，为读者提供更便捷的文献信息服务[①]，服务内容主要包括到期提醒、续借、预约、查询等，新的服务模式具有成本低、使用方便并且结构简单的特点。通信技术和移动互联网的高速发展将图书馆的数字资源和服务进一步拓展到移动终端，加之二维码、位置服务（LBS）、虚拟现实和响应式网页设计等新兴技术[②]被应用到移动图书馆中，使得图书馆用户能够通过智能手机、平板电脑等移动终端，实现数字资源的查询、阅读、下载等操作，进一步丰富了移动图书馆的功能。

  信息技术的快速发展和移动设备的不断更新，促使移动图书馆的服务模式和服务内容不断更新和完善。2001年8月WAP 2.0正式发布[③]，WAP技术的发展日趋成熟，WAP上网逐渐盛行，2006年起WAP网站逐渐成为当时国内图书馆移动信息服务平台的新选择[④]。使用WAP技术建设手机图书馆网站或移动门户网站，成为图书馆提供移动服务的首选，以满足用户通过手机检索馆藏、查看开放时间、存取电子期刊论文等需求。随着4G技术的高速发展和移动应用的普及，移动图书馆也进入了移动应用阶段，自2010年起越来越多的图书馆开始面向IOS、Android平台用户提供移动图书馆应用[⑤]，服务内容、服务功能更加丰富，位置服务、二维码、虚拟现实等移动技术的应用更为广泛，基本满足了用户不受时空限制，随时随地使用图书馆资源和服务的需求。微信是腾讯公司于2011年推出的一个为智能终端提供即时通信服务的免费应用程序，已经成为最为流行的社交软件，对图书馆的移动服务也产生了积极的影响。随着微信公众号的推出，

---

  ① 茆意宏、吴政、黄水清：《手机图书馆的兴起与发展》，载《大学图书馆学报》，2008年第1期，第3—6、27页。

  ② 魏群义：《移动图书馆云服务研究》，北京：科学出版社2017年版。

  ③ 任立刚、宋俊德：《WAP的新进展：WAP2.0》，载《电信技术》，2002年第7期，第17—19页。

  ④ 张文彦、张瑞贤：《美中WAP手机图书馆发展现状比较》，载《图书馆杂志》，2009年第7期，第64—68页。

  ⑤ 张磊：《上海图书馆移动服务实践与创新》，载《图书情报工作》，2013年第4期，第11—15页。

2012年起图书馆纷纷入驻微信，开始通过微信平台为读者提供移动图书馆服务。[①] 目前，移动应用和微信图书馆已经成为国内图书馆最主要的移动服务模式。[②] 从移动图书馆的兴起与发展来看，移动图书馆的服务内容与服务模式也不是一成不变的，移动图书馆会随着智能设备和信息技术的发展不断更新和完善，5G技术的发展必将推动移动图书馆朝着更加智能化、便捷化、个性化的方向发展。

1.1.2 移动图书馆的服务模式

随着智能终端的普及和移动互联网的发展，移动图书馆服务模式也呈现出多样化的趋势。移动图书馆服务模式[③]是指伴随着无线网络通信技术的进步，图书馆所采取的不同类型的移动服务实现方式。基于移动终端的图书馆移动服务模式主要分为四类[④]，即短信服务（short message service，SMS）、移动网站、客户端应用和微信图书馆。

（1）短信服务

基于SMS短信的服务模式是最早的移动图书馆服务模式，在移动图书馆发展的初期，图书馆采用手机短信的形式为读者提供提醒式服务。短信是用户通过手机这一移动端发送和接收文字信息，短信服务是较早且普及率较高的一项移动服务，短信具有发送畅通、操作简洁方便的特

[①] 陈明：《985高校图书馆微信公众平台调查研究》，载《农业图书情报学刊》，2015年第5期，第91—93页。

[②] 许天才、潘雨亭、冯婷婷等：《高校移动图书馆服务模式现状调研与发展策略研究》，载《图书情报工作》，2020年第3期，第71—82页。

[③] 梁欣、过仕明：《移动图书馆服务模式探索》，载《图书情报工作》，2013年第9期，第58—64页。

[④] 茆意宏、吴政、黄水清：《手机图书馆的兴起与发展》，载《大学图书馆学报》，2008年第1期，第3—6、27页。

点。① 基于 SMS 短信的服务模式主要以文本的方式主动向图书馆用户推送提醒信息，如馆藏信息、读者借书信息、图书预约、续借及催还、超期罚款催缴、新闻、讲座通知等。与此同时，图书馆可以通过短信的形式满足读者咨询的服务需求，如馆藏目录查询、开馆时间、借阅情况、常见问题咨询等。早期因为移动通信技术处于初期发展阶段，移动图书馆服务模式主要是以手机短信为主，所以短信服务模式相对比较成熟，国内外大部分图书馆一直被沿用至今。国内外图书馆提供的短信服务模式存在一定的差异②，国内移动图书馆提供的短信服务以短信提醒服务为主，而国外移动图书馆提供短信服务以实时参考咨询为主。短信服务模式最大的特点是用户门槛低，对用户的手机配置和网络速度要求低，扩大了图书馆的使用范围，而且具有灵活性、普遍性、实用性、高交互性、低成本性、高稳定性和高扩展性等优点。

随着读者需求的多元化发展，传统的短信服务存在仅支持简单文本、内容形式单一等缺点，短信推送模式已不能满足读者的需求。随着彩信服务的出现，部分图书馆开始利用彩信开展个性化信息推送服务。③ 彩信服务支持多媒体功能，能够传递包括文字、图像、声音、数据等各种多媒体格式的信息，但是发送成本相对较高。随着其他移动服务模式的发展，尤其是微信推送功能的推出，微信已经逐步取代了彩信推送模式，目前使用彩信服务的图书馆较少。尽管短信服务仍存在一些不足，但是短信服务仍然是大部分图书馆提供的一项基本移动服务，可能作为一种服务形式单独存在，或者已经集成到图书馆管理系统或者其他移动服务模式中。独立的短信息服务模式在国内外的公共图书馆中更为普遍，例如国家图书馆④为

---

① 陈雁鸣：《图书馆移动服务模式的发展趋势探析》，载《福建师范大学福清分校学报》，2018 年第 3 期，第 91—96 页。

② 陈雁鸣：《图书馆移动服务模式的发展趋势探析》，载《福建师范大学福清分校学报》，2018 年第 3 期，第 91—96 页。

③ 江波、覃燕梅：《我国移动图书馆五种主要服务模式的比较研究》，载《图书馆论坛》，2014 年第 2 期，第 59—62、89 页。

④ 国家图书馆短信服务介绍，http://www.nlc.cn/mobile/dcx/fwjs/。

读者提供了丰富的短信息服务，包括预约到达通知、图书催还、图书续借、读者卡挂失、读者卡过期提醒、读者意见与建议等；短信息咨询服务在美国公共图书馆中使用较多，读者只需将所要咨询的问题编辑成短信发送至指定号码，馆员就会通过短信直接回复读者的问题，例如纽约公共图书馆、旧金山公共图书馆等。

（2）移动网站

移动网站①是指构建智能手机、平板电脑等移动设备能够访问的网站来提供移动图书馆相关信息服务的模式。实现形式主要有纯粹的移动网站、优化的移动 Web 网站等两种方式。纯粹的移动网站主要采用 WAP 技术，随着 HTML5 的出现与发展，HTML5 有望成为图书馆构建移动网站的重要选择。

随着信息技术的发展，为了满足用户对信息的多元需求和加强图书馆与用户之间的互动，移动图书馆致力于在移动终端上显示更加丰富的内容。WAP 无线应用协议应运而生，其最大的特点在于系统的开源性和灵活性，用户可以通过智能移动终端访问图书馆的 WAP 网站，从而使用移动图书馆资源和服务。因为 WAP 协议所具有的优势，使其在 HTTP 协议开发移动网页之前成为移动信息管理平台的较多选择，这种接入方式连通了传统网络信息服务和用户。这种方式具有一定的交互性，在一定程度上弥补了短信服务的不足。WAP 网站功能丰富，可以提供资源检索与利用、图书预约、图书续借、查询个人信息、修改密码等服务。WAP 协议具有统一的存储接口、丰富的多媒体信息服务和即时的数据同步等优势。同时，WAP 协议能够支持小屏幕、高延时、窄带宽、低存储容量和低处理能力的无线环境，WAP 支持 GSM、CDMA 等多种移动网络模式。当然，WAP 服务模式也面临一些问题，例如 WAP 服务必须通过 WAP 网关访问互联网，不支持超文本标记语言，所有网络数据必须在网

---

① 江波、覃燕梅：《我国移动图书馆五种主要服务模式的比较研究》，载《图书馆论坛》，2014 年第 2 期，第 59—62、89 页。

络通畅时才可以被使用。另外，用户的移动设备必须是带有上网功能的智能手机。

随着技术的发展，图书馆纯粹的移动 WAP 网站越来越少，而是越来越多地采用对 Web 网站进行移动优化，或者采用 HTML5 技术，或者使用响应式网页设计①（responsive web design，RWD），以满足移动用户通过移动终端对网站的访问需求。优化后的网站将自动检测访问来源，如果检测到是来自智能手机等移动终端的访问，系统将自动跳转到移动页面，从而提升了移动用户的访问体验。响应式网页设计的理念是集中创建页面的图片排版大小，可以智能地根据用户行为以及使用的设备环境（系统平台、屏幕尺寸、屏幕定向等）进行相对应的布局调整。杨晴虹等②提出利用网站响应式设计模式，将是高校图书馆移动服务的未来趋势。许多图书馆的移动门户网站已采用响应式设计，如上海图书馆、云南大学图书馆等。毕剑等③使用响应式网页设计技术，在 Drupal 开发平台开发了云南大学图书馆响应式门户网站，网站能自动适应 PC 端、平板电脑端和智能手机端等不同终端的访问。

（3）客户端应用

2007 年苹果公司推出 iPhone 产品，从而开启了智能手机的新时代，彻底颠覆了人们对手机的认识和理解。只需要在智能手机上安装相应的客户端应用（也称为 APP），就可完成购物、订票、支付等业务，丰富的应用程序极大地拓展了智能手机的功能。移动图书馆的客户端应用就是指图书馆针对移动终端开发的应用程序，图书馆发布 APP 客户端供读者下载和安装，用户通过移动图书馆客户端享受图书馆提供的各项服务。移动图书馆客户端应用服务模式具有三个方面的优势：第一，使用方便快捷。用户只

---

① 响应式网页设计，http://baike.baidu.com/view/9876268.htm。

② 杨晴虹、程志超、刘燕权：《美国高校图书馆移动服务现状调查与分析》，载《图书与情报》，2015 年第 3 期，第 83—89 页。

③ 毕剑、刘晓艳、张禹：《使用响应式网页设计构建图书馆移动门户网站：以云南大学图书馆为例》，载《现代图书情报技术》，2015 年第 2 期，第 97—102 页。

需要打开客户端，而无须输入网址，就可以使用图书馆的各项资源和服务。操作方便快捷，用户可以通过手动输入、语音输入、拍照等多种形式输入相应关键字，便可以实时检索与获取相关的检索结果，操作简单。第二，拥有较强的交互性和即时性。客户端服务功能齐全、资源丰富、响应速度快。用户在使用时可以与其他用户进行即时交流，也可以对相应的服务进行实时咨询和评价。客户端的强交互性有利于图书馆和用户之间的相互交流，提高用户黏性。第三，增强了用户的场景感和体验感。APP 的形式支持一键登录，无须反复操作，相对移动网页需要链接或二维码才能打开而言，客户端简化了用户使用流程。客户端界面清晰，功能突出，响应式的布局都有利于提高用户的体验感。正是因为移动图书馆客户端服务模式独特的优势，使得这种模式成为当前移动图书馆的重要服务模式之一。根据许天才等[①]2018 年对中国 42 所"双一流"高校的调研，64.29%的图书馆提供移动客户端服务。

（4）微信图书馆

2008 年，腾讯公司正式推出微信。自微信推出以来，微信用户群体增长迅速。据统计，2019 年微信月用户数量达到 11.5 亿人。[②] 随着微信公众号的推出，加之微信庞大的用户群体基础，图书馆纷纷入驻微信平台，微信逐渐成为图书馆开展移动服务的新领地，微信图书馆也逐渐成为图书馆提供微信服务的代名词。微信图书馆是指图书馆借助微信平台开发定制相应的图书馆微信订阅号、服务号或者微信小程序[③]，利用微信提供的相应接口实现微信平台与图书馆管理系统对接，从而实现用户个人信息查询管理、书目检索、文献查阅、参考咨询、座位预约、电子门禁等移动服务。简而言之，微信图书馆平台是以图书馆资源为支撑，以微信为平台的新型

---

① 许天才、潘雨亭、冯婷婷等：《高校移动图书馆服务模式现状调研与发展策略研究》，载《图书情报工作》，2020 年第 3 期，第 71—82 页。

② 2019 微信年度数据报告，https://www.chinaz.com/2020/0109/1091398.shtml。

③ 张晓梅：《图书馆微信小程序应用研究》，载《传媒论坛》，2020 年第 3 期，第 93—94 页。

移动图书馆服务模式①。基于微信图书馆的服务模式目前应用成效良好，微信图书馆用户数量快速增长，用户的阅读量的迅速增长充分证明了微信图书馆的高速发展。微信图书馆已经成为当前移动图书馆重要的服务模式之一，根据许天才等② 2018 年对中国 42 所"双一流"高校的调研，97.62%的"双一流"高校面向读者提供微信图书馆服务，目前微信图书馆的服务形式主要有服务号、订阅号和小程序。

由于微信图书馆是基于微信开发的，所以它直接继承了微信所拥有的众多优势，例如用户群体大、即时通信、基础平台免费、跨平台、跨终端等。微信不仅拥有用户数量多的优势，同时具有个性化与多媒体化的特征，其传播对象呈现出年轻化和高学历的特点，与高校图书馆的服务对象具有较高的重合度，这对于后续的服务推广非常有利。微信相比客户端和短信息服务模式而言，具有即时通信的优势，所以微信图书馆主要是侧重与用户的交互和信息推送。微信平台开放 API 接口有效增强了图书馆微信平台的交互性，丰富了图书馆功能，特别是为图书馆的自定义功能提供了重要支撑。与图书馆客户端相比，微信图书馆开发门槛不高、开发难度不大，成为图书馆开展移动图书馆服务的新选择。由于微信基础平台是免费的，微信图书馆是一种非常经济实惠的服务模式，尤其适合经费不是十分充裕的中小型图书馆。③ 微信图书馆支持自适应屏幕和自动跨平台服务，有效解决了为适应多类型智能设备而花大成本开发基于不同系统版本移动应用的问题。图书馆以公众号的形式开展服务，用户无须额外下载 APP 使用，从而释放了用户手机的内存空间。

对比四种移动图书馆服务模式而言，短信息是历史最悠久的服务方式，短信结构简单、收发信息方便、成本低廉。但短信功能简单、内容长

---

① 王贵海、刘剑池：《高校图书馆创新服务体系的构建：以沈阳师范大学图书馆为例》，载《图书情报导刊》，2016 年第 11 期，第 47—51 页。

② 许天才、潘雨亭、冯婷婷等：《高校移动图书馆服务模式现状调研与发展策略研究》，载《图书情报工作》，2020 年第 3 期，第 71—82 页。

③ Qunyi Wei, Yang Yang, "WeChat Library: a new mode of mobile library service", *The Electronic Library*, Vol.35, No.1, 2017, pp.198-208.

度有限、可传递的信息只能是文本、类型单一。短信息服务模式直到现在仍在使用，但更多的图书馆是将其集成到图书馆管理系统或其他移动服务模式中。早期的移动网站主要以 WAP 网站为主，随着 HTML5 技术、RWD 技术等在图书馆的广泛应用，WAP 网站越来越少了。随着移动互联网的快速发展，移动图书馆的服务模式主要以客户端和微信为主。由于客户端开发门槛高、研发成本高、维护成本较高，越来越多的图书馆选择超星移动图书馆等云服务模式。[1] 由于微信具有海量的用户优势，加之开发门槛低、使用成本低，而且支持不同智能设备信息同步，用户接受度高、容易推广，微信后来居上，已经成为当前国内最为流行的移动服务模式。

1.1.3　移动图书馆建设现状与分析

（1）移动服务功能

移动图书馆是一种基于移动互联网的新型服务形式，它不仅突破了用户获取图书馆资源和服务的时空限制，同时推动了图书馆信息化变革与发展的步伐。国外移动图书馆的理论和实践起步较早，应用更为普及。国外高校移动图书馆的服务形式与国内基本一致，移动服务十分丰富[2]，除传统的馆藏目录查询、开放时间、移动数据库、图书馆位置、新闻和活动、参考咨询、读者账户、联系方式、续借图书和新书通报等服务外，还提供查询可用的计算机、预定研讨室/学习室、预定移动课程等，以及通过移动服务提供相关移动应用程序、为访客提供停车位、提供博客或社交网络的链接、提供图书馆参观或视频导览等拓展服务。俄勒冈大学图书馆基于定位技术，为用户提供历史定位（historical location）和步行导览（walking tour）等服

---

[1] 魏群义：《移动图书馆云服务研究》，北京：科学出版社 2017 年版。
[2] 叶莎莎、杜杏叶：《国内外移动图书馆的应用发展综述》，载《图书情报工作》，2013 年第 6 期，第 141—147 页。

务①。加拿大阿萨巴斯卡大学开发的 M-library 移动图书馆项目，网站通过识别用户所使用的移动设备，为用户匹配合适版本的数字资源，方便用户随时随地访问②。

互联网技术的发展催生了各式各样的移动终端设备，在移动互联网时代，移动设备多样化、用户年轻化、应用场景多元化。移动互联网从本质上改变了高校师生的学习和工作方式，高校师生利用移动网页、APP、微信等各种客户端获取信息和服务，这对高校传统信息服务提出了新的挑战和要求，高校图书馆积极投身移动图书馆的建设，成为我国移动图书馆建设的重要力量。许多高校图书馆不断开展移动图书馆新项目的探索，并积极融入移动校园、智慧校园的建设规划，不断推动移动图书馆的发展与完善。

国内移动图书馆服务发展迅速，图书馆提供了形式多样、功能齐全、内容丰富的移动服务，从移动图书馆服务内容来看，不仅涵盖了图书馆大部分传统业务，不少图书馆还根据移动终端的特点开发了特色移动服务项目。根据移动图书馆的服务内容，移动图书馆服务大致可以划分为四类，即学习资源类服务、学习工具类服务、学习交互类服务、资讯服务③。其中，学习资源类服务包括 OPAC 检索、数字资源检索、电子图书、音视频和文献传递等；学习工具类服务包括硬件预约（计算机、工作站等）、空间预约（阅览座位、研修室等）、APP 推荐、开馆时间、交通指南等；学习交互类服务包括虚拟咨询、表单咨询、智能咨询、联系馆员、咨询电话、常见问题、投诉建议、新书推荐等；资讯服务包括通知公告、新书通

---

① GRIGGS K, "Geotagging digital collections: beaver tracks mobile project", *Computers in Libraries*, Vol.31, 2011, pp.16-20.

② CAO Y, TIN T, MCGREAL R, et al, "The Athabasca University mobile library project: increasing the boundaries of anytime and anywhere learning for students" in *Proceedings of the 2006 International Conference on Wireless Communications and Mobile Computing*, 2006, pp.1289-1294.

③ 朱轶婷、宋庆功、宋玲玲等：《中美日高校图书馆面向移动学习服务的比较研究》，载《图书馆学研究》，2014 年第 20 期，第 69—74 页。

报、资源推荐等。

（2）移动技术的广泛应用

随着移动技术的发展和进步，移动技术在移动图书馆中得到了更多的应用，不仅丰富了移动服务的内涵，而且提升了用户体验。当前在移动服务中应用的移动技术主要有二维码、位置服务、增强现实等。

二维码主要用于存储和传递信息，识别快速、信息容量大、可靠性高、成本低，智能手机的普及使得二维码的核心价值凸显，被广泛应用到移动支付、电子商务等领域[①]。二维码是指在一维条码的基础上扩展出另一维具有可读性的条码，使用黑白矩形图案表示二进制数据，经设备扫描可获取其中所包含的信息。二维码在日本、韩国和美国的图书馆中得到了广泛的应用[②]，日本的图书馆使用二维码技术，方便用户扫描进入图书馆的手机登录端口，访问个人图书馆、查询借阅记录、预约讲座等；韩国的图书馆使用二维码验证读者身份、查询借阅情况等；美国的图书馆允许用户使用二维码将资源下载到手机。我国高校图书馆也十分重视二维码技术在移动图书馆中的应用[③]，例如北京大学图书馆、清华大学图书馆等运用二维码技术，用户只需要通过扫描二维码即可获取目标链接，实现图书馆资源的快速读取。清华大学图书馆[④]在书目信息推送、馆舍与布局导引、读者手册获取和密集书架控制等场景中应用二维码技术，为移动图书馆开拓出更多的应用场景。读者扫描二维码不仅可以获取图书题名、索书号以及馆藏地等信息，还可以下载读者手册的电子书以及轻松开启密集书架。

---

① 许统：《手机二维码在国内的发展及应用》，载《电脑与信息技术》，2011年第6期，第62—63页。

② 孙晓瑜、王荣宗：《国外手机二维码技术在图书馆中的应用及启示》，载《图书馆学研究》，2011年第6期，第23—25页。

③ 王金秀：《我国高校图书馆二维码技术应用调查研究》，载《国家图书馆学刊》，2014年第4期，第58—63页。

④ 张蓓、张成昱、姜爱蓉等：《二维码在移动图书馆服务拓展中的应用探索》，载《图书情报工作》，2013年第6期，第21—24页。

公共图书馆的二维码应用案例同样不少。上海图书馆 2009 年率先在"寻根稽谱：上图馆藏家谱精品展"中尝试使用二维码技术，参观者通过手机扫描展品的二维码，即可获取展品的详细信息和照片，而且可以链接至上图的家谱网站。蔡晖[1]将二维码应用于深圳"图书馆之城"项目，开发了二维码读者证办理业务、自助设备扫码登录、二维码图书转借等业务。

位置服务（Location Based Services，LBS）又称定位服务，是由移动通信网络和卫星定位系统结合在一起提供的一种增值业务，通过一组定位技术获得移动终端的位置信息（如经纬度坐标数据），提供给移动用户本人或他人以及通信系统，实现各种与位置相关的业务，实质上是一种概念较为宽泛的与空间位置有关的新型服务业务。随着智能手机的普及，GPS 模块已经成为智能手机的标准配置，基于 GPS 的各项移动服务层出不穷，例如手机导航、附近景点、专车服务等，同时也为移动图书馆的位置服务提供了基础硬件条件。美国很多公共图书馆[2]的移动图书馆都提供了位置服务，通过 Google 地图引导读者进行交通路线导航，以方便读者抵达图书馆。国内基于位置服务的移动服务案例也不少。王捷[3]提出依托现代信息技术，构建图书馆室内全空间信息服务系统，针对用户在图书馆内的位置变化开展移动定位服务，为不同类型用户推送定制化、个性化和跟踪化专业资源信息。李莉、周霜菊[4]提出一种利用移动互联技术的高校图书馆馆藏书目的个性化推送系统，根据读者所处位置快速提供图书馆相关图书信

---

[1] 蔡晖：《公共图书馆二维码应用模式研究与实践：以深圳"图书馆之城"应用为例》，见中国图书馆学会：《中国图书馆学会年会论文集（2017 年卷）》，2018 年，第 142—149 页。

[2] 魏群义、袁芳、贾欢等：《我国移动图书馆服务现状调查：以国家图书馆和省级公共图书馆为对象》，载《中国图书馆学报》，2014 年第 3 期，第 50—63 页。

[3] 王捷：《基于现代信息技术的图书馆全空间信息服务系统研究》，载《图书馆工作与研究》，2018 年第 5 期，第 64—69 页。

[4] 李莉、周霜菊：《基于位置的高校图书馆馆藏书目个性化推送系统构建》，载《图书馆理论与实践》，2017 年第 5 期，第 98—100 页。

息,提高了馆藏使用率。庄莹、黄丽娜等[1]结合空间定位技术和移动地图技术,设计和开发了一种面向复杂室内空间的导航电子地图,利用二维码技术进行准确的室内空间定位,并以武汉大学图书馆为样区,设计了一套面向复杂室内空间结构的位置编码规则,开发和实现了可提供图书馆室内定位与最优路径推送的手机端导航电子地图。部分图书馆利用室内定位技术提供基于地理位置的创新服务,根据室内位置为读者进行个性化推送,并提供用户流动分析工具,统计每个服务场所的人流流量、平均逗留时间,更好地了解用户行为和优化图书馆服务。薛涵[2]以哈尔滨工程大学图书馆借阅书库为应用环境,应用室内定位技术和虚拟现实技术,开发实时虚拟导航的图书定位系统,可以为读者书籍存放地点的行走路线导航,提升读者找寻图书的效率。

增强现实(Augmented Reality,AR)是一种实时地计算摄影机影像的位置及角度并加上相应图像的技术,这种技术的目标是在屏幕上把虚拟世界套在现实世界并进行互动。孙翌等[3]提出通过位置信息可与图书馆的特色库结合起来实现移动增强现实,尤其是强化旅行(augmented walking tour)领域,可以用于历史特藏文献的展示。强化旅行是让用户在移动场所直接从图书馆数据库中调用相关资料(照片、历史记录、录音、视频等),如弗吉尼亚海滩公共图书馆与 Tagwhat 公司开发的"景点伟大故事"(Great Stories at Places)的合作项目[4]。Jim Hahn[5] 提出移动虚拟现实的应

---

[1] 庄莹、黄丽娜、郑恒杰等:《二维码定位技术支持下的室内导航电子地图的设计与实现:以武汉大学图书馆为例》,载《测绘通报》,2017 年第 5 期,第 125—128、142 页。

[2] 薛涵:《基于 WLAN 的图书馆室内定位技术研究》,载《图书馆杂志》,2014 年第 12 期,第 81—86、98 页。

[3] 孙翌、李鲍、高春玲:《微信在图书馆移动服务中的应用研究与实践》,载《图书情报工作》,2014 年第 5 期,第 35—40 页。

[4] Library partners with Tagwhat mobile app to lauch new chapter in local story telling. http://www.vb-gov.com/news/Pages/selected.aspx? release=171.

[5] Jim Hahn, "Mobile augmented reality applications for library services", *New Library World*, Vol.113, No.9/10, 2012, pp.429-438.

用包括物理书架浏览、图书馆导航、脸部识别等领域。

(3) 移动图书馆建设问题分析

相比传统图书馆而言,移动图书馆是依托移动互联网和智能移动终端设备发展起来的一种新型图书馆模式。用户可以通过移动设备终端随时随地使用移动图书馆服务,掌握图书馆的新动态和馆藏信息,使用图书馆的各项服务。移动图书馆实现了图书馆资源、信息及服务的查询和利用,节约用户时间,简化了用户使用流程,有效整合了图书馆各类资源。虽然移动图书馆具有其独特的优势,但是在实际发展中,目前移动图书馆的建设和发展还存在诸多问题。

① 移动图书馆开发模式单一,同质化严重

根据前面的调研,当前移动图书馆的开发模式相对单一,尤其是移动客户端和移动网站,基本都是选择成熟的云服务产品,造成很多图书馆的移动图书馆平台,无论是服务界面、页面风格还是服务功能、服务内容,同质化严重。缺乏学校特色的移动图书馆,对于移动用户缺乏归属感和认同感。据了解,选择成熟的商用产品,后续的个性化定制和开发非常困难。要改变这种局面,需要国内产品提供商做出更多改变,积极向国外同类产品学习。国外的 Boopsie 公司是全球领先的移动云服务提供商,为图书馆提供定制化的原生态移动 APP(Native Mobile Apps)服务,移动服务包括 OPAC 检索、社交媒体、图书馆指南(分馆地址、开放时间、联系人等)、GPS 定位服务、自助借阅、移动咨询、电子书刊、BookLook 和 Book-Check[①] 等。Boopsie 系统采用云服务模式,但是与国内超星和书生产品不一样的是,Boopsie 公司可以为图书馆定制了个性化的移动 APP,移动客户端的图标、菜单、功能均可以根据图书馆的需求实现定制化。

---

① Rapp David, "Boopsie app feature: scan ISBN barcodes, place holds", *Library Journal*, Vol.136, No.11, 2011, p.22; Pamela Kahl, Robert Rua, "Cuyahoga County Checks Out Boopsie's Checkout App", *American Libraries*, Vol.42, No.11/12, 2011, p.26.

②移动资源体系建设不足，资源整合不够

尽管国内移动图书馆建设如火如荼，但是目前移动资源体系集成的文献数据库较少，与数字图书馆的海量资源相比差距甚远，难以满足读者深层次的移动阅读需求。国内移动资源体系的建设主要有两种模式：一种是依托移动图书馆系统的产品提供商所拥有的文献资源，例如超星移动图书馆系统自带的移动资源包就包含有 110 万种电子图书、3000 种电子期刊（大部分期刊论文由于版权原因仅能通过文献传递渠道获取）、3 万多集音视频和 300 种报纸；另一种模式就是利用文献数据库的移动服务，例如国家图书馆的手机门户网站就提供"中国知网"和"读览天下"服务，方便移动用户登录后使用两个文献数据库。根据魏群义[①]的调研，国内图书馆大多数采用第一种模式，由于超星同时为资源提供商，存在一定的竞争关系，造成集成的文献数据库严重不足。国内图书馆的移动资源体系主要涉及的文献类型是电子图书和视频，与数字资源体系所覆盖的丰富的文献资源类型相比，相差甚远。所以必须加大移动图书馆的数字资源整合力度，统筹各方利益，建立较为完善的移动资源云服务体系，最大限度实现了移动资源的共建、共享。

③个性化移动服务缺失，用户使用体验欠佳

目前，许多移动图书馆个性化服务不管是从内容上还是形式上，都非常有限，缺乏创新性，同质性和模仿现象严重，特别是在主动服务、个性化服务、协同服务、整合与创新服务等方面存在很大不足。移动图书馆服务缺乏个性化，主要体现了两个方面，即系统界面和功能的个性化以及用户的个性化服务。用户的个性化服务主要侧重用户的服务体验，用户应该可以根据自身的喜好，对系统界面、功能设置进行个性化定制，以满足用户的个性化服务需求。移动图书馆服务系统的个性化服务包括收藏夹、学习/阅读记录、个性化服务页面、资源订阅服务、借阅记录和扫描历史等，

---

① 魏群义：《移动图书馆云服务研究》，北京：科学出版社 2017 年版。

以满足读者的个性化学习和文献利用需求。系统应该通过用户行为分析模块，根据读者的喜爱推荐个性化资源和服务。同时，应该根据移动终端的特点，例如定位功能、照相功能等，多开发移动终端特有的服务，打造功能丰富、特色鲜明的移动服务体系。

1.2　用户体验概述

1.2.1　概念

用户体验（user experience）最早是在20世纪90年代中期由用户体验设计师唐纳德·诺曼（Donald Norman）[1]提出，他认为一个良好的产品能同时增强心灵和思想的感受，使用户感觉到愉悦而欣赏、使用和拥有它。唐纳德·诺曼认为，设计要从人的思维和感官层面来考虑，强调用户体验。早期用户体验的研究集中于网站用户体验，因为网站作为普遍存在的实体，用户体验指标容易被衡量。随着计算机技术的发展，移动、图形技术取得突破性的发展，使得人机交互技术渗透到每个研究和实践领域[2]。这使得产品和服务的评价方式发生变化，从单纯的系统的评价指标转变为衡量用户体验。用户体验从广义上来说是用户在使用具体的产品和服务过程中建立起来的主观感受，包括情感、偏好、认知、生理或心理反应、行为和成就等各个方面。对于不同的领域和不同的用户群体而言，用户体验的具体概念是不同的。彼得·莫维尔（Peter Morville）认为用户体验可以用蜂窝模型表示，包括有用性、可用性、满意度、可找到、可获得、可靠

---

[1] Norman D, et al, "What you see, some of what's in the future, and how we about doing it: Hi at Apple Computer", in *Conference companion on Human factors in computing systerms*, Massachusetts, ACM, 1994, p.155.

[2] 黄心旷：《移动互联网用户界面设计方法研究》，成都：四川师范大学，2014年。

性、价值七个模块①。史蒂夫·克鲁格（Steve Krug）认为用户体验包括有用性、可学习、可记忆、有效、高效、合乎期望六个方面；惠特妮·奎瑟贝利（Whitney Quesenbery）提出 5E 原则，认为用户体验包含有效性、效率、易学习、容错、吸引力五个方面。杰西·詹姆斯·加勒特（Jesse James Garrett）提出的五层模型，自下而上分为战略层、范围层、结构层、框架层、表现层，战略层主要包括网站目标和用户需求，范围层包括功能规格和内容说明，结构层主要包括交互设计与信息架构，框架层主要包括界面设计、导航设计和信息设计，表现层主要包括视觉设计②。

对于用户体验的定义，最具影响力的是国际标准 ISO9241-210：2010 提出的，用户体验是人们对使用或期望使用的产品、系统或者服务的所有反应和结果③。顾名思义，用户体验是用户与产品交互过程中产生的，包括用户的心理感觉、肢体感觉以及用户体验为用户所带来的结果，体验结果主要是用户的感知和反应，包括情绪和生理反应等。另外，可用性专业协会（Usability Professional's Association，UPA）将用户体验概括为与产品、服务或者企业交互所有方面组成的所有用户感知④。用户体验是多方交互的结果，即用户的内在状态（倾向、期望、需求、动机、心情等）、系统特征（复杂性、目的、可用性、功能等）及交互环境（如组织/社会环境、活动意义、自愿使用等）共同作用的结果。用户体验应用并体现在一切设计和创新的过程中，例如用户居所的设计、IT 产品设计、移动图书馆升级等。

---

① 姚舟：《面向金融电子商务的 web 理财产品陈列设计研究》，长沙：湖南大学，2015 年。

② 杜雪璇：《高校图书馆微信服务用户体验研究》，郑州：郑州大学，2018 年。

③ ISO.9241-210:2010, "Ergonomics of human system interaction-Part 210: Human-centred design for interactive systems (formerly known as 13407)", Switzerland: International Organization for Standardization(ISO), 2010:7-9.

④ UPA (Usability Professional's Association), Usability Body of Knowledge. http://www.usability.org/glossary.

1.2.2 要素

在用户体验要素的研究中,加勒特①提出的用户体验五要素在国内外具有重要的影响力与认可度。加勒特在专著《用户体验要素》(The Elements of User Experience)中对用户体验的要素范围进行了五个层次的界定,按照由低到高的顺序依次是战略层、范围层、结构层、框架层、表现层。每一层都由其下一层所决定,较高层的决定会受到较低层决策的影响。最底层的是战略层,是用户体验设计的基础,即清楚产品的目标和用户的需求,针对用户需求提供针对性的产品;第四层是范围层,即对于功能型产品,创建产品的功能规格,对于信息型产品,满足用户的内容需求;第三层是结构层,即进行交互设计和信息架构;第二层是框架层,即进行信息设计(促进理解的信息表达方式)、界面设计和导航设计;最顶层是表现层,即直观展示给用户的页面,包括网页颜色、字体、字号、图片的位置、整体的布局等视觉设计。莫维尔②从环境、用户和资源内容三个方面对用户体验要素进行归纳,将其分为有用性、可用性、易用性、可靠性、可获得性、满意度和有价值性。哈森皇(M. Hassenzahl)③等认为用户体验包括可操作性、可识别性、激励性和启发性四个要素。鲁宾诺夫(R. Rubinof)④认为用户体验要素包括四个方面,即品牌、可用性、功能性和内容丰富性。上述学者对用户体验要素的划分主要围绕系统的可用

---

① Garrett J J, The Elements of User Experience: User-Centered Design for the Web and Beyond (2nd Edition), Berkeley: New Riders, 2010.

② Morville P.User experience design. http://semanticstudios.com/user_experience_design/.

③ Hassenzahl M, Tractinsky N, "User experience – a research agenda", Behaviour & Information Technology, Vol.25, No.2, 2006, pp.91-97.

④ Rubinoff R.How to quantify the user experience. https://www.sitepoint.com/quantify-user-experience/.

性、有用性、可靠性以及用户的情感感知方面。国内学者金燕等[1]将用户体验分为感性要素和理性要素，感性要素是指用户的情感感知，理性要素是指用户对产品的认知。丁一等[2]认为用户体验包括可用性、用户情感及用户诉求（赋予产品某个价值属性）。

1.2.3 研究方法

产品必须考虑用户体验，考虑用户体验的产品必须满足有用、易用、友好的目标。[3] 有用是指满足用户的需求；易用是指产品能够被广大群体所接受，使用相对简单；友好是指让用户在使用中感受到愉悦。在满足有用、易用、友好的目标后，产品或服务可以进一步注重视觉设计，视觉设计目的是为了让产品更具吸引力，利用色彩学、图形学等手段美化产品，增强用户体验感，提高用户黏性。在实际的产品开发中，用户体验贯穿整个流程——理论研究、产品设计和改进完善，三者共同构建了用户体验的完整流程。

改进和完善用户体验的方法包括产品接受度测试、可用性测试、专家评估、用户反馈等。用户体验研究有十大常用方法[4]，包括访谈法、小组座谈法、问卷法、可用性测试法、卡诺模型法、卡片分类法、头脑风暴法、五秒测试法、专家评估法及生理指标测量法。访谈法即根据产品用户群的细分和对应群体中的个人进行一对一的谈话，记录个人用户的意见和想法。根据目标的差异性，访谈法分为结构式访谈、半结构式访谈和完全开放式访谈。小组座谈法是指由一个经过训练的主持人，以一种无结构的

---

[1] 金燕、杨康：《基于用户体验的信息质量评价指标体系研究：从用户认知需求与情感需求角度分析》，载《情报理论与实践》，2017年第2期，第97—101页。

[2] 丁一、郭伏、胡名彩等：《用户体验国内外研究综述》，载《工业工程与管理》，2014年第4期，第92—97页。

[3] 侯爱丽、张进宝、李乾等：《从UCD的角度看待CAI软件设计的发展》，教育部，第七届教育技术国际论坛（ETIF2008）论文集，2008年，第441—444页。

[4] 张丽：《基于数据驱动的移动端用户体验优化研究》，合肥：中国科学技术大学，2018年。

自然的形式与一个小组的被调查者进行交谈，从而获取对一些有关问题的深入了解。问卷法是借助书面问卷的形式向特定群体征求意见，被访谈人群根据自己的想法填写问卷，设计者对问卷结果进行分析和利用。可用性测试法是指在产品设计中用来改善产品可用性的方法，成本低、易操作、用户参与感强。卡诺模型法是由东京理工大学教授狩野纪昭提出的对用户需求分类和排序的模型，该模型以分析用户需求对用户满意度的影响为基础，分析不同类型质量特性和顾客满意度之间的关系。卡片分类法是将信息写在不同的卡片上进行归类，用于了解用户想法，完成导航、内容组织等信息架构建设，主要分为开放式卡片分类法和封闭式卡片分类法。头脑风暴法由奥斯本提出，工作小组人员在不受任何限制的氛围中以会议的形式进行讨论、畅所欲言、随意发表自己的看法，其目的在于刺激新观念和创新设想。五秒测试法是指用户利用短暂的时间判断网站质量，评估网页目的和内容。专家评估法即专业评审人员根据通用的可用性原则和丰富的经验发现产品问题，主要用于发现用户界面设计可用性问题，包括"场景任务走查""整体走查"两种方式。生理指标测量法是指利用专业的仪器测量用户在使用产品时的脑电、肌电、皮肤电、呼吸、血压等生理指标，以真实的掌握用户体验。

1.3　移动图书馆用户体验概述

1.3.1　定义

移动图书馆用户体验是指用户在使用移动图书馆的过程中，对移动图书馆的系统平台、信息资源、功能服务产生的所有主观感受。张明霞等[①]

[①] 张明霞、祁跃林、李丽卿等：《图书馆用户体验的内涵及提升策略》，载《新世纪图书馆》，2015年第7期，第10—13页。

提出图书馆用户体验是一种纯主观的整体性感受,是用户在利用图书馆的过程中的全部印象和感受,它决定了图书馆的服务质量、用户满意度及忠诚度。部分学者考虑到移动网络环境的特点。陈添源[①]提出移动图书馆用户体验是指用户在使用移动图书信息资源与服务的过程中建立起来的心理感受,受到用户、信息资源、网站平台、使用环境和文化因素等众多方面影响。沈军威等[②]提出移动图书馆用户体验是用户在使用移动图书馆的整个过程中,对其平台和服务不断积累形成的感性心理状态和理性价值认知,包括对移动图书馆的最初印象、使用过程中产生的各种情感体验及使用后产生的情绪体验。

1.3.2 要素

在移动图书馆用户体验要素方面,罗琳[③]、陈添源[④]等借鉴 Garrett 用户体验五要素对移动图书馆用户体验的要素进行划分,认为用户使用移动图书馆都是从表现层开始,直至战略层,详细探讨了移动图书馆用户体验的影响要素。张明霞等[⑤]从用户体验的过程出发,将用户体验要素分为感官体验、交互体验和情感体验三个层次。赵杨[⑥]在数字图书馆移动服务的研究中,将用户体验要素归纳为环境交互层要素、平台交互层要素、人员

---

① 陈添源:《基于用户体验的移动图书馆构建研究》,载《新世纪图书馆》,2013年第5期,第58—62页。

② 沈军威、倪峰、郑德俊:《移动图书馆平台的用户体验测评》,载《图书情报工作》,2014年第23期,第54—60页。

③ 罗琳:《国内移动图书馆 APP 用户体验研究》,载《大学图书情报学刊》,2016年第5期,第76—80页。

④ 陈添源:《基于用户体验的移动图书馆构建研究》,载《新世纪图书馆》,2013年第3期,第58—62页。

⑤ 张明霞、祁跃林、李丽卿等:《图书馆用户体验的内涵及提升策略》,载《新世纪图书馆》,2015年第7期,第10—13页。

⑥ 赵杨:《数字图书馆移动服务交互质量控制机制研究:基于用户体验的视角》,载《情报杂志》,2014年第4期,第184—189页。

交互层要素和用户交互层要素。可以看出，学者分别从不同的角度对移动图书馆用户体验的要素进行划分，但可以总结为三个方面，即用户、系统平台和交互环境。一是用户自身的主观感受，用户在使用移动图书馆时受到使用动机、对系统平台的熟练掌握程度、主观情绪等因素的影响；二是系统的属性特征，包括系统的稳定性、安全性及可靠性等；三是交互环境的影响，用户在使用移动图书馆时既会受到系统的影响，也会受到周围人对其使用的影响，若周围人对图书馆移动服务持积极、支持的态度，则用户对移动图书馆的态度会倾向于正向，则有助于提高用户的使用体验。图书馆在建设移动系统平台时，需结合用户体验要素，从不同维度提高图书馆的服务质量。

1.3.3 维度

用户体验具有主观性、复杂性和交互性等多种特点，为全面衡量用户体验，国内外学者分别从不同角度对用户体验维度进行划分。维亚斯（D. Vyas）等[①]将用户体验分为四个维度，包括感知性（Sensual）、认知性（Congnitive）、情感性（Emotional）和实用性（Practical）。朴杰云（Jaehyun Park）等[②]从可用性、影响作用和用户价值三个维度对用户体验进行评价。劳（E. L. C. Law）等[③]认为用户体验由用户感知体验、可用性体验、美学体验和产品整体质量感知体验四个维度组成。拉塞尔

---

① Vyas D, Veer G V D, "Experience as meaning: some underlying concepts and implications for design", in *ACM International Conference Proceeding Series*, 2006(250), pp.81-91.

② Park J, Han S H, Kim H K, et al, "Modeling user experience: A case study on a mobile device", *International Journal of Industrial Ergonomics*, Vol.43, No.2, 2013, pp.187-196.

③ Law E L C, Schaik P V, "Modelling user experience: An agenda for research and practice", *Interacting with Computers*, Vol.43, No.5, 2010, pp.313-322.

(J. A. Russell)① 认为用户体验由感官体验、用户期望体验、反思情感体验三个维度组成。吉尔摩（M E. Gilmore）等②将用户体验分为感官体验、交互体验、沉浸体验、愉悦体验和社群关系五个维度。施米特（B. H. Scnmitt）③ 在《体验营销》一书中将体验营销理论与实例相结合，认为用户体验包括感官体验、情感体验、思考体验、行动体验和关联体验五种维度。诺曼（D. Norman）④ 提出了人的普遍体验分层理论，认为用户体验包含本能层、行为层和反思层。李小青⑤在诺曼的体验分层理论的基础上，认为 Web 用户体验也包含三个方面，即视觉体验、品牌感知、浏览体验的本能层体验；Web 功能体验、内容体验、互动体验的行为层体验；塑造品牌价值、创造回忆、感受愉悦和满足、获得认同感、实现自我价值的反思层体验。刘冰等⑥认为用户体验维度包含技术功能体验、美学情感体验和效用价值体验三个方面。王晓艳等⑦认为信息服务领域的用户体验包括功能体验、技术体验和美学体验三个维度。沈军威等⑧构建移动图书馆用户体验量化指标时将用户体验分为感官体验、认知体验、技术体验、

---

① Russell J A, "A circumplex model of affect", *Journal of Personality & Social Psychology*, Vol.39, No.6, 1980, pp.1161-1178.

② Gilmore M E, Popham D L, Chen C J S, et al, "Analysis of the Roles of the cwlD Operon Products during Sporulation in Bacillus subtilis", *Virginia Tech*, No.1, 2000, pp.467-486.

③ 施米特：《体验营销：如何增强公司及品牌的亲和力》，北京：清华大学出版社 2004 年版。

④ 〔美〕唐纳德·A. 诺曼：《情感化设计》，付秋芳等译，北京：电子工业出版社 2005 年版。

⑤ 李小青：《基于用户心理研究的用户体验设计》，载《情报科学》，2010 年第 7 期，第 763—767 页。

⑥ 刘冰、卢爽：《基于用户体验的信息质量综合评价体系研究》，载《图书情报工作》，2011 年第 22 期，第 56—59 页。

⑦ 王晓艳、胡昌平：《基于用户体验的信息构建》，载《情报科学》，2006 年第 8 期，第 1235—1238 页。

⑧ 沈军威、郑德俊：《高校移动图书馆的用户体验实证：以南京农业大学移动图书馆用户为例》，全国情报博士生学术论坛，2014 年。

服务体验、情感体验和价值体验六个方面。崔竞烽等[①]结合用户体验要素，将微信图书馆用户体验维度划分为感官接受度、内容吸引度、任务完成度、心理愉悦度和使用受益度。金小璞等[②]将移动图书馆用户体验划分为界面用户体验、信息内容用户体验和系统性能用户体验三个维度。乔红丽[③]认为移动图书馆使用者感知包括感官感知、认知感知、技术感知、服务感知和情感感知五个维度。

综合国内外学者关于用户体验以及移动图书馆用户体验维度的划分可以看出，由于研究目的、研究角度以及划分标准的不同，对于用户体验维度的划分也存在着差异，一类是从心理学的角度出发，对用户体验维度进行划分；一类是从整体的全面性上进行划分，国外学者注重用户的情感体验、愉悦体验及产品的美学体验，国内学者较为重视感官体验、功能体验、服务体验等。不论哪种划分方式，用户体验的目的都是为了满足用户需求，注重用户的使用感受，从而为用户提供更高水平的服务。

1.4 移动图书馆用户体验研究综述

移动图书馆的对象要素主要包括移动设备、移动系统平台、移动用户和移动馆员，移动用户作为服务的接受方一直是学界研究的重点。目前移动图书馆用户研究主要分为用户需求、用户体验和用户采纳三个方面。随着移动图书馆服务的不断普及和深入，用户在图书馆服务中的角色由单向的被动接受者逐渐变为深层交互的主动参与者，对用户体验愈加重视。用

[①] 崔竞烽、郑德俊、孙钰越等：《用户体验视角下的图书馆微信公众平台满意度研究》，载《图书馆论坛》，2018年第3期，第133—140页。

[②] 金小璞、毕新：《基于用户体验的移动图书馆服务质量影响因素分析》，载《情报理论与实践》，2016年第6期，第99—103页。

[③] 乔红丽：《移动图书馆用户体验的结构方程模型分析》，载《情报科学》，2017年第2期，第56—62页。

户使用移动图书馆的过程就是对其功能、内容和服务的体验过程,因此,移动图书馆用户体验研究就是从用户的角度探究影响用户体验的各方面因素,从而提升移动图书馆服务。移动图书馆作为图书馆顺应时代发展的产物,提升用户体验对移动服务可持续发展起着至关重要的作用。随着移动图书馆的服务迅速发展,如何提升移动图书馆服务用户体验,成为图书馆学界的研究热点。

为了全面掌握移动图书馆用户体验研究现状,笔者对多个中外文数据库进行了文献检索(检索时间:2019年12月)。外文文献主要来源有:Elsevier ScienceDirect、Web of Science、SpringerLink、EBSCO、ACM、Emerald、Taylor & Francis ST 等,分别检索关键词、标题及主题中含有"mobile library"或"m-library"或"library's mobile website",并含"user experience"或"UE"或"UX"的文献。中文文献主要来源有中国知网(CNKI)、万方数据库和维普数据库,涉及的文献类型为学位论文、期刊论文、会议论文等,分别检索关键词、标题及主题中含有"移动图书馆"或"手机图书馆",并含"体验"的文献。在剔除检索结果中重复和相关性较小的文献之后,最后共检索到227篇相关文献。通过对文献研究内容进行分析后发现,移动图书馆用户体验研究主要围绕用户体验影响因素研究、用户体验模型研究、用户体验测评研究和用户体验提升研究四个方面。

1.4.1 用户体验影响因素研究

研究者围绕移动图书馆用户体验影响因素展开了大量研究,但是不同研究者对影响因素并未达成统一的标准。部分研究者运用定量分析方法分析和解释移动图书馆用户体验因素,如结构方程模型(Structural Equation Modeling,SEM)。乔红丽[①]利用综合结构解析式模型和问卷量表的方法,对移动图书馆系统使用者的感知作用因素进行了调研,并将用户体验要素

---

① 乔红丽:《移动图书馆用户体验的结构方程模型分析》,载《情报科学》,2017年第2期,第56—62页。

分为感官认知、服务感知、策略感知、认知感知、情感感知、使用者感知、应用态度以及应用意图等方面。黄务兰[1]以常州大学移动图书馆使用者为问卷调查对象，使用结构方程模型分析了影响用户体验的主要因素（求助频率、出错频率、易学习性、易记忆性、界面设计、及时性、兼容性和安全性等）。金小璞[2]设计基于用户体验的移动图书馆服务质量影响因素初始集合，采用问卷调查方法获取移动图书馆服务质量用户体验数据，采用因子分析方法提取基于用户体验的移动图书馆服务质量主要影响因素：移动图书馆界面设计、移动图书馆信息内容及移动图书馆系统功能。另一部分学者利用技术接受模型（Technology Acceptance Model，TAM）来检验移动图书馆用户体验影响因素的相关假设。甘春梅、宋常林[3]运用TAM模型针对广州某高校进行调研，发现影响移动图书馆用户使用意愿的因素主要有感知有用性、易用性、态度、主体规范等。此外，在早期有研究者基于诺曼的普遍体验分层理论区分用户体验要素。李小青[4]将分层理论与心理学研究方法相结合，将用户体验要素划分为：视觉、品牌、浏览的本能层体验，使用的方便性和有效性、功能或内容、互动的行为层体验，回忆、品牌形象、情感、自我价值实现的反思层体验。相关研究者在分层理论、创新扩散理论等理论知识的基础上，主要利用结构方程模型和技术接受模型等模型，并结合访谈法、问卷调查等调查方法，从多元的维度探讨了移动图书馆用户体验影响因素。移动图书馆用户体验作为复杂的主观心理感受，测量维度并不是唯一的。与此同时，相关研究者对用户体验的维度划分也存在一定的差异，有的研究者重视功能全

---

[1] 黄务兰、张涛：《基于结构方程模型的移动图书馆用户体验研究：以常州大学移动图书馆为例》，载《图书馆杂志》，2017年第4期，第80—89页。

[2] 金小璞、毕新：《基于用户体验的移动图书馆服务质量影响因素分析》，载《情报理论与实践》，2016年第6期，第99—103页。

[3] 甘春梅、宋常林：《移动图书馆采纳行为意愿研究：基于4个模型的比较》，载《图书馆杂志》，2017年第1期，第59—66、87页。

[4] 李小青：《基于用户心理研究的用户体验设计》，载《情报科学》，2010年第5期，第763—767页。

面性、系统可用性的体验,有的研究者重视认知方面的体验,有的研究者则更加重视情感方面的体验。由此可见,移动图书馆用户体验需要从多个维度进行测量,影响因素会随着相关理论和研究方法的差异呈现出多样化的成果。

1.4.2 用户体验模型研究

移动图书馆用户体验模型是开启系统研究和进行用户体验测评的基础。分析国内外学者对移动图书馆用户体验模型的研究成果,用户体验模型可以分为结构性模型和测评性模型。结构性模型即反映移动图书馆用户体验构成结构的模型,有助于研究人员更加全面、深入地了解移动图书馆用户体验的结构成分及其相互关系。结构性模型可用于设计、改善移动图书馆用户体验。测评性模型即旨在进行移动图书馆用户体验测评的模型,是进一步构建评价指标体系及指导实证调研和测评的基础,反映了用户体验测评的基本内容。

(1) 结构性模型

国内外学者在用户体验结构性模型方面做了大量的研究工作,如用户体验设计的体验分层理论和 APEC 框架[1]、从不同角度构建的基本用户体验模型、移动网站和 APP 用户体验设计模型、用户体验设计范式、原则等。这些理论研究成果为移动图书馆用户体验的结构性模型研究与构建奠定了良好的基础。钱国富[2]借鉴用户界面交互设计中的"黄金八法则",同时考虑到手机浏览信息的局限性,梳理国内图书馆开通的 WAP 网站实例,

---

[1] Vyas D, Veer G V D.APEC: a framework for designing experience.https://www.researchgate.net/publication/251990033_APEC_A_Framework_for_Designing_Experience.

[2] 钱国富:《图书馆 WAP 网站可用性研究》,载《国家图书馆学刊》,2010 年第 3 期,第 49—52 页。

并提出图书馆 WAP 网站设计的注意事项。陈添源[①]结合移动图书馆的系统开发方法从战略目标层、范围涵盖层、信息架构层、网站框架层和用户界面层阐述了用户体验设计的全过程,构建了移动图书馆网站用户体验设计模型。黄务兰等[②]从有效性、易用性、满意度和技术支持度等方面,构建了移动图书馆用户体验分析模型。

(2) 测评性模型

当前所采用的方法、技术、工具大多来自传统的可用性研究,但可用性研究是从产品的角度出发而进行的。K. Finstad[③] 从用户角度出发构建了用户体验可用性度量模型,包括围绕有效性、高效性和满意度三个维度而展开的 12 个指标。罗登(K. Rodden)等[④]提出可用于大规模用户体验测试的 HEART 框架,框架的衡量指标包括幸福感(happiness)、参与度(engagement)、采纳率(adoption)、留存率(retention)和任务成功率(task success)等。体验质量(Quality of Experience,QoE)是指用户与应用、服务或系统交互之后所产生的愉悦或烦恼的程度[⑤],体验质量最初产生于通信领域,随后在其他领域得到应用。相关学者尝试将用户体验与体验质量融合研究,同时总结出适用的用户体验测评工具和方法。王灿荣[⑥]

[①] 陈添源:《基于用户体验的移动图书馆构建研究》,载《新世纪图书馆》,2013 年第 3 期,第 58—62 页。

[②] 黄务兰、张涛:《基于结构方程模型的移动图书馆用户体验研究:以常州大学移动图书馆为例》,载《图书馆杂志》,2017 年第 4 期,第 80—89 页。

[③] Finstad K, "The usability metric for user experience", *Interacting with Computers*, Vol.22, No.5, 2010, pp.323-327.

[④] Rodden K, Hutchinson H, FU X, "Measuring the user experience on a large scale: user-centered metrics for web applications", in *Proceedings of the sigchi conference on human factors in computing systems*, Vol.22, No.5, New York: ACM, 2010, pp.2395-2398.

[⑤] Brunnström K, Moor K D, Dooms A, et al, *Qualinet white paper on definitions of quality of experience(2012)*, Lausanne: European network on quality of experience in multimedia systems and services (COST Action IC 1003), 2013, p.4.

[⑥] 王灿荣、张兴旺:《移动图书馆中移动用户体验质量评价机制的构建分析》,载《图书与情报》,2014 年第 4 期,第 92—98 页。

等结合移动图书馆的网络环境、移动用户和移动服务的特性，构建了移动图书馆用户体验质量评价（MUQoEE）体系基础模型。有学者将时间因素引入用户体验模型，如卡拉帕诺斯（E. Karapanos）等[1]对暂时性经验框架进行了改进和验证，发现用户体验受到逐渐熟悉、功能依赖和情感依赖的影响。林闯等[2]考虑到用户之前的体验会对当前体验产生影响，以视频流媒体服务为背景，提出了基于隐马尔可夫的用户体验质量模型，建立了基于随机模型的评价方法。

1.4.3 用户体验测评研究

相关研究者从实证研究的角度出发，对移动图书馆用户体验测评进行深入研究，是对测评性模型从理论应用到实践中的进一步细化，主要包括对测评方法和具体测评指标的研究。

（1）测评方法

通过对相关文献的统计分析发现，在移动图书馆用户体验测评中采用的方法有定性评价方法、定量评价方法和综合评价方法。定性评价方法主要是采用启发式评估，对移动图书馆用户体验进行评价。启发式评估通过邀请可用性评价专家或软件工程师开展评价，一般只需要3~5人，即可发现产品80%以上的可用性问题，评价效率比较高。而定量评价方法则主要是采用A/B测试，即在可控的实验条件下，将不同变量的产品或服务随机提供给用户，以此来找出可产生最优表现的变量。综合评价方法是指将定性与定量相结合的评价方法，综合前两种方法的优点。一般从有效性、效

---

[1] Karapanos E, Zimmerman J, Forlizzi J, et al, "Measuring the dynamics of remembered experience over time", *Interacting with computers*, Vol.22, No.5, pp.328-335.

[2] 林闯、胡杰、孔祥震：《用户体验质量（QoE）的模型与评价方法综述》，载《计算机学报》，2012年第1期，第1—15页。

率及满意度三个方面开展移动图书馆的可用性测评,以收集用户体验数据①。可用性测试主要以普通用户为测试对象,包括实验室测试和实地研究两种方法,如何选择主要取决于可用性研究的目标和可用性测试的属性。尽管如此,部分学者认为实地研究更适用于移动应用的可用性测试,因为在真实情况下获得的用户体验和行为数据能更客观地反映出移动应用的可用性。

在数据采集中,一般来说,用户情感无法直接得到量化数据。一些传统的可用性评价量表可用来获取用户对产品的感知信息。伊索穆苏(M. Isomursu)等②测试了5种适用于移动应用用户情感采集的自我报告方法,用于收集用户对系统的感知信息。邵罗等③总结了几种用于整体评估的规范量表:QUIS(用户交互满意度问卷)、SUMI(软件可用性测试问卷)、PSSUQ(整体评估可用性问卷)、SUS(软件可用性问卷)等。还有学者利用实用性与享乐性量表、PrEmo情感化量表、PANAS(积极和消极情感量表)等进行了用户体验调研。此外,还有学者尝试将心理学研究方法引入用户体验研究④,如将"最小可觉差"理论引入用户体验质量的评价,通过表情捕捉、眼动追踪、瞳孔捕捉等方法进行数据捕捉等。

(2) 测评指标

国内外学者对移动图书馆用户体验评价指标体系开展了大量的研究,

---

① Wei Q, Chang Z, Cheng Q, "Usability study of the mobile library app: an example from Chongqing University", *Library Hi Tech*, Vol.33, No.3, 2015, pp.340-355.

② Isomursu M, Tähti M, Väinämö S, et al, "Experimental evaluation of five methods for collecting emotions in field settings with mobile applications", *International Journal of Human-Computer Studies*, Vol.65, No.4, 2007, pp.404-418.

③ 〔美〕邵罗、刘易斯:《用户体验度量:量化用户体验的统计学方法》,殷文婧、徐沙、杨晨燕等译,北京:机械工业出版社2014年版,第175—194页。

④ 袁浩、马玉梅、陈典良等:《手持移动终端界面可用性眼动评价研究》,载《人类工效学》,2016年第4期,第70—73页;孙洋、张敏:《基于眼动追踪的电子书移动阅读界面的可用性测评:以百阅和iReader为例》,载《中国出版》,2014年第5期,第48—52页。

研究成果不少。综合分析已有的研究结果，国内外移动图书馆用户体验测评指标研究成果主要分为10类，见表1.1[①]。

表1.1 移动图书馆用户体验测评指标研究成果分类表

序号	具体指标
1	可学习性、效率、可记忆性、出错频次、满意度、效用、简单（复杂）、可理解（可读性）、学习表现
2	易用性、易学性、提供帮助服务、多媒体功能、记忆负荷、效率和控制能力、任务完成能力
3	移动应用可用性测试核心指标：有效性、效率、满意度
4	硬件性能、技术、内容、阅读功能、综合评价4个一级指标和显示舒适、手感舒适等26个二级指标
5	可学习性、易用性、有效性、错误与反馈、布局与设计、用户满意度
6	感官体验、认知体验、技术体验、功能体验、情感体验、价值体验
7	预期期望、预期付出、社交影响、便利条件和移动用户体验价值
8	效用（个人效用价值、社会效用价值、品牌形象价值）；内容（互动、服务、阅读）；功能（视觉、浏览和检索）
9	易学性、有效性、效率和服务效果4个一级指标和容易掌握使用、认知负荷低、记忆负担小等14个二级指标
10	可理解性、清晰、易用性、高效性、有用性和满意度

1.4.4 用户体验提升研究

移动图书馆一直致力于满足更多的移动用户服务需求，不断优化提升用户体验，以获得更高的用户满意度，从而推动移动图书馆服务的可持续发展。国内外学者从不同的角度，对移动图书馆用户体验提升开展了深入

---

① 魏群义、李艺亭、姚媛：《移动图书馆用户体验研究综述与展望》，载《图书情报工作》，2018年第10期，第126—135页。

研究。根据方法及其侧重点的差异，主要分为可用性提升研究、情感体验提升研究和用户体验综合提升研究等三个方面。

（1）可用性提升研究

研究文献内容可以发现，移动图书馆可用性提升的研究对象主要是 WAP 网站和移动客户端（APP），常用的研究方法有启发式评估和可用性测试。根据移动图书馆项目建设的生命周期，可用性研究可以划分为服务投入使用前、服务使用过程中及优化改善后。在移动图书馆投入使用前，为了解其用户体验设计效果和进一步完善而进行的可用性研究。林丽娟（Lin Juan Chanlin）等[1]在图书馆移动网站投入使用前，进行了用户体验提升研究，结果表明移动图书馆比 PC 端网站更高效，学生对新系统反应积极。米勒（R. E. Miller）等[2]探究了 Boopsie 公司为中等学术图书馆开发的移动图书馆的可用性，发现简单的界面是移动图书馆相对于传统图书馆的优势。在移动图书馆服务使用过程中，为提升当前用户体验而进行的可用性研究。艾达罗斯（A. Eidaroos）等[3]采用启发式评估对沙特阿拉伯公立大学的移动图书馆进行了可用性测评，为围绕链接和导航、用户帮助、数据录入表单、视觉设计和视障用户的可访问性等方面，提出了诸多改进意见。冯（R. H. Y. Fung）等[4]根据启发式设计原则，对香港大学的移动图书

---

[1] Chanlin L J, Hung W H, "Usability and evaluation of a library mobile web site", *Electronic Library*, Vol.34, No.4, 2016, pp.636–650.

[2] Miller R E, Vogh B S, Jennings E J, "Library in an app: testing the usability of Boopsie as a mobile library application", *Journal of Web Librarianship*, Vol.7, No.2, 2013, pp.142–153.

[3] Eidaroos A, Alkraiji A, "Evaluating the usability of library websites using an heuristic analysis approach on smart mobile phones: preliminary findings of a study in Saudi Universities", in Advances in Intelligent Systems & Computing.Berlin: Springer, 2015, 353, pp. 1141–1152.

[4] Fung R H Y, Chiu D K W, Ko E H T, et al, "Heuristic usability evaluation of university of Hong Kong libraries' mobile website", *The Journal of Academic Librarianship*, Vol. 42, No.5, pp.581–594.

馆网站进行可用性研究，并与哈佛大学和香港中文大学进行横向比较，发现其存在的可用性问题并提出了针对性的改进建议。王春毅等[①]对台湾亚东技术学院图书馆移动网站的两项服务（到期提醒与图书预约）进行了可用性测试。彭德尔（K. D. Pendell）等[②]使用不同类型的手机对波特兰州立大学（Portland State University）移动图书馆进行了可用性测试，根据测试结果提出了用户体验改进意见。罗萨里赛（J. A. Rosario）等[③]根据可用性研究结果，对健康图书馆移动网站进行了重新设计，使读者满意度进一步提升。此外，还有学者为探究用户体验提升效果，针对改进后的移动图书馆平台进行了可用性测试。叶心天等[④]对优化后的科罗拉多大学安舒茨医学校区（University of Colorado Anschutz Medical Campus）健康科学图书馆进行了可用性评估，结果显示，优化后移动网站的有效性和效率明显提升，读者的满意度更高。

（2）情感体验提升研究

国内外学者对移动图书馆平台进行了情感体验提升研究，研究内容主要包括用户需求、用户期望、用户意愿和用户差异等。在移动图书馆用户需求研究方面，李宇佳等[⑤]根据用户体验的需求层次理论，从用户体验的

[①] Wang C, Ke H, Lu W, "Design and performance evaluation of mobile web services in libraries: a case study of the Oriental Institute of Technology library", *Electronic Library*, Vol.30, No.1, 2012, pp.33-50.

[②] Pendell K D, Bowman M S, "Usability study of a library's mobile website: an example from Portland State University", *Information Technology & Libraries*, Vol.31, No.2, 2012, pp.45-62.

[③] Rosario J A, Ascher M T, Cunningham D J, "A study in usability: redesigning a health sciences library's mobile site", *Medical Reference Services Quarterly*, Vol.31, No.1, 2012, pp.1-13.

[④] Yeh S T, Fontenelle C, "Usability study of a mobile website: the health sciences library, University of Colorado Anschutz medical campus, experience", *Journal of the Medical Library Association*, Vol.100, No.1, 2012, pp.64-68.

[⑤] 李宇佳、张向先、张克永：《用户体验视角下的移动图书馆用户需求研究：基于系统动力学方法》，载《图书情报工作》，2015年第6期，第90—96、119页。

视角全面剖析移动图书馆用户的多样化需求，运用系统动力学方法剖析影响用户需求的各要素间的相互关系及动态变化过程，并利用建模工具将其作用机理可视化呈现。根据对现有移动图书馆的分析并结合移动图书馆用户需求系统动力学模型，剖析当前移动图书馆的薄弱点和系统动力学模型中的关键环节，分别从感官体验设计、信息资源设计、交互设计和情感化设计着手，针对移动图书馆设计提出建议，例如注重情感体验设计，满足用户的情感诉求。叶莎莎等[1]对移动图书馆用户信息需求的类型、特征、规律和用户偏好等方面进行了理论探讨，并提出在移动互联网环境下，移动图书馆用户的信息需求也会遵循一定的原则和规律，但这种需求规律不是移动图书馆用户特有的，而是与网络环境下的用户信息需求规律具有很强的相似性。在网络环境下对移动图书馆用户而言，移动性和便捷性是移动图书馆最大的优势所在，用户都希望通过省时、省力的方法获取所需要的移动信息资源。郑德俊等[2]通过实证调研分析了高校移动图书馆的用户需求、使用偏好、易引发不满的因素及选择态度，并据此提出了移动图书馆的改进建议（以用户体验为根本，丰富服务平台中的服务项目，优化服务资源，以推广形式创新为核心，吸引更多用户使用移动图书馆）。在移动图书馆用户期望、用户意愿和用户差异等方面，西霍尔泽（J. Seeholzer）等[3]利用焦点小组探究了学生对于图书馆移动网站的使用情况和期望。高春玲等[4]以辽宁师范大学师生为调研对象，从用户阅读行为和设施特征等方面揭示了用户阅读图书馆电子资源的使用意愿及其影响因素。郑德俊

---

[1] 叶莎莎、杜杏叶：《移动图书馆用户需求理论研究》，载《图书情报工作》，2014年第16期，第50—56页。

[2] 郑德俊、沈军威、张正慧：《移动图书馆服务的用户需求调查及发展建议》，载《图书情报工作》，2014年第7期，第46—52页。

[3] Seeholzer J, Salem J A J, "Library on the go: a focus group study of the mobile web and the academic library", *College & Research Libraries*, Vol.72, No.1, 2011, pp.9-20.

[4] 高春玲、卢小君：《用户阅读图书馆电子资源意愿的影响因素分析：以辽宁师范大学师生移动阅读行为为例》，载《图书馆论坛》，2014年第34期，第34—40页。

等①发现不同用户因其性别、学科背景、使用经验等对移动图书馆服务质量的感知具有差异性。少数学者从心理学角度开展了移动图书馆用户情感体验提升研究。查光进（X. Zha）等②通过研究发现，与使用数字图书馆相比用户在使用移动图书馆时会产生较少的沉浸体验，在移动图书馆早期建设阶段检验用户体验，提高沉浸体验非常必要。

（3）用户体验综合提升研究

用户体验综合提升研究即通过对移动图书馆用户体验现状的整体把握，从系统质量、用户情感及交互环境三个方面提出了移动图书馆用户体验提升方案。王茜等③对清华大学无线移动数字图书馆（Tsinghua Wireless and Mobile Digital Library System，TWIMS）进行了两次用户体验调研，第一次是在TWIMS上线之后重点调研了用户对系统功能设置及各项指标的满意度，第二次则是对改进后的TWIMS用户体验提升效果的测评，最终提出10项移动图书馆可用性设计原则（页面内容简单化原则、减轻用户的经济负担原则、提高屏幕空间的利用率原则、最小记忆原则、提供导航机制原则、一致性原则、提供帮助与指导原则、即时反馈原则、对用户的错误操作进行预防与纠正原则、接受用户反馈原则）。聂华等④对移动服务状况、读者需求和移动设备持有状况进行调研、评估之后，主要围绕提升用户体验，从应急服务、交互式服务和个性化服务三个主要方面进行设计和开发，构建了基于WAP协议的"北京大学图书馆"服务；同时指出随着移

---

① 郑德俊、王硕：《移动图书馆服务质量的感知差异性分析》，载《图书情报工作》，2016年第21期，第6—16页。

② Zha X, Zhang J, Li L, et al, "Exploring the adoption of digital libraries in the mobile context", *Information development*, Vol.32, No.4, 2016, pp.1155-1167.

③ 王茜、张成昱：《清华大学无线移动数字图书馆用户体验调研》，载《大学图书馆学报》，2010年第5期，第36—43页；王茜、张成昱：《清华大学手机图书馆用户体验调研及可用性设计》，载《图书情报工作》，2013年第4期，第25—31页。

④ 聂华、朱本军：《北京大学图书馆移动服务的探索与实践》，载《图书情报工作》，2013年第4期，第16—20页。

动终端技术在短时间内的快速发展、图书馆信息管理系统越来越多地提供移动服务，以及用户移动行为习惯及需求的变化，未来北京大学图书馆移动服务将朝着"独立""整合"和"创新"的统一客户端方向发展。沈军威等①借助问卷调查，对服务质量、用户满意度和用户持续使用意愿之间的影响关系进行实证分析，发现用户与移动图书馆平台交互过程中所形成的服务质量认知和情感体验影响价值认同，进而影响用户满意度和持续使用意愿；同时构建移动图书馆服务质量优化"飞行"模式，即以需求来引领，发挥服务质量在提升用户满意度和促进用户持续使用上的主体作用，并经由培训和推广助力用户扩大服务质量认知和增强情感联结。徐倩②采用分层随机抽样方法对重庆医科大学师生进行KANO模型问卷调查揭示用户需求状况，梳理移动图书馆用户需求主要包括信息功能、资源供给功能、交互功能、特色功能四个方面，其中无关属性7项，期望属性10项；同时根据better-worse系数，构建用户满意度矩阵，提出重点改善功能8项，并给出用户满意度提升策略。

通过对国内外移动图书馆用户体验模型及测评研究的分析发现，当前研究存在一些问题。首先，在理论研究层面，相关模型和体系的构建没有统一的标准，不同的学者从不同的角度构建了用户体验模型和评价指标体系，对于图书馆的实践应用缺乏有效的指导性，构建的模型和体系缺乏实证研究。其次，在实践方面，移动图书馆用户体验测评质量不高，难以真正反映移动图书馆的用户体验现状，存在的用户体验测评模型不够规范、数据来源不够丰富、调研项目不够全面等问题。当前移动图书馆用户体验提升研究偏重对可用性的提升研究，但可用性只是用户体验的一部分，难以全面反映用户体验和使用感受。必须从用户的角度对移动图书馆用户体验的全过程开展研究，才能探索出有效、全面的用户体验提升策略。

---

① 沈军威、郑德俊：《移动图书馆服务质量优化模式的构建研究》，载《图书情报工作》，2019年第15期，第52—59页。

② 徐倩：《基于KANO模型的移动图书馆用户满意度提升策略研究：以重庆医科大学为例》，载《情报探索》，2019年第4期，第76—81页。

1.4.5 未来研究展望

移动图书馆的发展始终以用户为中心,用户研究贯穿着移动图书馆服务的始终。用户体验作为用户研究中的一项重要内容,对移动图书馆的发展有着重要的影响。根据移动图书馆用户体验的复杂性特点,在研究中可进行多学科融合的横向延展和由理论到实践再到理论的纵深升华研究。

(1) 理论方面[①]

首先,进一步完善移动图书馆用户体验理论体系。可以从以下两方面开展研究:移动图书馆用户体验的定义和要素研究。一个概念的定义、范围是其发展并最终付诸于实际的最基本的要求。当前研究偏重实证,缺乏对影响移动图书馆用户体验要素的深入探讨。其次,注重多学科交叉研究。例如,引入心理学相关理论和研究方法,将沉浸体验引入移动图书馆用户情感感知研究、采用眼动技术等监测用户情感变化等,以使得研究者能够全面细致地捕捉到用户的情感变化,同时更为深入地了解用户体验。最后,探索新的用户体验研究方向,如对交互环境研究和用户期望体验进行深入研究。移动图书馆具有环境依赖性的特点,移动网络、移动服务技术不断发展,客户端及其操作系统日渐多样化,这些交互环境因素的变化会对移动图书馆用户体验产生怎样的影响,以及移动图书馆服务应如何提升以应对这些变化还有待研究。目前研究主要针对与用户的当前体验,而用户期望也会影响用户体验,并进一步影响用户对服务的满意度,所以用户期望体验这一方向也有待探索。

---

① 魏群义、李艺亭、姚媛:《移动图书馆用户体验研究综述与展望》,载《图书情报工作》,2018 年第 10 期,第 126—135 页。

（2）实践方面[①]

首先，采用多元化研究方法。当前对移动图书馆用户体验的研究大多采用问卷调查法，虽然这样便于数据获取，但也容易导致数据来源单一、调研结果不够深入等问题。在未来研究中应注重质性研究方法的采用，以求深入探究影响用户体验的驱动因素及其内在联系。其次，加强可持续化研究。缺乏对用户信息获取过程的反馈和跟踪，将使得技术的提升无法带来用户体验的提升。可持续化研究符合移动图书馆用户体验动态性特点，在未来研究中需注重长期用户体验研究，探索影响用户体验变化和用户黏性的重要因素。最后，深化移动图书馆用户体验提升研究。当前大多数研究只停留在对移动图书馆用户体验现状测评并提出建议，鲜有对提升后的系统进行跟进研究。移动图书馆用户体验研究的最终目的是为用户创造良好的体验。移动图书馆用户体验提升措施和改进是否有效也是移动图书馆用户体验提升研究中应该重点关注的问题。

[①] 魏群义、李艺亭、姚嫒：《移动图书馆用户体验研究综述与展望》，载《图书情报工作》，2018年第10期，第126—135页。

第2章　移动图书馆用户体验要素研究

2.1　移动图书馆用户体验内涵

移动图书馆服务的特征[①]可概括为两个维度、五个方面，第一个维度即移动性（mobile），包含泛在化（ubiquitous）、碎片化（fragmentation）和个性化（individualization）三个方面；第二个维度即社交性（sociality），包含交互性（interaction）和分享性（sharing）两个方面。移动性可以归纳为典型的"3A"特征：Anywhere（地点灵活性、地域灵活性）、Anytime（时间任意性）、Anybody（用户多样性）[②]。社交性是以内容生产为中心和社交关系为纽带，将内容生产和社交相结合。结合泛在信息环境下图书馆

[①] 毕强、马卓、李洁：《数字图书馆微服务的核心特征分析》，载《图书情报工作》，2016年第21期，第32—38页。

[②] 孔凡敏、杨乃：《移动互联网时代政府公共信息服务方式展望》，载《中国地质大学学报（社会科学版）》，2013第S1期，第23—26页。

服务的特征以及用户体验的特点①，可以发现移动图书馆用户体验具有以下内涵。

(1) 移动图书馆用户体验具有动态性特点

用户体验是一个逐渐积累和动态的过程，不取决于用户某时某刻的感受，随着用户与系统接触的不断深入，体验的产生是有一定层次的。在服务过程中，用户从最初接触产品开始，用户体验是由浅入深的，并且随着用户认知程度的深入反映出递进的体验层次，用户体验随着感官体验、交互体验、情感体验的层次逐级上升。② 唐纳德·A. 诺曼③从认知心理学的角度提出，一件优秀的产品带给人们三种层次（本能层、行为层、反思层）上的需求满足。本能层的设计关注的是视觉，带给人第一层面的直观感受；行为层的设计关注的是操作，通过操作流程体验带给用户感受；反思层的设计关注的是情感，相当于用户体验的提升。作为体验的一种，移动图书馆用户体验同样具有明确的始终，体验过程包含用户与平台交互之前、交互之中与交互之后的感受④，不同阶段的体验感受是动态变化的，所以用户体验具有动态性的特点。

---

① Law L C, Roto V, Hassenzahl M, et al, "Understanding, scoping and defining user experience: a survey approach", in *Proceedings of the sigchi conference on human factors in computing systems*, New York, ACM, 2009, pp.719-728.

② 张明霞、祁跃林、李丽卿等:《图书馆用户体验的内涵及提升策略》，载《新世纪图书馆》，2015 年第 7 期，第 10—13 页; Karapanos E, Zimmerman J, Forlizzi J, et al, "Measuring the dynamics of remembered experience over time", *Interacting with Computers*, Vol.22, No.5, 2010, pp.328-335.

③ 〔美〕唐纳德·A. 诺曼:《情感化设计》，付秋芳等译，北京:电子工业出版社 2005 年版。

④ Brunnström K, Moor K D, Dooms A, et al, Qualinet White Paper on Definitions of Quality of Experience(2012), Lausanne: European network on quality of experience in multi-media systems and services (COST Action IC 1003), 2013, p.4; Vermeeren A P.O.S, Law L C, Roto V, et al, "User experience evaluation methods: current state and development needs", in *Proceedings of the 6th Nordic Conference on Human-computer Interaction: Extending Boundaries*, New York, ACM, 2010, pp.521-530.

（2）移动图书馆用户体验具有复杂性特点

移动图书馆平台的用户体验是用户在使用移动图书馆平台的整个过程中，对移动图书馆平台及其服务不断积累形成的感性心理状态和理性价值认知，它包括对移动图书馆平台的最初印象、使用过程中和使用后产生的各种情感体验。用户体验是一种复杂的情感体验，移动图书馆服务的交互环境包括云计算、移动互联网等复杂的网络环境，同时移动设备的性能、资源、费用等也会影响用户的使用体验。[1] 在马斯洛关于人的"生理需求—安全需求—社交需求—尊重需求—自我实现需求"五个需求层次的基础上，贝恩特·施密特通过"人脑模块分析"和心理社会学说将消费者的体验分成了感官、思考、创新、行为、关联五大体验体系。[2]

（3）移动图书馆用户体验具有主观性特点

移动图书馆用户体验是以用户为中心的主观体验，所以用户体验具有一定的主观性。通俗来讲，就是"这个东西好不好用，用起来方不方便"。因此，用户体验是主观的，且其注重实际应用时产生的效果。即使是同一项功能和服务，不同的用户使用之后的评价也是不一样的，其用户体验感因人而异。良好的用户体验需要同时满足用户的实用性和享乐性需求，而需求的实现影响着用户对享乐质量的感知，其中自尊感知和能力体现这两种心理需求的实现有助于用户产生积极的用户体验。[3] 所以，在用户体验

---

[1] 沈军威、倪峰、郑德俊：《移动图书馆平台的用户体验测评》，载《图书情报工作》，2014年第23期，第54—60页；聂华、朱本军：《北京大学图书馆移动服务的探索与实践》，载《图书情报工作》，2013年第4期，第16—20页。

[2] 〔美〕贝思特·施密特：《顾客体验管理：实施体验经济的工具》，冯玲、邱礼新译，北京：机械工业出版社2004年版，第217页。

[3] Hassenzahl M, "User experience (UX): towards an experiential perspective on product quality", in *Proceedings of the 20th International Conference of the Association Francophone d'Interaction Homme-Machine*. New York: ACM, 2008, pp.11-15; Hassenzahl M, Diefenbach S, Göritz A, "Needs, affect, and interactive products-facets of user experience", *Interacting with computers*, Vol.22, No.5, 2010, pp.353-362; Partala T, Kallinen A, "Understanding the most satisfying and unsatisfying user experiences: emotions, psychological needs, and context", *Interacting with Computers*, Vol.24, No.1, 2012, pp.25-34.

的评价指标中，满意度一直是一项重要的指标，例如传统的可用性三大指标[①]（即效率、效益和满意度）。张明霞等[②]认为，图书馆用户体验是一种纯主观的整体性感受，是用户在利用图书馆的整个过程中的全部印象和感受，它决定了图书馆的服务质量、用户满意度及忠诚度。

（4）移动图书馆用户体验具有交互性特点

移动图书馆用户体验是一种交互式体验，具有交互性的特点。移动服务的交互性包含以下几个方面：首先，交互性体现在用户与系统之间的交互，用户对图书馆基本服务的体验，即用户与移动服务系统的交互（如借阅查询、书目查询等）。其次，交互性体现在用户与馆员之间的交互，用户在使用移动服务的时候需要与馆员进行交流，例如参考咨询、推荐购书、二维码门禁等。最后，交互性体现在用户与用户之间的交互，移动阅读具有社会化需求，即用户与用户之间可以互动、交流与分享经验。[③] 所以，要提升用户体验，要根据目标用户的需求和期望出发，结合用户本身的心理特征和行为方式、特点，使人与信息的交流沟通更加切合、协调、流畅，使用户对移动端交互动画的互动方式更加好奇，更具有参与感，能有效地让用户与机器进行双向互动[④]。

[①] 可用性，https://baike.baidu.com/item/可用性。

[②] 张明霞、祁跃林、李丽卿等：《图书馆用户体验的内涵及提升策略》，载《新世纪图书馆》，2015年第7期，第10—13页。

[③] 鄢小燕、张苏闽、谢黎：《基于移动阅读特征分析的图书馆移动服务思考》，载《图书馆论坛》，2012年第5期，第130—133页。

[④] 徐欣、刘雪松：《数字媒体背景下的移动端交互性动画设计》，载《现代交际》，2020年第3期，第126—127页。

2.2 移动图书馆用户体验要素

随着移动图书馆研究重点的转变,即由最初的以图书馆为中心转变为以用户为中心,用户体验成为移动图书馆用户研究的重要部分。用户体验最早由诺曼等[1]提出的,最初被广泛应用在人机交互领域。国际标准化组织将用户体验[2]定义为"用户在接触产品、系统或服务后,所产生的反应与变化,包含用户的认知、情绪、偏好、知觉、生理与心理、行为,用户体验涵盖了产品、系统或服务使用的前、中、后期。系统、用户和交互环境是影响用户体验的三要素"。综合来看,用户体验是多方交互的结果,即用户的内在状态(倾向、期望、需求、动机等)、系统的特征(复杂性、目的、可用性、功能等)及交互环境(如组织/社会环境、活动意义、自愿使用等)共同作用的结果[3]。

根据 ISO 对用户体验要素的分类,可将移动图书馆用户体验分为系统质量感知、用户情感感知和交互环境感知三个方面的体验。国外学者对用户体验要素的研究主要围绕系统质量感知和用户情感感知两个方面。在系

---

[1] Norman D, Miller J, Henderson A, "What you see, some of what's in the future, and how we go about doing it: hi at apple computer", in *Conference Companion on Human Factors in Computing Systems*, New York: ACM, 1995, p.155.

[2] ISO 9241-210: 2010, "Ergonomics of human-system interaction -- part 210: human-centered design for interactive systems", Geneva: International Organization for Standardization, 2010.

[3] Hassenzahl M, Tractinsky N, "User experience - a research agenda", *Behaviour & Information Technology*, Vol.25, No.2, 2006, pp.91-97.

统质量感知方面的研究大多基于可用性理论和技术接受模型理论。[1] 用户情感感知的研究内容主要集中在对用户需求、用户期望、情感反应等方面[2]。国内学者对用户体验要素的研究相对较少，并且大多借鉴国外的研究成果。邓胜利[3]对国外用户体验研究进展进行综述，提出国外在用户体验的定义、内容、特征、模型及评价等方面进行探索，并将理论成果应用于电子商务开展、网站建设和软件设计方面，并建议我国用户体验研究可借鉴国外经验，逐步形成用户体验理论体系，指导信息服务的发展。丁一等[4]对用户体验的应用研究现状进行综述，重点分析了用户体验的测评方法，将用户体验要素总结为可用性、用户情感体验和用户诉求。胡昌平、邓胜利[5]从宏观（表面层要素、框架层要素、结构层要素、范围层要素、战略层要素）和微观（信息构建、信息设计、工作流程、资源转换、界面

---

[1] Davis F D, "Perceived usefulness, perceived ease of use, and user acceptance of information technology", *Mis Quarterly*, Vol.13, No.3, 1989, pp.319-340; Mahlke S, "Factors influencing the experience of website usage", in *CHI '02 extended abstracts on human factors in computing systems*, New York: ACM, 2002, pp.846-847; Vyas D, Veer G V D. APEC: a framework for designing experience, https://www.researchgate.net/publication/251990033_APEC_A_Framework_for_Designing_Experience.

[2] Hassenzahl M, Diefenbach S, Göritz A, "Needs, affect, and interactive products-facets of user experience", *Interacting with Computers*, Vol.22, No.5, pp.353-362; Mahlke S, "Understanding users' experience of interaction", in Proceedings of the 2005 Annual Conference on European Association of Cognitive Ergonomics, Chania: University of Athens, 2005, pp.251-254; Michalco J, Simonsen J G, Hornbæk K, "An exploration of the relation between expectations and user experience", *International Journal of Human-Computer Interaction*, Vol.31, No.9, 2015, pp.603-617.

[3] 邓胜利：《国外用户体验研究进展》，载《图书情报工作》，2008 年第 3 期，第 43—45 页。

[4] 丁一、郭伏、胡名彩等：《用户体验国内外研究综述》，载《工业工程与管理》，2014 年第 4 期，第 92—97 页。

[5] 胡昌平、邓胜利：《基于用户体验的网站信息构建要素与模型分析》载《情报科学》，2006 年第 3 期，第 321—325 页。

设计和跨平台的兼容）两方面对信息构建中用户体验要素进行分析。王晓艳等[1]提出了基于用户体验的信息构建模型，考虑的用户体验要素包括用户特征、用户认知、用户需求和用户行为。金燕等[2]将其分为理性要素和感性要素，理性要素主要是指用户的认知，而感性要素则主要是指用户的情感。赵杨[3]从用户与数字图书馆移动服务系统交互的角度，将用户体验要素分为移动服务环境交互层要素、移动服务平台交互层要素、移动服务人员交互层要素和用户交互层要素。其中，移动服务环境交互层要素主要指由移动网络及其基础设施、移动终端设备等构成的数字图书馆移动服务软硬件要素；移动服务平台交互层要素主要指用户访问数字图书馆 WAP 站点、使用 APP 应用软件时涉及的相关要素；移动服务人员交互层要素主要指用户通过数字图书馆员获取移动参考咨询、在线帮助等服务时涉及的相关要素；用户交互层要素主要指用户通过数字图书馆移动社交服务进行信息交流与知识共享时涉及的相关要素。

以上研究成果为移动图书馆用户体验要素的研究奠定了基础，综合分析国内外学者对用户体验要素的研究成果，可将其总结为以下四个方面。

（1）系统质量感知要素

系统质量感知要素即用户在与移动图书馆系统平台交互过程中，对系统平台所提供的服务、功能、资源等方面的感知，以及对平台的技术、理念等的感知，主要包含移动图书馆系统平台的可用性、功能实用性、信息

---

[1] 王晓艳、胡昌平：《基于用户体验的信息构建》，载《情报科学》，2006 年第 8 期，第 1235—1238 页。

[2] 金燕、杨康：《基于用户体验的信息质量评价指标体系研究：从用户认知需求与情感需求角度分析》，载《情报理论与实践》，2017 年第 2 期，第 97—101 页。

[3] 赵杨：《数字图书馆移动服务交互质量控制机制研究：基于用户体验的视角》，载《情报杂志》，2014 年第 4 期，第 184—189 页。

构建、信息质量、感知易用性和感知有用性等要素①。

(2) 用户与系统交互所产生的情感感知要素

用户与系统交互所产生的情感感知要素即反映用户使用移动图书馆服务所产生的主观情感感受的要素，主要包括系统为用户带来的愉悦感、享乐性、用户期望、用户需求满足及实现等要素②。

---

① Hassenzahl M, Tractinsky N, "User experience-a research agenda", *Behaviour & Information Technology*, Vol.25, No.2, 2006, pp.91-97; Davis F D, "Perceived usefulness, perceived ease of use, and user acceptance of information technology", *Mis Quarterly*, Vol.13, No.3, 1989, pp.319-340; Mahlke S, "Factors influencing the experience of website usage", in *CHI '02 Extended Abstracts on Human Factors in Computing Systems*, New York: ACM, 2002, pp.846-847; 王晓艳、胡昌平:《基于用户体验的信息构建》, 载《情报科学》, 2006年第8期, 第1235—1238页; 王海花、陆为国:《学术资源发现系统的用户体验测试研究》, 载《新世纪图书馆》, 2015年第11期, 第48—51页; 彭柯、胡蓉、朱庆华:《数字阅读平台的用户体验影响因素实证研究》, 载《数字图书馆论坛》, 2015年第11期, 第2—10页。

② 王灿荣、张兴旺:《移动图书馆中移动用户体验质量评价机制的构建分析》, 载《图书与情报》, 2014年第4期, 第92—98页; Hassenzahl M, Tractinsky N, "User experience - a research agenda", *Behaviour & Information Technology*, Vol.25, No.2, pp.91-97; Hassenzahl M, Diefenbach S, Göritz A, "Needs, affect, and interactive products-facets of user experience", *Interacting with Computers*, Vol.22, No.5, 2010, pp.353-362; Mahlke S, "Factors influencing the experience of website usage", in *CHI '02 Extended Abstracts on Human Factors in Computing Systems*, New York: ACM, 2002, pp.846-847; Michalco J, Simonsen J G, Hornbæk K, "An exploration of the relation between expectations and user experience", *International Journal of Human-Computer Interaction*, Vol.31, No.9, 2015, pp.603-617; 李小青:《基于用户心理研究的用户体验设计》, 载《情报科学》, 2010年第5期, 第763—767页; 彭柯、胡蓉、朱庆华:《数字阅读平台的用户体验影响因素实证研究》, 载《数字图书馆论坛》, 2015年第11期, 第2—10页; Venkatesh V, Morris M G, Davis G B, et al, "User acceptance of information technology: toward a unified view", *Mis Quarterly*, Vol.27, No.3, 2003, pp.425-478; 李宇佳、张向先、张克永:《用户体验视角下的移动图书馆用户需求研究: 基于系统动力学方法》, 载《图书情报工作》, 2015年第6期, 第90—96、119页。

(3) 交互环境感知要素

交互环境感知要素是指系统和移动用户始终处于复杂的交互环境之中，用户对交互环境的感知，具体包括社交影响、便利条件、使用成本、体验风险和体验利益等①。

(4) 用户体验设计要素

用户体验设计要素即进行移动图书馆用户体验系统设计和功能提升所涵盖的要素②，例如审美、情感、视觉体验、品牌感受、浏览体验、功能体验、内容体验、互动体验、愉悦、满足、自我价值提升等。

综上所述，国内外移动图书馆用户体验要素研究成果见表2.1。

---

① 王灿荣、张兴旺：《移动图书馆中移动用户体验质量评价机制的构建分析》，载《图书与情报》2014年第4期，第92—98页；Venkatesh V, Morris M G, Davis G B, et al, "User acceptance of information technology: toward a unified view", *Mis Quarterly*, Vol. 27, No.3, 2003, pp.425-478.

② Vyas D, Veer G V D. APEC: a framework for designing experience, https://www.researchgate.net/publication/251990033_APEC_A_Framework_for_Designing_Experience；李小青：《基于用户心理研究的用户体验设计》，载《情报科学》，2010年第5期，第763—767页；〔美〕杰西·詹姆斯·加勒特：《用户体验要素：以用户为中心的产品设计》，范晓燕译，北京：机械工业出版社2011年版，第19—21页；Norman D A, "*Emotional Design-Why Do We Love (or Hate) Everyday Things*", New York: Basic books, 2004, pp.21-22, 57.

表 2.1　国内外移动图书馆用户体验要素研究成果

要素分类	具体内容	文献来源
系统质量感知要素	感知易用性	戴维斯（F. D. Davis）等，1989①；马尔克（S. Mahlke），2002②；
	感知有用性	王晓艳等，2006③；彭柯等，2015④
	实用性	哈森皇（M. Hassenzahl）等，2006⑤
	可用性	王晓艳等，2006⑥
	信息构建	彭柯等，2015⑦
	信息质量	王海花等，2015⑧

---

① Davis F D, "Perceived usefulness, perceived ease of use, and user acceptance of information technology", *Mis Quarterly*, Vol.13, No.3, 1989, pp.319-340.

② Mahlke S, "Factors influencing the experience of website usage", in *CHI '02 Extended Abstracts on Human Factors in Computing Systems*, New York: ACM, 2002, pp.846-847.

③ 王晓艳、胡昌平：《基于用户体验的信息构建》，载《情报科学》，2006 年第 8 期，第 1235—1238 页。

④ 彭柯、胡蓉、朱庆华：《数字阅读平台的用户体验影响因素实证研究》，载《数字图书馆论坛》，2015 年第 11 期，第 2—10 页。

⑤ Hassenzahl M, Tractinsky N, "User experience - a research agenda", *Behaviour & Information Technology*, Vol.25 No.2, 2006, pp.91-97.

⑥ 王晓艳、胡昌平：《基于用户体验的信息构建》，载《情报科学》，2006 年第 8 期，第 1235—1238 页。

⑦ 彭柯、胡蓉、朱庆华：《数字阅读平台的用户体验影响因素实证研究》，载《数字图书馆论坛》，2015 年第 11 期，第 2—10 页。

⑧ 王海花、陆为国：《学术资源发现系统的用户体验测试研究》，载《新世纪图书馆》，2015 年第 11 期，第 48—51 页。

(续表)

要素分类	具体内容	文献来源
用户情感感知要素	视觉吸引力	马尔克（S. Mahlke），2002①
	用户期望	王灿荣等，2014②；米克尔科（J. Michalco）等，2015③；V. Venkatesh等，2003④
	享乐性	哈森皇（M. Hassenzahl）等，2006⑤；马尔克（S. Mahlke），2002⑥；彭柯等，2015⑦
	自我提升	李小青，2010⑧
	用户需求	哈森皇（M. Hassenzahl）等，2010⑨；彭柯等，2015⑩；李宇佳等，2015⑪；
	需求实现	
	用户态度、用户意愿	马尔克（S. Mahlke），2002⑫

① Mahlke S, "Factors influencing the experience of website usage", in *CHI '02 Extended Abstracts on Human Factors in Computing Systems*, New York: ACM, 2002, pp.846-847.

② 王灿荣、张兴旺：《移动图书馆中移动用户体验质量评价机制的构建分析》，载《图书与情报》，2014年第4期，第92—98页。

③ Michalco J, Simonsen J G, Hornbæk K, "An exploration of the relation between expectations and user experience", *International Journal of Human-computer Interaction*, Vol. 31, No.9, 2015, pp.603-617.

④ Venkatesh V, Morris M G, Davis G B, et al, "User acceptance of information technology: toward a unified view", *Mis Quarterly*, Vol.27, No.3, 2003, pp.425-478.

⑤ Hassenzahl M, Tractinsky N, "User experience-a research agenda", *Behaviour & Information Technology*, Vol.25, No.2, 2006, pp.91-97.

⑥ Mahlke S, "Factors influencing the experience of website usage", in *CHI '02 Extended Abstracts on Human Factors in Computing Systems*, New York: ACM, 2002, pp.846-847.

⑦ 彭柯、胡蓉、朱庆华：《数字阅读平台的用户体验影响因素实证研究》，载《数字图书馆论坛》，2015年第11期，第2—10页。

⑧ 李小青：《基于用户心理研究的用户体验设计》，载《情报科学》，2010年第5期，第763—767页。

⑨ Hassenzahl M, Diefenbach S, Göritz A, "Needs, affect, and interactive products-facets of user experience", *Interacting with Computers*, Vol.22, No.5, 2010, pp.353-362.

⑩ 彭柯、胡蓉、朱庆华：《数字阅读平台的用户体验影响因素实证研究》，载《数字图书馆论坛》，2015年第11期，第2—10页。

⑪ 李宇佳、张向先、张克永：《用户体验视角下的移动图书馆用户需求研究：基于系统动力学方法》，载《图书情报工作》，2015年第6期，第90—96、119页。

⑫ Mahlke S, "Factors influencing the experience of website usage", in *CHI '02 Extended Abstracts on Human Factors in Computing Systems*, New York: ACM, 2002, pp.846-847.

（续表）

要素分类	具体内容	文献来源
交互环境感知要素	社交影响	王灿荣等，2014①；文卡特什（V. Venkatesh）等，2003②
	便利条件	
	体验成本、体验风险和体验利益	王灿荣等，2014③
用户体验设计要素	本能层、行为层、反思层	诺曼（D. A. Norman），2004④
	审美、实用、情感和认知	维亚斯（D. Vyas），2005⑤
	视觉体验、品牌感受、浏览体验；功能体验、内容体验、互动体验；愉悦、满足、自我价值提升	李小青，2010⑥
	表现层、框架层、结构层、范围层、战略层	杰西·詹姆斯·加勒特，2011⑦

---

① 王灿荣、张兴旺:《移动图书馆中移动用户体验质量评价机制的构建分析》,载《图书与情报》,2014 年第 4 期,第 92—98 页。

② Venkatesh V, Morris M G, Davis G B, et al, "User acceptance of information technology: toward a unified view", *Mis Quarterly*, Vol.27, No.3, 2003, pp.425-478.

③ 王灿荣、张兴旺:《移动图书馆中移动用户体验质量评价机制的构建分析》,载《图书与情报》,2014 年第 4 期,第 92—98 页。

④ Norman D A, "Emotional Design-Why Do We Love (or Hate) Everyday Things", New York: Basic Books, 2004, pp.21-22, 57.

⑤ Vyas D, Veer G V D. APEC: a framework for designing experience. https://www.researchgate.net/publication/251990033_APEC_A_Framework_for_Designing_Experience.

⑥ 李小青:《基于用户心理研究的用户体验设计》,载《情报科学》,2010 年第 5 期,第 763—767 页。

⑦ 〔美〕杰西·詹姆斯·加勒特:《用户体验要素:以用户为中心的产品设计》,范晓燕译,北京:机械工业出版社 2011 年版,第 19—21 页。

2.3 移动图书馆用户体验影响因素模型构建

关于移动图书馆用户体验影响因素模型,国内外学者已有一些探索和研究。赵杨[①]从用户与数字图书馆移动服务的多维交互关系入手,分析用户体验对移动服务交互质量的影响,针对服务交互过程中的用户体验要素,构建了用户体验设计框架,如图 2.1 所示。彭柯[②]等基于技术接受模型、信息构建理论和需求理论,探讨了数字阅读平台的用户体验影响因素,从感知有用性、感知易用性、信息构建、感知享乐性等方面构建了数字阅读平台的用户体验影响因素模型,如图 2.2 所示。王灿荣等[③]根据 MUQoEE 数学模型及研究情境设定,构建了移动图书馆 MUQoEE 评价指标体系基础模型,如图 2.3 所示,模型涵盖八个自变量(预期期望、预期付出、社交影响、便利条件、移动用户体验价值、移动用户体验成本、移动用户体验风险、移动用户体验利益),以及两个因变量(MUQoEE 机制的评价性能、移动用户体验价值)。

---

① 赵杨:《数字图书馆移动服务交互质量控制机制研究:基于用户体验的视角》,载《情报杂志》,2014 年第 4 期,第 184—189 页。
② 彭柯、胡蓉、朱庆华:《数字阅读平台的用户体验影响因素实证研究》,载《数字图书馆论坛》,2015 年第 11 期,第 2—10 页。
③ 王灿荣、张兴旺:《移动图书馆中移动用户体验质量评价机制的构建分析》,载《图书与情报》,2014 年第 4 期,第 92—98 页。

第 2 章 移动图书馆用户体验要素研究 | 053

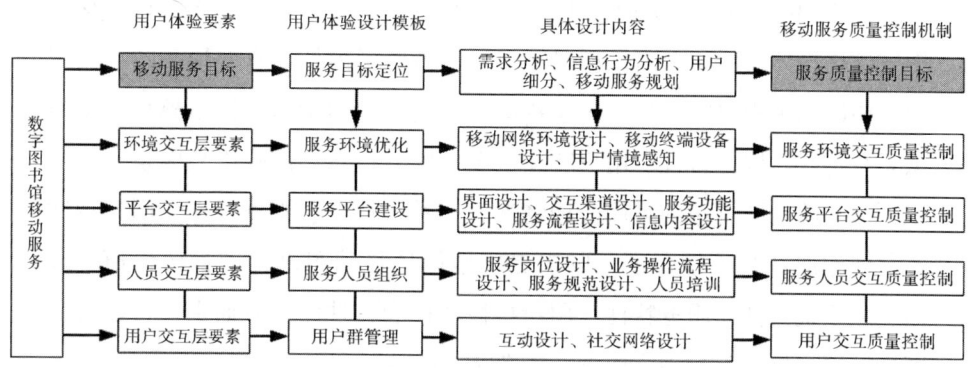

图 2.1 用户与数字图书馆移动服务交互中的用户体验设计框架

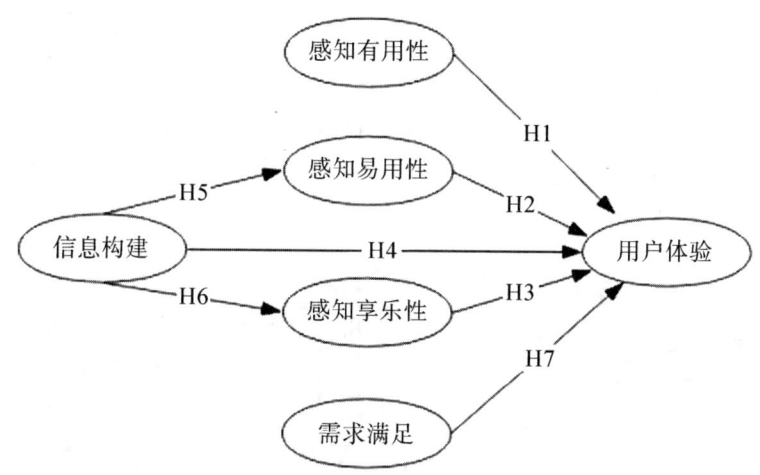

图 2.2 数字阅读平台的用户体验影响因素模型

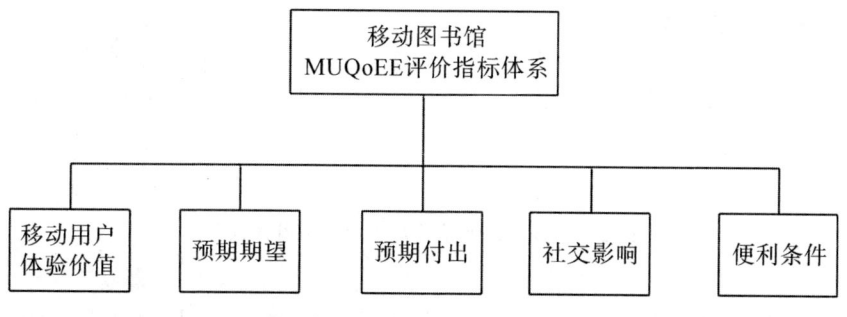

图 2.3 移动图书馆 MUQoEE 评价指标体系基础模型

基于国际标准 ISO9241-210[①] 给出的用户体验定义，综合已有的移动图书馆用户体验影响因素模型研究成果，借鉴国内外已有的移动图书馆用户体验影响因素研究成果，构建移动图书馆用户体验影响因素模型。模型从系统特性、服务特性、用户特性三个角度分析用户体验影响因素，同时结合当前移动图书馆的具体应用情况，在系统特性、服务特性、用户特性等之外增加社会特性角度，以求更好地体现移动图书馆的社会价值。最后，从系统特性、服务特性、用户特性和社会特性四个方面来，构建移动图书馆用户体验影响因素模型，如图 2.4 所示。

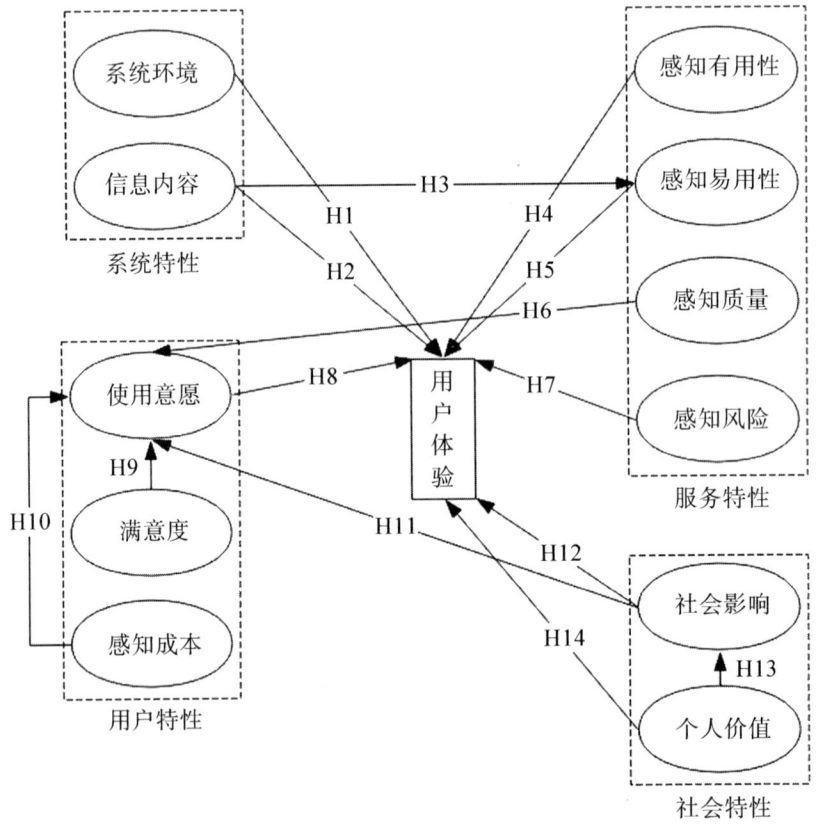

图 2.4 移动图书馆用户体验影响因素模型

---

① ISO.9241-210:2010. Ergonomics of human system interaction-Part210: human-centered design for interactive system (formerly known as 13407). Switzerland: International Organization for Standardization(ISO),2010:7-9.

2.3.1 系统特性

移动图书馆服务是通过移动服务系统开展的，读者通过各种移动智能终端访问系统享受移动服务，所以服务系统的系统特性直接影响用户对移动图书馆服务的体验和感受。系统界面是用户接触系统平台的第一关，林德高（G. Lindgaard）[①]就认为系统界面特性主要包括界面设计和资源导航，涵盖了信息的呈现方式、表达方式和组织方式，以及系统功能布局。良好的界面特性能够让用户眼前一亮，并减少用户的搜索努力，促进有效的搜索和识别功能。移动图书馆的系统特性包含两个方面，即系统环境和信息内容。

系统环境是指除图书馆硬件设施以外的移动图书馆系统在第一时间给用户的感官体验的集合，主要体现在移动图书馆服务系统的界面设计、功能设置、页面布局与网络环境。简洁大方的服务界面，合理的颜色搭配、功能设置与页面布局，流畅的网络环境等，这些良好的系统环境均会直接提升用户的服务体验。良好的系统环境会引导用户轻松、高效、愉悦地使用移动图书馆服务，促使他们愉快地进行进一步的功能操作，从而吸引用户。

信息内容是指移动图书馆提供的有形服务要素，包括文献资源信息、提示信息、系统响应等。文献资源信息包括信息资源是否齐全、信息分类和信息组织是否合理和有效，以及信息的准确性和更新频率等。提示信息是移动图书馆系统界面弹出的消息提示，例如操作成功或错误提示和在线帮助等。不同操作结果的信息提醒，对于提升信息的用户交互性非常重要。系统响应是关系用户能否快速完成任务的关键，在快节奏的当下，响应速度的快慢对用户体验的影响极大。另外，在内容为王的时代，丰富的信息内容是吸引移动图书馆用户的重要因素。

---

① Lingaard G, "Usability testing and system evaluation-a guide for designing useful computer systems", *Ergonomics*, Vol.38, No.6, 1994, pp.1303-1304.

综合以上分析，提出如下假设。

H1：系统环境对用户体验有正向影响。

H2：信息内容对用户体验有正向影响。

H3：信息内容对感知易用性有正向影响。

2.3.2 服务特性

服务特性主要用来衡量移动图书馆提供的各类服务是否对用户有用、是否符合用户预期和需求等。感知易用性是个人使用一个系统/应用时省力的程度，是移动用户对移动图书馆服务最直接的感受，是用户感受到的使用图书馆系统的难易程度，也是感知有用性的前提条件。用户对技术掌握越容易，上手越快，对系统操作越便捷，就会认为系统越易用。反之，难以学习和操作的平台，势必会造成用户学习成本和时间成本的浪费，从而在使用中的产生负面情绪，带来消极的用户体验与感受，甚至很可能直接导致用户放弃使用该服务。因此，简单易学且容易熟练掌握的平台能够让用户很快上手操作，在后续使用过程中顺利无障碍，将会带来正向的用户体验。

感知有用性是个人认为使用一个系统/应用时能够提高或加强工作表现的程度，感知有用性体现在用户在使用移动图书馆各项资源和服务时，能收获更多价值，觉得服务对个人具有重要的作用。与感知易用性相比，感知有用性能更好地帮助用户利用图书馆资源的服务，能有效提高用户学习和工作效率，是判断用户是否继续使用移动图书馆的依据之一。对于移动图书馆服务平台来说，用户选择移动服务主要是由于其操作方便、不受时空限制等，在一定程度上提高了获取资源和服务的效率，读者在使用过程中认为移动平台在各方面是对自己有用的，由此产生正向的、积极的情感，形成好的用户体验的一部分。

感知质量反映了移动图书馆提供的服务是否和传统图书馆服务一致，

是否能随时提供满足用户期望的知识服务。赵杨[①]基于信息系统持续使用理论分析了用户持续使用移动图书馆 APP 的意愿和行为机理，通过实证检验揭示了系统质量、信息质量、服务质量、感知有用性、期望确认、感知成本和用户习惯等因素对用户持续使用移动图书馆 APP 的具体影响，肯定了感知质量对用户体验的正向影响。感知质量包括功能满足质量、技术系统质量、用户关怀质量。因此，将感知质量作为用户体验变量具有合理性。同时，感知质量也是判断用户是否继续使用移动图书馆的另一个依据。

另外，大数据时代信息泄露的风险是存在的，随着移动用户的安全意识不断增强，个人信息安全性的高低同样决定着用户是否愿意相信图书馆，感知风险主要体现在图书馆对用户个人信息的尊重和保障，包括服务人员的态度是否亲和，账号密码、借阅记录和个人隐私是否得到安全保护等。随着用户对于信息安全的意识不断增强，感知风险对于用户体验的影响程度将不断增加。

基于上述分析，提出如下假设。

H4：感知有用性对用户体验有正向影响。

H5：感知易用性对用户体验有正向影响。

H6：感知质量对使用意愿有正向影响。

H7：感知风险对用户体验有负向影响。

2.3.3 用户特性

用户与移动图书馆交互过程中会产生情感因素，即用户对于移动图书馆的情感体验。这些情感体验会在一定程度上影响用户的思维判断和行为，例如当用户在使用移动图书馆过程中需求得到满足时，用户会身心舒畅、心满意足，极有可能继续探索使用移动图书馆系统；反之，当用户的

---

① 赵杨、高婷：《移动图书馆 APP 用户持续使用影响因素实证研究》，载《情报科学》，2015 年第 6 期，第 95—100 页。

情感诉求得不到满足而表现出失望厌烦时，用户的使用进程可能会受阻，甚至放弃使用该系统。

情感体验包括用户满意度和用户使用意愿。用户满意度即用户使用移动图书馆资源和服务的满意程度，包括使用过程中和使用后对服务的满意体验。用户的满意度越高，用户体验感受就会越好，其后续的使用意愿就会越强烈。使用意愿是影响移动图书馆后续使用的关键要素，包括用户今后是否愿意还继续使用移动图书馆的服务，是否增加服务使用的频率，是否愿意向他人推荐移动图书馆服务等。

感知成本是用户使用移动图书馆时在时间、精力和费用上的投入。当用户使用移动图书馆服务时，如果在时间、精力和费用上投入越高，用户感知到的成本越高，那么用户继续使用该服务的意愿就会越弱。因此，笔者认为感知成本对用户体验有负向显著影响，感知成本越高，越会阻碍用户的使用意愿。

基于上述分析，提出如下假设。

H8：使用意愿对用户体验有正向影响。

H9：满意度对使用意愿有正向影响。

H10：感知成本对使用意愿有负向影响。

2.3.4 社会特性

社会影响是指针对某项新技术，社会主流或者重要人物的态度一定程度上改变了用户的态度倾向，减少用户对新兴事物采纳的犹豫时间。在接触移动图书馆这一新事物之前，习惯使用传统图书馆的用户并没有亲身体验过移动图书馆的各项服务，社会主流、身边亲近人乃至媒体的态度都会对用户使用意愿产生巨大影响。因此，社会影响这一变量会影响移动图书馆用户体验。

罗杰斯（E. Rogers）将"个人价值"归纳为"对比其他人，那些对新技术充满好奇心，更容易也更愿意学习使用新技术、接受能力强的个人，使用新产品、技术创造的价值"①。个人价值较高的个体会比其他人有更强烈的使用意愿，更主动尝试新技术、产品，创造新的个人价值的同时，也会影响身边人产生社会影响。

基于上述分析，提出如下假设。

H11：社会影响对使用意愿有正向影响。

H12：社会影响对用户体验有正向影响。

H13：个人价值对社会影响有正向影响。

H14：个人价值对用户体验有正向影响。

2.4 移动图书馆用户体验要素研究

2.4.1 研究方法

心理学家格拉斯（G. V. Glass）将 Meta 分析定义为"对以往研究结果进行系统定量综合的统计学方法"②。Meta 是一种对各种独立的研究结果进行统计分析的方法，对研究结果间差异的来源进行检验，并对具有足够相似性的结果进行定量合并。与传统综述相比，Meta 分析在原始文献的选择上有明确的方法论，以限制纳入和排除研究过程中的偏倚，使研究结论更加客观，并更加接近真实的科学证据。Meta 分析可以用到的软件很多，比如 SAS、STATA 等，最经典的一款软件是 RevMan（ReviewManager），RevMan 是国际 Cochrane 协作网准备和维护更新 Cochrane 系统评价而设计的软件，可以协助完成 Meta 分析的计算过程。这款软件可以在 Cochrane 网站上下载，是一款免费使用的软件。本次研究采用 Revman 5.0 Meta 分析专

---

① Everett Rogers, *Diffusion of Innovations*, New York: Free-Press, 2003.

② Glass G, "Primary, secondary, and meta-analysis of research", *Educational Researcher*, Vol.5, No.10, 1976, pp.3-8.

业软件，使用原始文献中相关系数 r 作为 effect-size 输入效应量，其余文献则提取统计量 t 值、N 值、P 值［备注：t 值为 t 检验（Student's t test）结果；N 值为样本量；P 值为当原假设为真时所得到的样本观察结果或更极端结果出现的概率］，统计合并确定最终效应值，通过偏倚分析得到一般性结论。

2.4.2 研究设计

(1) 文献筛选

为了保证研究的可信性和完整性，尽可能将所有国内外相关研究文献纳入 Meta 分析中，采取如下检索策略在国内外权威索引数据库中开展检索，检索词尽量涵盖可能的关键词。以 "mobile library" or "library app" or "library client" or "mobile library service" or "m-library" 与 "users" or "UE" or "UX" or "user experience" 为检索词，在 Web of Science、Scopus 两个权威索引数据库中进行逻辑组配检索；以 "移动图书馆" 或 "移动服务" 或 "图书馆客户端" 或 "移动图书馆 APP" 或 "手机图书馆" 分别与 "用户体验" 或 "使用者体验" 或 "使用者感知" 为检索词，在 CNKI、万方、维普三个国内权威数据库中进行逻辑组配检索。根据上述的检索策略和检索范围，共检索到 603 篇相关文献（检索时间：2019 年 5—6 月），剔除重复文献，进一步筛选标题、摘要和关键词后得到符合条件的文献 142 篇。

针对上述收集到的 142 篇文献，采用文献管理软件 NoteExpress 和人工方式相结合的方法，按照如下标准继续筛选与剔除：必须是以移动图书馆用户体验为研究对象的实证研究；必须确保样本的独立性；必须以用户体验为因变量；必须含有影响因素之间的相关系数 r、样本量或者相关系数 r 与标准误 se，或者相关系数 r 与 P 值，或者 t 检验与样本量等能够计算出相关系数的数据。

经过严格筛选，剔除文献中描述不清、变量设计不可整理的文献后，共获得14篇独立的实证文献（见表2.2）。

表2.2 Meta分析编码信息

序号	作者	文献来源	变量数	样本量	效应值和统计量
1	施国洪、王凤①	《情报资料工作》，2017年第6期，第62—67页。	6	296	P值和N
2	乔红丽②	《情报科学》，2017年第2期，第56—62页。	8	992	相关系数和N
3	金小璞、毕新③	《情报科学》，2017年第11期，第94—98、131页。	5	120	相关系数和N
4	金小璞、毕新④	《情报理论与实践》，2016年第6期，第99—103页。	3	120	相关系数和N
5	郑德俊、王硕⑤	《图书情报工作》，2016年第21期，第6—16页。	6	40149	t值和N
6	黄务兰、张涛⑥	《图书馆杂志》，2017年第4期，第80—89页。	4	273	相关系数和N

---

① 施国洪、王凤：《基于用户体验的高校移动图书馆服务质量评价体系研究》，载《情报资料工作》，2017年第6期，第62—67页。

② 乔红丽：《移动图书馆用户体验的结构方程模型分析》，载《情报科学》，2017年第2期，第56—62页。

③ 金小璞、毕新：《基于结构方程的移动图书馆用户体验满意度模型研究》，载《情报科学》，2017年第11期，第94—98、131页。

④ 金小璞、毕新：《基于用户体验的移动图书馆服务质量影响因素分析》，载《情报理论与实践》，2016年第6期，第99—103页。

⑤ 郑德俊、王硕：《移动图书馆服务质量的感知差异性分析》，载《图书情报工作》，2016年第21期，第6—16页。

⑥ 黄务兰、张涛：《基于结构方程模型的移动图书馆用户体验研究：以常州大学移动图书馆为例》，载《图书馆杂志》，2017年第4期，第80—89页。

（续表）

序号	作者	文献来源	变量数	样本量	效应值和统计量
7	赵杨、高婷①	《情报科学》，2015年第6期，第95—100页。	10	323	相关系数和 N
8	徐承欢、管弦②	《信息资源管理学报》，2015年第4期，第65—74页。	12	238	相关系数和 N
9	宋文杰、朱学芳③	《图书馆学研究》，2015年第11期，第71—77、60页。	6	191	相关系数和 N
10	甘春梅、宋常林④	《图书情报知识》，2015年第3期，第65—72页。	6	197	相关系数和 N
11	沈军威、倪峰、郑德俊⑤	《图书情报工作》，2014年第23期，第54—60页。	6	30	P 值和 N
12	金成珍(Sung-Jin Kim)⑥	Journal of the Korean Biblia Society for Library and Information Science，2014，25(1)：85-105.	7	325	P 值和 N

① 赵杨、高婷：《移动图书馆APP用户持续使用影响因素实证研究》，载《情报科学》，2015年第6期，第95—100页。

② 徐承欢、管弦：《移动图书馆APP使用意愿影响因素实证研究：基于顾客承诺和创新扩散的双重视角》，载《信息资源管理学报》，2015年第4期，第65—74页。

③ 宋文杰、朱学芳：《基于TAM模型的移动图书馆用户行为意愿研究》，载《图书馆学研究》，2015年第11期，第71—77、60页。

④ 甘春梅、宋常林：《基于TAM的移动图书馆采纳意愿的实证分析》，载《图书情报知识》，2015年第3期，第65—72页。

⑤ 沈军威、倪峰、郑德俊：《移动图书馆平台的用户体验测评》，载《图书情报工作》，2014年第23期，第54—60页。

⑥ Sung-Jin Kim, "Factors influencing the intention to use mobile services in academic libraries", *Journal of the Korean Biblia Society for Library and Information Science*, Vol.25, No.1, 2014, pp.85-105.

（续表）

序号	作者	文献来源	变量数	样本量	效应值和统计量
13	黄月敏（Yueh-Min Huang）等①	Electronic Library，2015，33（6）：1174-1192.	6	206	P 值和 N
14	张敏（Min Zhang）等②	Library Hi Tech，2016，34（1）：2-20.	5	319	P 值和 N

注：（1）数据来源于相关文献的整理；
（2）文献的先后顺序不代表任何意义。

（2）文献编码

对纳入 Meta 分析的文献进行描述项和效应值的整理与编码，提取所需数据，包括年份、作者、文献来源等描述性信息和变量数、样本量、相关系数、t 值、P 值等。所有论文详细的编码信息见表 2.2。

---

① Yueh-Min Huang, Ying-Hong Pu, Tzung-Shi Chen, etc, "Development and evaluation of the mobile library service system success model: A case study of Taiwan", *Electronic Library*, Vol.33, No.6, 2015, pp.1174-1192.

② Min Zhang, Xuele Shen, Mingxing Zhu, etc, "Which platform should I choose? Factors influencing consumers' channel transfer intention from web-based to mobile library service", *Library Hi Tech*, Vol.34, No.1, 2016, pp.2-20.

2.4.3 研究结果与分析

(1) 异质性检验

异质性检验是描述参与者、干预措施和一系列研究间测量结果的差异和多样性,或那些研究间的内在真实性的变异。狭义定义专指统计学异质性,用来描述一系列研究中效应量的变异程度,也表明除可预见的偶然机会外,不同研究之间存在的差异性。异质性检验是 Meta 分析的重要步骤,用于检验和判断纳入文献是否具有同质性。移动图书馆用户体验影响因素异质性检验结果如图 2.5 所示。异质性结果 $P<0.00001$,$I^2=79\%$。

在森林图中,横线代表研究结果的可信区间,图中各横线较短,样本量大,说明结果可靠性强。圆点代表独立研究的效应量,点的大小代表研究的权重,图中各圆点大小基本一致,说明各独立研究对 Meta 分析的贡献度也基本一致。各研究的置信区间没有重叠,说明多个研究成果间存在异质性,且异质性较大。由于 $Tau^2=0$,固定效应模型和随机效应模型的计算结果都是一致的,因此对所有研究假设使用随机效应模型进行分析。

(2) Meta 分析结果

移动图书馆用户体验影响因素的 Meta 分析结果见表 2.3,合并效应值 r 体现了各假设的相关关系,四个不同维度下的变量的假设都得到了验证。

分组研究	危险度差值	标准误差	权重(%)	RD, IV法, 随机效应, 95%置信区间		
				点估计值	下限	上限
A	0.196	0.023	7.8	0.20	0.15	0.24
B	0.208	0.037	6.3	0.21	0.14	0.28
C	0.17	0.034	6.6	0.17	0.10	0.24
D	0.239	0.039	6.1	0.24	0.16	0.32
E	0.294	0.028	7.3	0.29	0.24	0.35
F	0.272	0.025	7.6	0.27	0.22	0.32
G	0.144	0.02	8.1	0.14	0.10	0.18
H	0.221	0.03	7.1	0.22	0.16	0.28
I	0.179	0.027	7.4	0.18	0.13	0.23
J	0.285	0.031	7.0	0.28	0.22	0.35
K	0.254	0.031	7.0	0.25	0.19	0.31
L	0.308	0.033	6.7	0.31	0.24	0.37
M	0.272	0.025	7.6	0.27	0.22	0.32
N	0.33	0.026	7.5	0.33	0.28	0.38
总样本量(95%置信区间)			100	0.24	0.21	0.27

异质性: Tau²=0.00; Chi²=62.34, df=13 (P<0.00001); I²=79%

总体效应及检验: Z=14.54(P<0.00001)

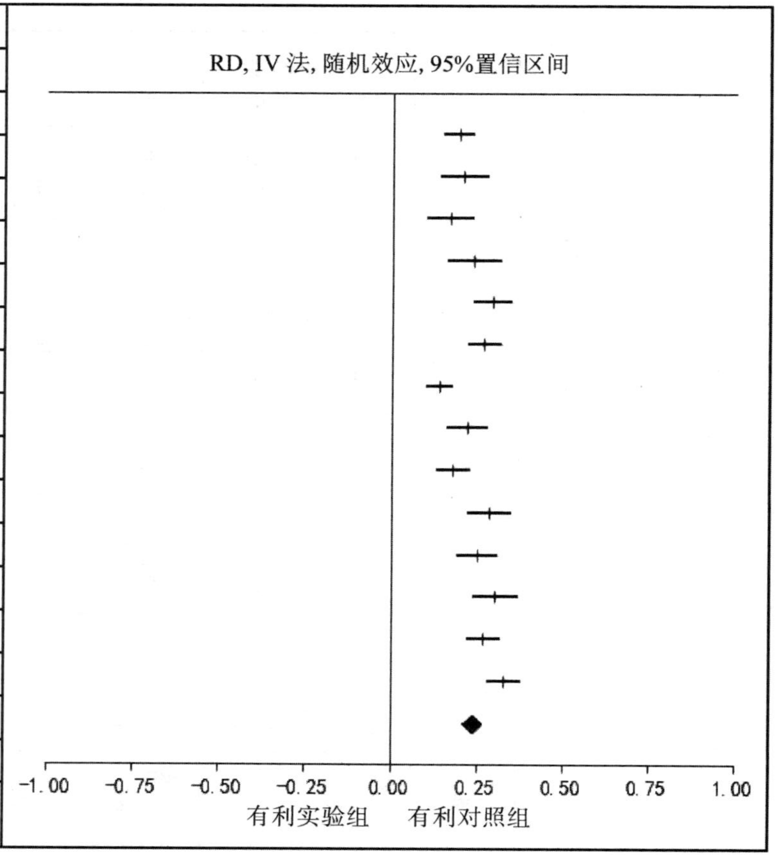

图2.5 移动图书馆用户体验影响因素异质性检验

表 2.3 移动图书馆用户体验影响因素 Meta 分析结果

假设	相关变量	K	N	效应值 r	95%置信区间		双尾检验	
					下限	上限	Z	P
H1	系统环境、用户体验	58	296	0.20	0.15	0.24	8.52	0.000
H2	信息内容、用户体验	25	120	0.21	0.14	0.28	5.62	0.000
H3	信息内容、感知易用性	20	120	0.17	0.10	0.24	5.00	0.000
H4	感知有用性、用户体验	29	120	0.24	0.16	0.32	6.13	0.004
H5	感知易用性、用户体验	80	273	0.29	0.24	0.35	10.05	0.007
H6	感知质量、使用意愿	87	319	0.27	0.22	0.32	10.88	0.03
H7	感知风险、用户体验	28	191	0.14	0.10	0.18	7.20	0.08
H8	使用意愿、用户体验	44	197	0.22	0.16	0.28	7.37	0.000
H9	满意度、使用意愿	6	30	0.18	0.13	0.23	6.63	0.000
H10	感知成本、使用意愿	59	206	0.28	0.22	0.35	9.19	0.002
H11	社会影响、使用意愿	49	191	0.25	0.19	0.31	8.19	0.11

（续表）

假设	相关变量	K	N	效应值 r	95%置信区间		双尾检验	
					下限	上限	Z	P
H12	社会影响、用户体验	61	197	0.31	0.24	0.37	9.33	0.000
H13	个人价值、社会影响	88	325	0.27	0.22	0.32	10.88	0.000
H14	个人价值、用户体验	109	330	0.33	0.28	0.38	12.69	0.02

注：K 为独立研究的样本；N 为独立研究的样本总量；P 值是合并效应值的显著性检验值，$P<0.001$ 表示显著相关。

在系统特性中，系统环境（$r=0.20$，$P<0.001$）和信息内容（$r=0.21$，$P<0.05$）与用户体验有显著相关关系，信息内容对用户体验的影响还要大于系统环境对用户体验的影响。同时，本研究还证明了信息内容与感知易用性（$r=0.17$，$P<0.001$）的正相关关系，尽管相关性较弱，但也达到了显著水平。所以假设 H1、H2、H3 得到了验证。

在服务特性中，感知有用性（$r=0.24$，$P<0.05$）和感知易用性（$r=0.29$，$P<0.05$）对用户体验均有正向影响，原假设成立。感知质量（$r=0.27$，$P<0.05$）对使用意愿有较强的正向影响，相关水平不够显著，假设成立。感知风险与用户体验（$r=0.14$，$P>0.05$）之间的假设未得到验证。因此，假设 H4、H5、H6 成立，H7 不成立。

在用户特性中，使用意愿（$r=0.22$，$P<0.001$）与用户体验呈显著正相关，满意度和使用意愿（$r=0.18$，$P<0.001$）有微弱的正相关关系，但也达到了显著水平。感知成本与使用意愿（$r=0.28$，$P<0.05$）存在正相关关系。因此，假设 H8、H9 成立，H10 不成立。

在社会特性中，社会影响与使用意愿（$P>0.05$）无相关关系，假设不成立。社会影响与用户体验有显著相关水平（$r=0.31$，$P<0.001$），个人

价值对社会影响（$r=0.27$，$P<0.001$）呈显著相关关系。个人价值对用户体验有一定影响（$r=0.33$，$P<0.05$）。因此，假设 H12、H13、H14 成立，H11 不成立。

总体来看，假设 H1、H2、H3、H4、H5、H6、H8、H9、、H12、H14 均得到验证，假设 H7、H10、H11 不成立。

（3）发表偏倚

发表偏倚是指在研究前期进行文献资料收集、分析解释、发表和综述时，任何可能导致结论系统性偏离真实结果的情况。① 漏斗图是一种定性测量发表偏倚的方法，本研究采用漏斗图对发表偏倚进行识别和控制。为了判断发表偏倚是否存在，使用漏斗图时以率差 RD 为横坐标，以标准误 SE 为纵坐标。如果无发表偏倚存在，从各个研究中得到的数据将会在图表上呈现倒漏斗状的对称分布，其形状类似一个对称倒置的漏斗，被称为漏斗图。漏斗图用于观察某个 Meta 分析是否存在偏倚。样本量小的研究，数量多、精度低，分布在漏斗图的底部呈左右对称排列；样本量大的研究，精度高，分布在漏斗图的顶部，且向中间集中。当存在发表性偏倚时，漏斗图则表现为不对称，呈偏态分布。若竖线两侧的点越对称，说明偏倚越小。而且若点约集中在倒漏斗的顶端，且竖线两端的点数越发均衡，说明这个系统评价较好，偏倚较小。

移动图书馆用户体验影响因素漏斗图如图 2.6 所示。从图 2.6 可以看出，两条斜线与横轴所围成的区域呈倒漏斗状。漏斗图基本上以竖线为轴对称分布，表明数据关系基本不存在发表偏差。

---

① 王靖芸、魏群义：《移动图书馆用户体验影响因素 Meta 分析》，载《国家图书馆学刊》，2018 年第 5 期，第 44—53 页。

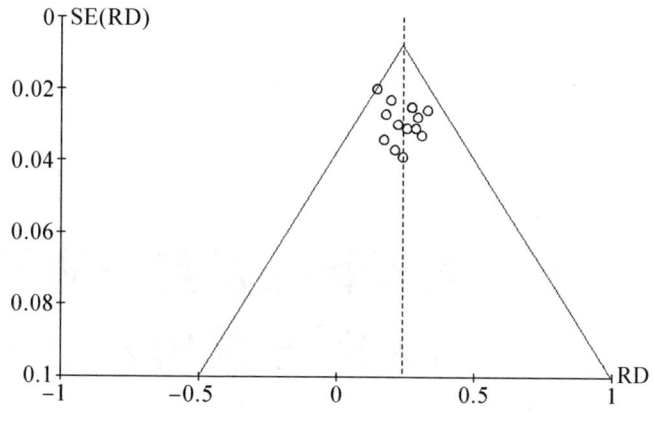

图 2.6 移动图书馆用户体验影响因素漏斗图

2.4.4 影响因素总结

根据前面移动图书馆用户体验影响因素的整体分析，可以得出以下结论：

（1）系统环境、信息内容、感知有用性、感知易用性、使用意愿、社会影响、个人价值对移动图书馆用户体验有促进作用。

（2）信息内容对感知易用性有促进作用。

（3）感知质量、用户满意度会增强用户对移动图书馆的使用意愿。

（4）个人价值能力的提高能扩大移动图书馆的社会影响。

从研究结果来看，移动图书馆用户体验影响因素主要分为两类，即阻碍因素和促进因素。阻碍因素包括感知成本和感知风险。促进因素包括系统环境、信息内容、感知有用性、感知易用性、使用意愿、满意度、个人价值和社会影响。

第 3 章　移动图书馆用户体验结构性模型研究

根据前一章移动图书馆用户体验要素研究与分析，移动图书馆用户体验影响因素主要分为两类，即阻碍因素和促进因素。阻碍因素包括感知成本和感知风险，促进因素包括系统环境、信息内容、感知有用性、感知易用性、使用意愿、满意度、个人价值和社会影响。以下将从用户体验的视角，融合移动图书馆用户体验影响因素研究成果，结合技术接受模型、整合型技术接受与使用模型、信息系统成功模型的相关理论，构建移动图书馆用户体验结构性评价模型。

3.1　相关理论基础

通过梳理相关文献，可以看出用户体验研究是一个较大的范畴，既包括体验前用户需求的研究、用户使用和采纳意愿的研究，也包括体验过程中用户的行为以及产品本身可用性的研究，还包括体验后用户满意度的研究。在用户体验的研究过程中，由于不同的研究目的，学术界出现了几种有代表性的理论，通过构建理论模型，用特定的指标去评价用户体验，对用户的主观感受进行量化，进而提升服务水平。

3.1.1 技术接受模型

在用户行为理论的研究方面，菲什宾（M. Fishbein）和阿赞（I. Ajzen）[①] 于 1975 年首先提出了理性行为理论（Theory of Reasoned Action，TRA），该理论认为个体态度和主观规范会对个体行为意愿产生影响，进而影响个体行为，揭示了个体态度与个体行为之间的相互影响关系。TRA 理论包含两个研究假设：一是个体的使用行为受个体意愿的控制；二是个人意愿在某项行为的发生中起绝对性作用。然而，个体作为社会的一部分，个体行为的发生必然会受到客观因素的影响，为进一步完善 TRA 模型，阿赞[②]在理性行为理论的基础上，提出了计划行为理论（Theory of Planned Behavior，TPB），在模型中加入了感知行为控制变量，感知行为控制包括控制信念和便利动机两个因素。在 TRA 和 TPB 的相关理论模型基础上，戴维斯（F. Davis）[③] 于 1989 年提出了技术接受模型（Technology Acceptance Model，TAM），在模型中加入了感知有用性和感知易用性这两个变量，认为感知有用性和感知易用性综合影响个体的行为态度，然后对行为意愿产生影响，进而影响个体的使用行为，该模型是目前研究用户行为中被广泛采用的理论模型。在 TAM 模型中，戴维斯认为感知易用性是指个体在使用某项特定技术时所花费努力的程度，感知有用性是指个体通过使用某项技术或服务可以改善其行为的程度[④]，并通过实证验证了感知易用性和感知有用性可以正向影响个体的行为态度。技术接受模

---

① Fishbein M, Ajzen I, Belief, Attitude, Intention and Behaviour: An Introduction to Theory and Research, Reading, Addison-Wesley, 1975.

② Ajzen I, "The theory of planned behavior", *Organizational Behavior & Human Decision Processes*, Vol.50, No.2, 1991, pp.178-211.

③ Davis F, "Perceived usefulness, perceived ease of use, and user acceptance of information technology", *Mis Quarterly*, Vol.13, No.3, 1989, pp.319-340.

④ Davis F, "Perceived usefulness, perceived ease of use, and user acceptance of information technology", *Mis Quarterly*, Vol.13, No.3, 1989, pp.319-340.

型(TAM)框架图如图3.1所示。

可以看出,用户的使用行为受到多种因素的影响,用户的感知有用性和感知易用性共同影响用户的使用态度,使用态度又正向影响行为意愿,进而影响用户对某产品或服务的使用行为。在TAM理论模型的基础上,文卡特什(V. Venkatesh)等提出了扩展的技术接受模型(TAM2、TAM3)。[1]

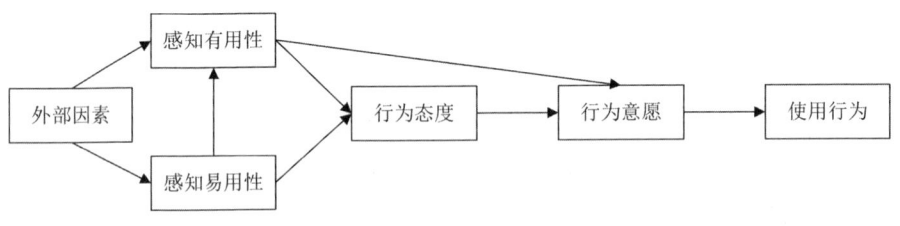

图3.1 技术接受模型(TAM)框架图

3.1.2 整合型技术接受与使用模型

由于用户行为具有复杂性和发展性的特点,随着研究的不断深入,文卡特什(V. Venkatesh)[2]等综合前人的研究结果,于2003年提出了整合型技术接受与使用模型(Unified Theory of Acceptance and Use of Technology, UTAUT),将各变量因素归纳为个体的绩效期望、努力期望、社会影响和便利条件,其中绩效期望、努力期望、社会影响这三个变量共同影响个体的行为意愿,便利条件直接影响个体的使用行为。另外,他还在模型中加入了性别、年龄、经验和自愿性等调节变量。经检验,UTAUT

---

[1] Venkatesh V, "Determinants of perceived ease of use: integrating control, intrinsic motivation, and emotion into the technology acceptance model", *Information Systems Research*, Vol.11, No.4, 2000, pp.342-365; Venkatesh V, Davis F D, "A theoretical extension of the technology acceptance model: four longitudinal field studies", *Management Science*, Vol.46, No.2, 2000, pp.186-204; Venkatesh V, Bala H, "Technology acceptance model 3 and a research agenda on interventions", *Decision Sciences*, Vol.39, No.2, 2008, pp.273-315.

[2] Venkatesh V, Morris M, Davis G, et al, "User acceptance of information technology: toward a unified view", *Mis Quarterly*, Vol.27, No.3, 2003, pp.425-478.

模型对用户使用行为的解释力度高达70%，比之前的任何一个模型都能更为有效的解释用户行为①。整合型技术接受与使用模型（UTAUT）框架图如图 3.2 所示。

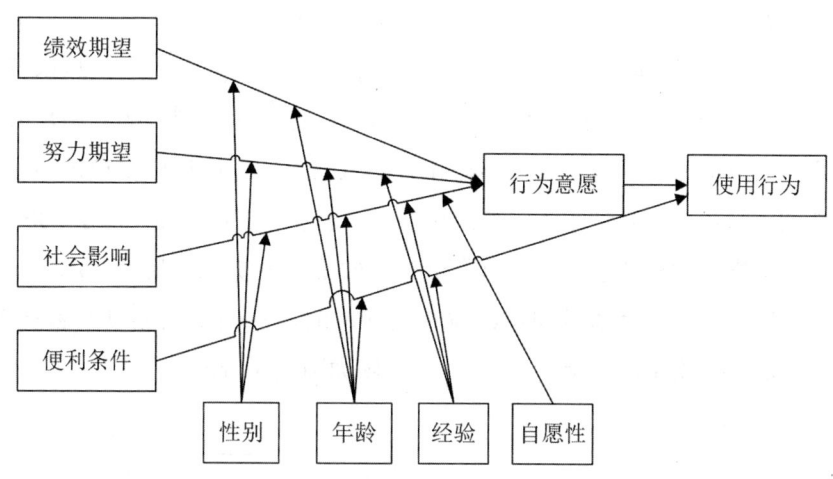

图 3.2　整合型技术接受与使用模型（UTAUT）框架图

绩效期望是指用户相信使用该系统后可以帮助其获得工作绩效的程度，且对行为意愿的影响受到性别和年龄的影响，可以看作是 TAM 模型中感知有用性变量；努力期望是指用户认为使用该系统的难易程度，对行为意愿的影响受到性别、年龄和经验的影响，可以将其看作是 TAM 模型中感知易用性变量；社会影响是指用户认为对其有重要影响的周围人认为其应该使用新系统的程度，反映了用户的行为会受到周围人的影响，且社会影响会受到用户性别、年龄、经验和自愿性的影响；便利条件的定义是用户认为现有的技术或者设备能够支持用户去使用系统的程度，便利条件不会对行为意愿产生影响，会受到用户年龄和经验的影响，直接作用于使用行为。

---

① 贺伟、李贺：《移动图书馆用户使用意愿实证研究》，载《图书情报工作》，2015 年第 7 期，第 39—47 页。

3.1.3 信息系统成功模型

1992年德隆（W. H. Delone）和麦克林（E. R. Mclean）[1] 提出了信息系统成功模型（Information System Success，ISS），认为在一个信息系统中用户的行为受到系统质量和信息质量的影响，这两者共同影响着用户的满意度，以及信息系统对个人的影响和对组织的影响，该理论模型试图解释成功的信息系统会受到哪些因素的影响。之后，德隆和麦克林[2]于2003年综合已有模型的相关理论，提出了更新后的信息系统成功模型，加入了服务质量因素，与信息质量和系统质量共同影响用户使用意愿以及满意度，更新后的信息系统成功模型（ISS）框架图如图3.3所示。

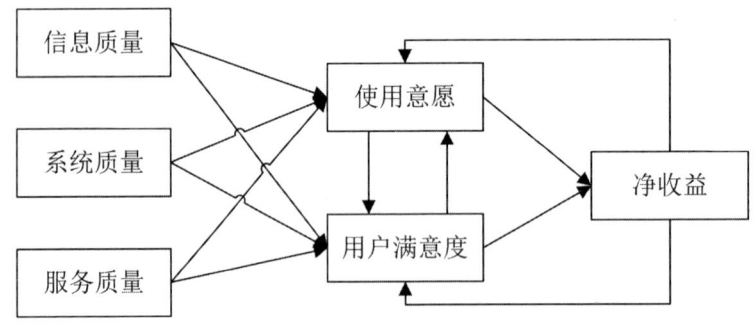

图3.3 信息系统成功模型（ISS）框架图

德隆和麦克林认为，信息质量包括信息的完整性、易于理解的程度、个性化与内容相关性等指标；系统质量包括系统适应性、可用性、可靠性和响应时间；服务质量包括准确性、同理心和交互性指标；根据用户访问网站的次数、已执行相关操作的数量来评价使用意愿；根据用户重复使

---

[1] Delone W, Mclean E, "Information systems Success: the quest for the dependent variable", *Information Systems Research*, Vol.3, No.1, 1992, pp.60-95.

[2] Delone W, Mclean E, "The DeLone and McLean model of information systems success: a ten-year update", *Journal of Management Information Systems*, Vol.19, No.4, 2003, pp.9-30.

用、重复访问的次数以及用户调查来评价用户满意度；根据节约成本、扩大市场、降低搜索成本、节省用户时间等指标来衡量净收益。

3.2 模型构建与研究假设

移动图书馆是图书馆面向移动用户提供的新服务，主要包括短信息、移动网站、客户端和微信图书馆等四种服务模式。通过构建移动图书馆用户体验评价模型，对移动图书馆的用户体验开展理论研究。用户体验评价模型的实证研究以重庆大学微信图书馆为研究对象，对用户使用微信图书馆的体验进行评价研究，以期提高图书馆服务质量，提升用户体验。重庆大学图书馆于2014年开通微信图书馆，开始为师生提供资源访问和移动服务，包括资源信息、智慧图书馆和信息快递三个功能模块，读者只需关注重庆大学图书馆微信公众号，就可以方便、快捷地享受图书馆提供的资源和服务。

3.2.1 模型构建

移动图书馆服务不同于传统的图书馆服务，具有泛在性、移动性、便捷性、交互性等特点。根据第二章移动图书馆用户体验要素的分析与研究结果，系统环境、信息内容、感知有用性、感知易用性、使用意愿、社会影响、个人价值对移动图书馆用户体验有促进作用。在 TAM 模型等相关理论基础上，结合移动图书馆的特点，利用感官体验、交互体验、内容体验、功能体验、服务体验和情感体验等变量测评用户体验效果，构建了移动图书馆用户体验评价概念模型，如图3.4所示，模型涉及用户体验效果、使用态度、社会影响等变量。

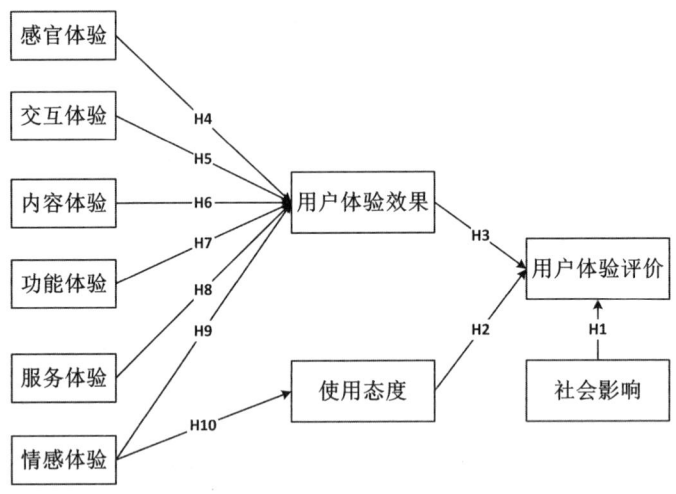

图 3.4　移动图书馆用户体验评价概念模型

3.2.2　变量定义与研究假设

(1) 社会影响和使用态度

2003 年，文卡特什[①]将社会影响变量引入 UTAUT 模型的构建中，研究表明社会影响因素会在不同程度上影响用户的使用意愿，使用意愿对使用行为具有正向的显著影响。文卡特什[②]认为，社会影响变量是指用户的使用行为受到周围人影响的程度，并直接影响用户的使用意愿。用户体验评价包括使用前评估与使用后评价，社会影响因素会对用户的使用前评估带来影响，个体作为社会群体中的一份子，周围人对某一产品或服务的使用感知和使用体验会影响用户对于其产品的评估。移动图书馆系统作为一个信息系统平台，如果用户周围的朋友、老师等在使用后对其评价良好，一

---

① Venkatesh V, Morris M, Davis G, et al, "User acceptance of information technology: toward a unified view", *Mis Quarterly*, Vol.27, No.3, 2003, pp.425-478.

② Venkatesh V, Morris M, Davis G, et al, "User acceptance of information technology: toward a unified view", *Mis Quarterly*, Vol.27, No.3, 2003, pp.425-478.

定程度上会提高用户的使用意愿，进而影响用户体验评价。因此，提出如下假设：

H1：社会影响正向影响用户体验评价。

1975年，学者菲什宾和阿赞①在TRA模型中加入用户行为态度变量，认为用户行为态度会对行为意愿产生影响，进而影响用户使用行为，后来建立的TAM模型中依旧引入了使用态度变量对用户行为进行评价。使用态度是指个体在使用某一产品或者某一服务过程中，所产生的主观感受以及对该产品或者服务的评价。积极的使用态度会相应提高用户使用体验。本研究借鉴TAM中使用态度的定义，认为使用态度是指用户对移动图书馆的资源、服务和功能等持有的正向或负向的体验。当用户对移动图书馆的资源和服务持肯定态度时，会促使其产生积极的评价。尹惠英（Hye-Young Yoon）②、朴成佑（Sung Youl Park）等③、李晶等④的研究都表明使用态度因素正向显著影响用户使用意愿，正向的使用意愿会带来正向的使用体验评价。因此，提出如下假设：

H2：使用态度正向影响用户体验评价。

（2）用户体验效果

移动图书馆用户体验维度可以划分为感官体验、交互体验、内容体验、功能体验、服务体验和情感体验六个维度，这六个维度共同影响用户体验效果，用户体验效果的好坏决定着用户对使用体验的评价。本研究从

---

① Fishbein M, Ajzen I, Belief, Attitude, Intention and Behaviour: An Introduction to Theory and Research, Reading, Addison-Wesley, 1975.

② Yoon H, "User acceptance of mobile library applications in academic libraries: an application of the technology acceptance model", *Journal of Academic Librarianship*, Vol.42, No.6, 2016.

③ Park S, Nam M, Cha S, "University students' behavioral intention to use mobile learning: evaluating the technology acceptance model", *British Journal of Educational Technology*, Vol.43, No.4, 2012, pp.592-605.

④ 李晶、胡瑞：《移动图书馆用户使用意愿的影响因素研究：信息安全感知的视角》，载《图书与情报》，2014年第4期，第99—104页。

移动图书馆提供的资源内容、服务功能、系统性能等多方面对用户使用效果进行评测，将用户体验效果定义为用户使用移动图书馆过程中的主观感受，其感受受到感官、交互、内容、功能、服务和情感等多方面的影响。正向、良好的用户体验效果会促使用户对移动图书馆产生积极的评价。因此，提出如下假设：

H3：用户体验效果正向影响用户体验评价。

（3）用户体验各个维度

本研究通过感官体验、交互体验、内容体验、功能体验、服务体验和情感体验六个变量来评测用户体验效果，已有研究对这六个变量的定义见表3.1。

表 3.1 变量定义

变量名称	变量定义	参考文献
感官体验	移动图书馆平台在用户视觉层面的组织形式，包括平台的色彩搭配、界面设计风格、框架布局等	沈军威等[1]
交互体验	移动图书馆平台在用户行为层面上的表现，通过与平台、人员的交互获得信息服务	张明霞等[2]；赵杨[3]
内容体验	移动图书馆平台在内容层面上的表现，包括信息组织的清晰程度、信息更新的及时性及信息分类的合理性	金小璞等[4]

---

[1] 沈军威、倪峰、郑德俊：《移动图书馆平台的用户体验测评》，载《图书情报工作》，2014年第23期，第54—60页。

[2] 张明霞、祁跃林、李丽卿等：《图书馆用户体验的内涵及提升策略》，载《新世纪图书馆》，2015年第7期，第10—13页。

[3] 赵杨：《数字图书馆移动服务交互质量控制机制研究——基于用户体验的视角》，载《情报杂志》，2014年第4期，第184—189页。

[4] 金小璞、毕新：《基于结构方程的移动图书馆用户体验满意度模型研究》，载《情报科学》，2017年第11期，第94—98页。

（续表）

变量名称	变量定义	参考文献
功能体验	移动图书馆平台在系统功能上的体现，揭示了平台能否满足用户需求的属性，包括可用性和有用性两方面	刘冰等[1]；王晓艳等[2]
服务体验	移动图书馆平台对服务功能的实现程度，包括提供的资源、服务是否对用户具有吸引力、是否能帮助用户快速完成资源检索	沈军威等[3]
情感体验	移动图书馆平台对用户带来的情感满足及成就感，用户使用是否愉悦以及是否可以激发用户的学习兴趣	乔红丽[4]

通过梳理移动图书馆用户体验相关文献，结合移动图书馆的特点，对用户体验的六个维度的定义如下。

（1）感官体验，即用户在接触移动图书馆界面后在视觉层面的主观感受，包括移动图书馆平台界面的设计是否合理、色彩搭配是否舒服、功能模块划分以及界面术语的准确性等，是移动图书馆平台在视觉层面的组织形式。由于移动设备屏幕尺寸的局限，如何在有限的界面中尽可能全面的显示图书馆拥有的资源和服务，如何设置合理的导航条目，如何进行界面设计对于提高用户的感官体验具有重要的意义。

（2）交互体验，即用户在利用移动图书馆获得信息服务的过程中与其他用户、图书馆员以及系统平台间的交互作用，是移动图书馆平台在交互

---

[1] 刘冰、卢爽：《基于用户体验的信息质量综合评价体系研究》，载《图书情报工作》，2011年第22期，第56—59页。

[2] 王晓艳、胡昌平：《基于用户体验的信息构建》，载《情报科学》，2006年第8期，第1235—1238页。

[3] 沈军威、倪峰、郑德俊：《移动图书馆平台的用户体验测评》，载《图书情报工作》，2014年第23期，第54—60页。

[4] 乔红丽：《移动图书馆用户体验的结构方程模型分析》，载《情报科学》，2017年第2期，第56—62页。

层面的体现。例如，用户通过移动图书馆与其他用户分享书刊信息、发表书评等；用户在使用移动图书馆过程中遇到问题可以通过微信后台留言、电话、邮件等方式咨询馆员。

（3）内容体验，即移动图书馆提供的资源内容的丰富性、资源检索的准确度以及信息资源更新的及时性，是移动图书馆平台在信息质量上的表现。用户利用移动图书馆的目的就是为了满足自身的信息需求，移动图书馆提供的信息是否全面、是否准确、是否及时更新对于用户的体验感知具有重要的作用。

（4）功能体验，即移动图书馆帮助用户安全、快速的获得资源和服务的程度，包括移动图书馆的安全可靠性、功能的多样化以及用户的目标实现率等，是移动图书馆平台在系统质量上的表现。图书馆结合移动平台的特点推出了如书刊检索、推荐购书、查看通知公告、新书通报、联系馆员等多样化、个性化的功能，是移动图书馆在服务功能上很好的实践。

（5）服务体验，即移动图书馆对服务内容的实现程度，包括服务的及时性、主动性、便捷性及个性化等方面，是移动图书馆平台在服务质量上的表现。用户是否可以及时的从移动图书馆平台获取信息，是否对推送的信息感兴趣，是否可以随时、随地获得信息，是否可以享受移动图书馆提供的个性化服务，这些都属于服务体验的范畴。

（6）情感体验，即用户通过使用移动图书馆所获得的情感的满足程度，包括用户感知有用性、感知愉悦性等，是用户在使用移动图书馆过程中的整体感受，影响用户对平台的满意度及忠诚度。尽管移动图书馆具有操作简单、方便快捷等优势，但是如果用户不喜欢移动图书馆提供的资源或服务，那么用户可能不会继续使用，如果用户在使用过程中感到很愉悦，则会提高用户的情感体验感知，增强用户体验效果，从而提高用户对使用体验的评价。

移动图书馆用户体验是用户使用移动服务过程中，在与移动服务平台进行交互过程中的主观感受。用户体验是一个不断深入的过程，具有一定的层次性。对于用户来说，在使用移动图书馆服务时，首先接接触的就是移动图书馆平台的界面,友好的界面能够吸引用户,提高用户的使用感知;其次,用户希望通过与移动图书馆交互,能够满足自身的服务需求,具有有用性;再次,移动图书馆提供的内容、功能和服务具有全面性、多样性及个性化等特点,能够为用户带来价值,满足用户的使用需求;最后,用户希望在使用移动图书馆的过程中能够获得愉悦感。这些因素相互作用,共同影响用户的使用体验效果。另外,用户对移动图书馆正向的情感体验有助于用户产生积极的使用态度,因此,提出如下假设:

H4:感官体验正向影响用户体验效果。
H5:交互体验正向影响用户体验效果。
H6:内容体验正向影响用户体验效果。
H7:功能体验正向影响用户体验效果。
H8:服务体验正向影响用户体验效果。
H9:情感体验正向影响用户体验效果。
H10:情感体验正向影响使用态度。

3.3 调查问卷设计

研究采用问卷调查的实证研究方法,通过收集问卷样本数据调研用户使用微信图书馆的直观体验,以重庆大学微信图书馆为调研对象,以重庆大学师生为调研主体,具体的操作步骤如下:

首先,在移动图书馆用户体验已有研究成果的基础上,结合重庆大学微信图书馆的特点,对测量变量进行修改,形成初始调查问卷。

其次,将初始调查问卷与导师和身边的同学进行讨论,根据反馈结果修改和调整有歧义、语义不清、易使用户产生疑惑的问卷题项。

再次,选择一小部分微信图书馆用户进行预问卷的发放,并对收集的数据进行信度与效度检验,根据检验结果再次修改问卷测量题项,并最终形成正式问卷。

最后，通过纸质问卷与网络问卷相结合的方式收集样本数据，去除没有关注微信图书馆的问卷、答案严重缺失、答案完全相同以及网络问卷中作答时间过于短暂的问卷，最终获得本研究的有效问卷数据。

3.3.1 问卷内容设计

调查问卷主要由三部分组成：第一部分为问卷的卷首语，涉及本次问卷调查的背景、目的、对象，说明本研究的用途，保证被调查者的信息安全；第二部分是调研用户的基本信息，包括用户的性别、教育水平（本科生、硕士研究生、博士研究生、教师）、学科背景（自然学科、人文与艺术学科、社会学科、工程与技术学科、其他学科）、是否关注了重庆大学微信图书馆公众号（若用户关注了微信图书馆，则继续参与答题，反之则结束问卷）以及使用微信图书馆的频率（偶尔、较少、经常）等，便于对用户的基本情况进行统计分析；第三部分是本调研的主体部分，针对感官体验、交互体验、内容体验、功能体验、服务体验、情感体验、用户体验效果、使用态度、社会影响和用户体验评价等变量设置测量题项，每个变量设置2~5个题项，这部分共设置了33个问题，另外问卷末尾设置了一道主观题，收集用户对微信图书馆的建议或看法（见附录1）。

调查问卷采用李克特5级量表的形式，方便对调查结果进行统计分析，根据每一个测量题项，用户根据自身的实际使用体验从"完全不同意""比较不同意""一般""比较同意""完全同意"5个选项中做出唯一选择，分别对应分值1、2、3、4、5。

3.3.2 问卷测量量表

本研究包含感官体验、交互体验、内容体验、功能体验、服务体验、情感体验、用户体验效果、使用态度、社会影响、用户体验评价共10个变量，各变量的问卷测量题项是在已有文献的基础上，结合重庆大学微信图书馆的现状修改后整理得出，各问卷测量题项以及参考文献来源见表3.2。

表 3.2　问卷测量量表

变量	问卷测量题项	参考文献
感官体验	1. 我认为微信图书馆界面设计美观 2. 我认为微信图书馆界面色彩搭配舒服 3. 我认为微信图书馆界面功能模块划分合理 4. 我认为微信图书馆界面术语准确无歧义	宋（J. Thong）等[①]；陈娟等[②]
交互体验	1. 我认为微信图书馆提供了多种我与馆员沟通的渠道（例如电话、邮件、微信留言等） 2. 我认为微信图书馆提供了用户间交互分享信息的平台（例如发表评论、推荐评论、书刊分享等） 3. 我认为微信图书馆的操作流程简单	胡昌平等[③]；施国洪等[④]
内容体验	1. 我认为微信图书馆提供了丰富、全面的信息资源（例如电子图书、电子期刊等） 2. 我认为通过微信图书馆检索文献资源准确性高 3. 我认为微信图书馆可以及时更新信息资源（例如及时发布通知公告、活动讲座、新书推荐等）	胡吉明等[⑤]；白波[⑥]

---

① Thong J, Hong W, Tam K, "Understanding user acceptance of digital libraries: what are the roles of interface characteristics, organizational context, and individual differences?", *International Journal of Human-Computer Studies*, Vol.57, No.3, 2002, pp.215-242.

② 陈娟、钟雨露、邓胜利：《移动社交平台用户体验的影响因素分析与实证：以微信为例》，载《情报理论与实践》，2016 年第 1 期，第 95—99 页。

③ Hu C P, Hu Y, Yan W W, "An empirical study of factors influencing user perception of university digital libraries in China", *Library & Information Science Research*, Vol.36, No.3-4, 2014, pp.225-233.

④ 施国洪、王凤：《基于用户体验的高校移动图书馆服务质量评价体系研究》，载《情报资料工作》，2017 年第 6 期，第 62—67 页。

⑤ Hu J, Zhang Y, "Chinese students' behavior intention to use mobile library apps and effects of education level and discipline", *Library Hi Tech*, Vol.34, No.4, 2016, pp.639-656.

⑥ 白波：《高校图书馆微信用户接受行为研究》，长春：吉林大学，2015 年。

（续表）

变量	问卷测量题项	参考文献
功能体验	1. 我认为使用微信图书馆安全、可靠，不存在隐私泄露的风险	吴秀珠（Soohyung Joo）等①；燠契②；黄务兰等③
	2. 我认为微信图书馆提供的功能多样化（例如书刊检索、阅读、评论、预约研修室、查询个人信息等）	
	3. 我认为通过微信图书馆都可以找到我所需要的信息	
	4. 通过微信图书馆我可以向馆员推荐购书	
	5. 通过微信图书馆我可查看通知公告、新书通报、联系馆员等	
服务体验	1. 我认为微信图书馆可以进行实时的咨询且响应及时	胡吉明等④；施国洪等⑤
	2. 我认为微信图书馆会主动推送我比较感兴趣的信息	
	3. 我认为通过微信图书馆任何时间、任何地点都可以快速找到所需的信息资源	
	4. 我认为微信图书馆提供了多种个性化的服务（例如可以查询个人当前借阅、欠费情况、预约、收藏图书等）	

---

① Joo S, Choi N, "Factors affecting undergraduates' selection of online library resources in academic tasks", *Library Hi Tech*, Vol.33, No.2, 2015, pp.114-117.

② 燠契：《基于用户体验的高校移动图书馆界面设计研究》，重庆：重庆大学，2016年。

③ 黄务兰、张涛：《基于结构方程模型的移动图书馆用户体验研究：以常州大学移动图书馆为例》，载《图书馆杂志》，2017年第4期，第80—89页。

④ Hu J, Zhang Y, "Chinese students' behavior intention to use mobile library apps and effects of education level and discipline", *Library Hi Tech*, Vol.34, No.4, 2016, pp.639-656.

⑤ 施国洪、王凤：《基于用户体验的高校移动图书馆服务质量评价体系研究》，载《情报资料工作》，2017年第6期，第62—67页。

(续表)

变量	问卷测量题项	参考文献
情感体验	1. 我认为微信图书馆为我的学习或科研带来了便利	尹惠英（Hye-Young Yoon）[1]；沈军威等[2]
	2. 使用微信图书馆我感觉很愉悦，可以激发我的学习兴趣	
用户体验效果	1. 我认为微信图书馆资源丰富、服务功能多样且使用便捷	胡吉明等[3]；许应楠等[4]；单婷婷[5]
	2. 我认为微信图书馆系统性能良好、安全性高、响应及时	
	3. 我认为微信图书馆提供的服务对我很有吸引力	
使用态度	1. 我觉得使用微信图书馆是一个不错的主意	尹惠英（Hye-Young Yoon）[6]；李晶等[7]
	2. 我支持微信图书馆提供的服务和功能	
	3. 与访问学校图书馆主页和客户端来说，我更为乐意使用微信平台	

---

[1] Yoon H, "User acceptance of mobile library applications in academic libraries: an application of the technology acceptance model", *Journal of Academic Librarianship*, Vol.42, No.6, 2016.

[2] 沈军威、郑德俊：《高校移动图书馆的用户体验实证：以南京农业大学移动图书馆用户为例》，全国情报博士生学术论坛，2014年。

[3] Hu J, Zhang Y, "Chinese students' behavior intention to use mobile library apps and effects of education level and discipline", *Library Hi Tech*, Vol.34, No.4, 2016, pp.639-656.

[4] Xu Y, Gan L, Yan D, "Study on Influence Factors Model of Technology Acceptance in Digital Library Based on User Cognition and TAM", in *International Conference on Management and Service Science*, IEEE, 2010, pp.1-3.

[5] 单婷婷：《基于用户体验的移动图书馆使用意愿研究》，镇江：江苏大学，2016年。

[6] Yoon H, "User acceptance of mobile library applications in academic libraries: an application of the technology acceptance model", *Journal of Academic Librarianship*, Vol.42, No.6, 2016.

[7] 李晶、胡瑞：《移动图书馆用户使用意愿的影响因素研究：信息安全感知的视角》，载《图书与情报》，2014年第4期，第99—104页。

（续表）

变量	问卷测量题项	参考文献
社会影响	1. 老师或专家对微信图书馆的推荐对我使用微信图书馆有较大影响 2. 馆员对微信图书馆的宣传和倡导对我使用微信图书馆有较大影响 3. 同学或朋友对微信图书馆的推荐对我使用微信图书馆有较大影响	何鹏飞[①]； 涂霞[②]
用户体验评价	1. 整体上，我认为通过微信图书馆可以便捷地获取信息，另外多样化的服务功能也为我的学习或科研带来了便利 2. 整体上，我认为使用微信图书馆可以满足我的需求 3. 总之，我对目前的微信图书馆平台很满意	朴杰云（Jaehyun Park）等[③]； 彭德尔（K. Pendell）等[④]； 刘翠芹[⑤]

3.3.3 预问卷的信度与效度检验

为保证问卷结果的准确性与可靠性，需要在大规模发放正式问卷前进行问卷前测，以保证问卷的信度与效度。笔者选取身边熟识的老师、同学等共40名微信图书馆用户参与调查，并针对部分用户进行访谈，收集用户的建议，根据反馈结果修改问卷题项，共收到40份有效问卷。

---

① 何鹏飞：《基于UTAUT的高校学生移动图书馆使用影响因素分析》，重庆：西南大学，2014年。

② 涂霞：《高校图书馆微信公众平台用户使用意愿影响因素实证研究》，载《信息资源管理学报》，2016年第1期，第64—72页。

③ Park J, Han S H, Kim H K, et al, "Modeling user experience: a case study on a mobile device", *International Journal of Industrial Ergonomics*, Vol.43, No.2, 2013, pp.187-196.

④ Pendell K D, Bowman M S, "Usability study of a library's mobile website: an example from portland state university", *Information Technology & Libraries*, Vol.13, No.2, 2012.

⑤ 刘翠芹：《基于用户体验的数字图书馆用户满意度研究》，济南：山东大学，2016年。

信度是指测量结果的一致性或稳定性①，用来检验问卷结果的可靠性，一般通过克朗巴哈α系数（Cronbach's Alpha）来检验问卷数据的信度。若 Cronbach's Alpha 系数值大于判别标准 0.7，则认为样本数据具有较高的信度，数值越大说明量表的信度越好。本研究利用 SPSS 19.0 软件对信度进行检验，各变量的 Cronbach's Alpha 系数值以及总体 Cronbach's Alpha 系数见表 3.3。

表 3.3 预调研问卷中各变量的 Cronbach's Alpha 系数表

变量名称	观测变量	项已删除的 Cronbach's Alpha 值	Cronbach's Alpha 系数
感官体验	感官 1	0.889	0.910
	感官 2	0.886	
	感官 3	0.901	
	感官 4	0.855	
交互体验	交互 1	0.816	0.877
	交互 2	0.785	
	交互 3	0.881	
内容体验	内容 1	0.810	0.884
	内容 2	0.836	
	内容 3	0.858	
功能体验	功能 1	0.760	0.776
	功能 2	0.665	
	功能 3	0.745	
	功能 4	0.730	
	功能 5	0.764	

① 施国洪、王凤：《基于用户体验的高校移动图书馆服务质量评价体系研究》，载《情报资料工作》，2017 年第 6 期，第 62—67 页。

(续表)

变量名称	观测变量	项已删除的 Cronbach's Alpha 值	Cronbach's Alpha 系数
服务体验	服务 1	0.762	0.823
	服务 2	0.805	
	服务 3	0.750	
	服务 4	0.787	
情感体验	情感 1	—	0.842
	情感 2	—	
用户体验效果	效果 1	0.847	0.839
	效果 2	0.773	
	效果 3	0.700	
使用态度	态度 1	0.828	0.897
	态度 2	0.873	
	态度 3	0.857	
社会影响	影响 1	0.945	0.961
	影响 2	0.936	
	影响 3	0.948	
用户体验评价	评价 1	0.901	0.915
	评价 2	0.879	
	评价 3	0.850	
总体	—	—	0.971

可以看出，所有变量总体的 Cronbach's Alpha 值为 0.971，属于高信度，且各个变量的 Cronbach's Alpha 值都大于判别标准 0.7，说明预调查问卷的样本数据具有较高的信度，可靠性较高。

效度即问卷数据的有效性，用来检验样本数据能否有效反映测量变量的程度。预调研主要对问卷的内容效度与结构效度进行检验。由于问卷测量题项都是在已有研究的基础上整理得来，具有一定的理论基础，且都经过前人的实证检验，因此具有较强的内容效度。结构效度主要通过探索性因子分析来检验，在因子分析之前，需要进行巴特利特（Bartlett）球形检验和 KMO 检验，KMO 值达到某一个标准后才可以进行因子分析。Kaiser 给出了 KMO 检验的评判标准：KMO 值大于 0.9，说明非常适合；KMO 值为 0.8~0.9，说明适合；KMO 值为 0.7~0.8，说明一般适合；KMO 值为 0.6~0.7，说明不太适合；KMO 值小于 0.5，说明不适合进行因子分析[①]。本研究利用 SPSS19.0 对样本数据进行 KMO 检验和 Bartlett 球形检验，得到 KMO 值为 0.878，大于 0.8，Bartlett 球形检验中显著性水平 Sig 的值为 0.000，小于 0.01，说明预问卷的样本数据适合做因子分析。通过最大方差法进行旋转，得到累计解释变量总体方差为 88.257%，可以反映问卷数据的大部分信息，说明预问卷具有较好的结构效度。

3.3.4 正式问卷的发放与回收

经过检验预问卷的信度与效度后，结果均达到了后期实证分析的标准，并确定了最终的问卷测量题项。本次问卷调查采用网络问卷和纸质问卷相结合的方式收集样本数据，共收集到问卷 240 份。为保证问卷结果的有效性，本次调查只针对已关注重庆大学微信图书馆的用户填写，因此去除没有关注重庆大学微信图书馆的问卷、答案完全相同、答案严重缺失以及网络问卷中作答时间过于短暂（笔者以正常速度多次作答完所有题目平均需花费 80 秒，作答时间远远小于 80 秒的问卷被认为是无效问卷，属于不加思索、随意勾选的回答）的问卷，经过对问卷进行筛选、鉴别、整理、统计，最终得到有效问卷 204 份，问卷有效率为 85%。

---

① 金小璞、毕新：《基于用户体验的移动图书馆服务质量影响因素分析》，载《情报理论与实践》，2016 年第 6 期，第 99—103 页。

3.4 研究结果分析

3.4.1 描述性统计分析

本次问卷共得到 204 份有效样本数据，根据问卷第二部分的内容对被调查对象的基本信息进行描述性统计分析，主要从性别分布、教育水平分布、学科背景分布以及使用图书馆微信公众号的频率等方面进行统计分析。有效样本数据的描述性统计分析结果见表 3.4。

表 3.4 有效样本数据描述性统计分析表

	统计项	人数(人)	比例(%)
性别	男	106	51.96
	女	98	48.04
	合计	204	100
教育水平	本科	117	57.35
	硕士研究生	71	34.81
	博士研究生	6	2.94
	教师	10	4.90
	合计	204	100
学科背景	自然学科	12	5.88
	人文与艺术学科	22	10.78
	社会学科	29	14.22
	工程与技术学科	134	65.69
	其他	7	3.43
	合计	204	100

(续表)

	统计项	人数(人)	比例(%)
使用微信图书馆的频率	偶尔	80	39.22
	较少	53	25.98
	经常	71	34.80
	合计	204	100

不同教育水平的用户构成比例如图3.5所示。从样本的性别构成上看，男女用户占比分别为52%和48%，人数大致相同，接近1∶1的比例，性别分布均匀。从参与调查的微信图书馆用户教育水平上看，本科生样本数量最多，达到117人，占比57.35%；其次为硕士研究生样本，达到71人，占比34.81%；再次是教师样本的数量，达到10人，占比4.9%；最后，博士研究生的样本量最少，只有6人，占比2.94%。

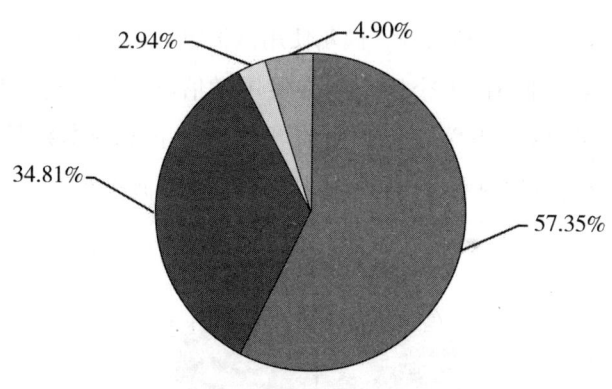

图3.5 调查样本的教育水平构成比例统计图

从样本的学科背景构成上看，工程与技术学科人数最多，数量达到134人，占总样本数量的65.69%；其次是具有社会学科背景的样本，数量达到29人，占比14.22%；具有人文与艺术学科背景的样本，有22人，占比10.78%；具有自然学科背景的样本，有12人，占比5.88%；最后是除了这四种学科背景外的其他学科，人数有 7 人，在总样本数量中占比最少，只有 3.43%。不同学科背景的用户构成比例如图 3.6 所示。

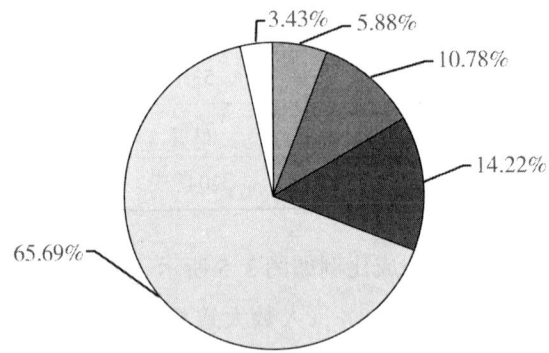

图 3.6　调查样本的学科背景构成比例统计图

从用户使用微信图书馆的频率上看，多数用户只是偶尔使用微信图书馆公众平台，这可能与用户的使用习惯有关，一些用户还是比较倾向于利用数字图书馆获得资源和服务，偶尔使用微信图书馆的样本有 80 个，占比达到 39.22%；其次有 71 个用户经常使用微信图书馆，占总样本数据的 34.8%；最后有 53 个用户较少使用微信图书馆，占总样本数据的 25.98%。不同使用频率的微信图书馆用户构成比例如图 3.7 所示。

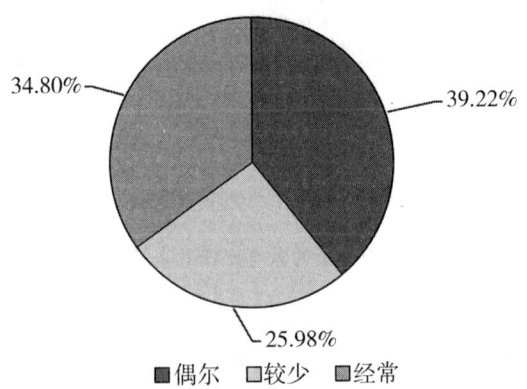

图 3.7　调查样本的微信图书馆使用频率构成比例统计图

通过对问卷样本基本信息的描述性统计分析结果可以看出，本次调查的样本分布具有较好的代表性和普遍性，能够兼顾不同性别、不同教育水平以及不同学科背景的用户，基本上能够反映目前重庆大学师生在使用微信图书馆方面的情况，能较好地了解用户对微信图书馆使用体验的评价，从而更好地提升微信图书馆的服务水平和用户体验。

3.4.2 信度检验

为保证问卷结果具有较强的一致性与可靠性，需要对样本数据进行信度检验，一般通过克朗巴哈α系数（Cronbach's Alpha）来检验问卷数据的信度。本研究采用SPSS19.0软件对问卷信度进行分析，得到204份有效样本数据的总体Cronbach's Alpha系数为0.971，大于判别标准0.7，说明样本数据具有较高的信度，其中各分变量的Cronbach's Alpha系数值见表3.5。可以看出，所有变量的Cronbach's Alpha值都大于0.7，说明问卷的整体信度较好，可以进行后续的数据分析，保证了研究结果具有一定的可靠性。

表 3.5 各分变量的 Cronbach's Alpha 值和题项数

潜变量	Cronbach's Alpha 值	题项数
感官体验	0.883	4
交互体验	0.841	3
内容体验	0.867	3
功能体验	0.893	5
服务体验	0.863	4
情感体验	0.838	2
用户体验效果	0.793	3
使用态度	0.843	3
社会影响	0.889	3
用户体验评价	0.897	3

3.4.3 效度检验

效度检验主要是检验问卷结果能否反映出测量的目的,可以从内容效度、收敛效度、校标关联效度及结构效度四个方面进行检验。因为问卷测量题项参考了已有的研究成果,具有一定的理论依据,因此问卷的内容效度得以保证,本研究主要从收敛效度(convergent validity)、校标关联效度(criterion-related validity)和结构效度(construct validity)三个方面对样本数据的效度进行检验。

(1) 收敛效度

通常通过平均方差抽取量(average variance extracted, AVE)指标来进行检验,用来检验变量内部的一致性。当 AVE 的值大于判别标准 0.5 时,就认为样本数据的收敛效度较好,所有变量的 AVE 值见表 3.6。可以看出,各变量的 AVE 值为 0.514~0.755,大于判别标准 0.5,表明样本数据均具有较好的收敛效度。

表 3.6 各变量的收敛效度分析

变量名称	观测变量	项已删除的 Cronbach's Alpha 值	Cronbach's Alpha 值	组合信度 (CR)	AVE
感官体验	感官1	0.842	0.883	0.913	0.723
	感官2	0.838	—	—	—
	感官3	0.858	—	—	—
	感官4	0.863	—	—	—
交互体验	交互1	0.781	0.841	0.822	0.607
	交互2	0.751	—	—	—
	交互3	0.804	—	—	—
内容体验	内容1	0.807	0.867	0.853	0.660
	内容2	0.773	—	—	—
	内容3	0.855	—	—	—

(续表)

变量名称	观测变量	项已删除的 Cronbach's Alpha 值	Cronbach's Alpha 值	组合信度（CR）	AVE
功能体验	功能1	0.898	0.893	0.939	0.755
	功能2	0.856	—	—	—
	功能3	0.862	—	—	—
	功能4	0.869	—	—	—
	功能5	0.859	—	—	—
服务体验	服务1	0.802	0.863	0.895	0.680
	服务2	0.837	—	—	—
	服务3	0.812	—	—	—
	服务4	0.847	—	—	—
情感体验	情感1	—	0.838	0.702	0.702
	情感2	—	—	—	—
用户体验效果	效果1	0.784	0.793	0.760	0.514
	效果2	0.669	—	—	—
	效果3	0.693	—	—	—
使用态度	态度1	0.742	0.843	0.828	0.619
	态度2	0.724	—	—	—
	态度3	0.884	—	—	—
社会影响	影响1	0.841	0.889	0.879	0.708
	影响2	0.803	—	—	—
	影响3	0.878	—	—	—
用户体验评价	评价1	0.878	0.897	0.888	0.726
	评价2	0.848	—	—	—
	评价3	0.829	—	—	—

（2）校标关联效度

通过皮尔斯（Pearson）相关性进行检验，本研究以微信图书馆用户体验评价作为校标，以感官体验变量为例，分析感官体验指标与微信图书馆用户体验评价之间的相关性关系，分析结果见表3.7。可以看出，感官体验各相关系数在双侧0.01的水平上显著相关,同样的方法对其余8个变量进行相关性检验,都达到了0.01的显著性水平,说明本研究的样本数据具有较好的校标关联效度。

表 3.7 感官体验与用户体验评价的 Pearson 相关性检验

		感官1	感官2	感官3	感官4
感官1	Pearson 相关性	1	0.770**	0.627**	0.611**
	显著性(双侧)	—	0.000	0.000	0.000
	N(样本量)	204	204	204	204
感官2	Pearson 相关性	0.770**	1	0.633**	0.626**
	显著性(双侧)	0.000	—	0.000	0.000
	N(样本量)	204	204	204	204
感官3	Pearson 相关性	0.627**	0.633**	1	0.662**
	显著性(双侧)	0.000	0.000	—	0.000
	N(样本量)	204	204	204	204
感官4	Pearson 相关性	0.611**	0.626**	0.662**	1
	显著性(双侧)	0.000	0.000	0.000	—
	N(样本量)	204	204	204	204

注:** 表示在0.01水平(双侧)上显著相关。

(3) 结构效度

通过探索性因子分析进行检验,在因子分析前需要先进行 KMO 和巴特利特(Bartlett)球形检验,得到的检验结果见表3.8。

表 3.8 KMO 和 Bartlett 球形检验

取样足够度的 Kaiser-Meyer-Olkin 度量		0.954
Bartlett 球形检验	近似卡方	5546.888
	df	528
	Sig.	0.000

由检验结果可以看出，KMO 值为 0.954，大于判别标准 0.5，一般认为 KMO 的值小于 0.5，表明该样本数据不适合做因子分析，KMO 的值大于 0.5 且越接近于 1，表明各变量间的相关性越强，比较适合做因子分析。对样本数据进行 Bartlett 球形检验，得到 Bartlett 球形检验近似卡方值为 5546.888，自由度为 528，显著性概率为 0.000，小于 0.01，说明数据在 0.01 的水平上显著，原有变量适合进行因子分析。最后对变量进行探索性因子分析，采用主成分分析法和最大方差旋转法来提取公因子，以特征值大于 0.6 作为抽取原则，得到累计解释的总方差为 78.344%，说明因子提取效果较好，可以解释原始数据的大部分信息，检验结果见表 3.9。

表 3.9　所有变量累计解释的总方差

成分	初始特征值			提取平方和载入			旋转平方和载入		
	合计	方差的（%）	累积（%）	合计	方差的（%）	累积（%）	合计	方差的（%）	累积（%）
1	17.408	52.752	52.752	17.408	52.752	52.752	4.181	12.670	12.670
2	2.020	6.121	58.874	2.020	6.121	58.874	3.628	10.993	23.663
3	1.422	4.310	63.183	1.422	4.310	63.183	3.599	10.906	34.570
4	1.260	3.819	67.003	1.260	3.819	67.003	3.491	10.579	45.148
5	0.884	2.680	69.683	0.884	2.680	69.683	2.615	7.925	53.073
6	0.854	2.587	72.270	0.854	2.587	72.270	2.495	7.562	60.635
7	0.688	2.084	74.354	0.688	2.084	74.354	2.428	7.359	67.994
8	0.676	2.049	76.403	0.676	2.049	76.403	2.355	7.135	75.129
9	0.641	1.941	78.344	0.641	1.941	78.344	1.061	3.216	78.344
10	0.586	1.775	80.119	—	—	—	—	—	—
11	0.552	1.673	81.793	—	—	—	—	—	—
12	0.490	1.484	83.277	—	—	—	—	—	—
13	0.454	1.375	84.652	—	—	—	—	—	—

(续表)

成分	初始特征值			提取平方和载入			旋转平方和载入		
	合计	方差的(%)	累积(%)	合计	方差的(%)	累积(%)	合计	方差的(%)	累积(%)
14	0.435	1.318	85.970	—	—	—	—	—	—
15	0.391	1.184	87.153	—	—	—	—	—	—
16	0.377	1.144	88.297	—	—	—	—	—	—
17	0.366	1.110	89.407	—	—	—	—	—	—
18	0.339	1.028	90.434	—	—	—	—	—	—
19	0.332	1.006	91.440	—	—	—	—	—	—
20	0.321	0.972	92.412	—	—	—	—	—	—
21	0.303	0.918	93.330	—	—	—	—	—	—
22	0.280	0.848	94.178	—	—	—	—	—	—
23	0.238	0.720	94.898	—	—	—	—	—	—
24	0.228	0.690	95.588	—	—	—	—	—	—
25	0.211	0.640	96.229	—	—	—	—	—	—
26	0.204	0.618	96.846	—	—	—	—	—	—
27	0.185	0.560	97.406	—	—	—	—	—	—
28	0.176	0.532	97.938	—	—	—	—	—	—
29	0.154	0.467	98.405	—	—	—	—	—	—
30	0.146	0.443	98.849	—	—	—	—	—	—
31	0.138	0.419	99.267	—	—	—	—	—	—
32	0.131	0.398	99.665	—	—	—	—	—	—
33	0.111	0.335	100.000	—	—	—	—	—	—
提取方法：主成分分析法。									

确定了因子个数后，需提取公因子，并对因子进行正交旋转，使每个变量在尽可能少的因子上有较高的因子载荷，以便于解释因子结构，从而

对因子进行命名。本研究采用 Varimax 方差最大旋转法得到所有观测变量在某一个公因子上的载荷量都大于 0.5，在其余因子上的载荷小于 0.5，说明因子分析结果较为理想，测量指标的结构效度良好，根据研究需要，选择 9 个因子数目，并将公因子命名为感官体验、交互体验、内容体验、功能体验、服务体验、情感体验、用户体验效果、使用态度和社会影响。

接下来利用 SPSS19.0 软件，针对具体的变量进行探索性因子分析，探讨样本数据的结构效度。

（1）感官体验

本研究中感官体验变量包括 4 个测量题项，对感官体验进行 KMO 和 Bartlett 球形检验，得到 KMO 值为 0.807，显著性概率为 0.000，小于 0.01，累计解释的总方差为 74.128%，可以解释原始数据的大部分信息，各观测变量的因子载荷均大于 0.5，说明感官体验变量的结构效度较好。具体的检验结果见表 3.10~3.12。

表 3.10 感官体验变量的 KMO 和 Bartlett 球形检验

取样足够度的 Kaiser-Meyer-Olkin 度量		0.807
Bartlett 球形检验	近似卡方	447.944
	df	6
	Sig.	0.000

表 3.11 感官体验变量解释的总方差

成分	初始特征值			提取平方和载入		
	合计	方差的(%)	累积(%)	合计	方差的(%)	累积(%)
1	2.965	74.128	74.128	2.965	74.128	74.128
2	0.468	11.692	85.819	—	—	—
3	0.338	8.442	94.262	—	—	—
4	0.230	5.738	100.000	—	—	—

提取方法：主成分分析法。

表 3.12　感官体验变量成分矩阵

感官体验变量	成分
	1
感官 1	0.876
感官 2	0.883
感官 3	0.846
感官 4	0.838

(2) 交互体验

本研究中交互体验变量包括 3 个测量题项,对交互体验进行 KMO 和 Bartlett 球形检验,得到 KMO 值为 0.723,显著性概率为 0.000,小于 0.01,累计解释的总方差为 75.908%,可以解释原始数据的大部分信息,各观测变量的因子载荷均大于 0.5,说明交互体验变量的结构效度较好。具体的检验结果见表 3.13~3.15。

表 3.13　交互体验变量的 KMO 和 Bartlett 球形检验

取样足够度的 Kaiser-Meyer-Olkin 度量		0.723
Bartlett 球形检验	近似卡方	246.571
	df	3
	Sig.	0.000

表 3.14　交互体验变量解释的总方差

成分	初始特征值			提取平方和载入		
	合计	方差的(%)	累积(%)	合计	方差的(%)	累积(%)
1	2.277	75.908	75.908	2.277	75.908	75.908
2	0.402	13.414	89.323	—	—	—
3	0.320	10.677	100.000	—	—	—

提取方法:主成分分析法。

表 3.15　交互体验变量成分矩阵

交互体验变量	成分
	1
交互 1	0.871
交互 2	0.888
交互 3	0.855

（3）内容体验

本研究中内容体验变量包括 3 个测量题项，对内容体验进行 KMO 和 Bartlett 球形检验，得到 KMO 值为 0.725，显著性概率为 0.000 小于，0.01，累计解释的总方差为 79.082%，可以解释原始数据的大部分信息，各观测变量的因子载荷均大于 0.5，说明内容体验变量的结构效度较好。具体的检验结果见表 3.16~3.18。

表 3.16　内容体验变量的 KMO 和 Bartlett 球形检验

取样足够度的 Kaiser-Meyer-Olkin 度量		0.725
Bartlett 球形检验	近似卡方	301.705
	df	3
	Sig.	0.000

表 3.17　内容体验变量解释的总方差

成分	初始特征值			提取平方和载入		
	合计	方差的(%)	累积(%)	合计	方差的(%)	累积(%)
1	2.372	79.082	79.082	2.372	79.082	79.082
2	0.380	12.664	91.747	—	—	—
3	0.248	8.253	100.000	—	—	—

提取方法：主成分分析法。

表 3.18　内容体验变量成分矩阵

内容体验变量	成分
	1
内容 1	0.893
内容 2	0.912
内容 3	0.862

（4）功能体验

本研究中功能体验变量包括 5 个测量题项，对功能体验进行 KMO 和 Bartlett 球形检验，得到 KMO 值为 0.851，显著性概率为 0.000，小于 0.01，累计解释的总方差为 70.072%，可以解释原始数据的大部分信息，各观测变量的因子载荷均大于 0.5，说明功能体验变量的结构效度较好。具体的检验结果见表 3.19~3.21。

表 3.19　功能体验变量的 KMO 和 Bartlett 球形检验

取样足够度的 Kaiser-Meyer-Olkin 度量		0.851
Bartlett 球形检验	近似卡方	593.643
	df	10
	Sig.	0.000

表 3.20　功能体验变量解释的总方差

成分	初始特征值			提取平方和载入		
	合计	方差的(%)	累积(%)	合计	方差的(%)	累积(%)
1	3.504	70.072	70.072	3.504	70.072	70.072
2	0.577	11.537	81.609	—	—	—
3	0.426	8.520	90.129	—	—	—

(续表)

成分	初始特征值			提取平方和载入		
	合计	方差的(%)	累积(%)	合计	方差的(%)	累积(%)
4	0.274	5.488	95.617	—	—	—
5	0.219	4.383	100.000	—	—	—

提取方法：主成分分析法。

表 3.21　功能体验变量成分矩阵

功能体验变量	成分
	1
功能 1	0.723
功能 2	0.879
功能 3	0.864
功能 4	0.839
功能 5	0.871

(5) 服务体验

本研究中服务体验变量包括 4 个测量题项，对服务体验进行 KMO 和 Bartlett 球形检验，得到 KMO 值为 0.810，显著性概率为 0.000，小于 0.01，累计解释的总方差为 70.998%，可以解释原始数据的大部分信息，各观测变量的因子载荷均大于 0.5，说明服务体验变量的结构效度较好。具体的检验结果见表 3.22~3.24。

表 3.22　服务体验变量的 KMO 和 Bartlett 球形检验

取样足够度的 Kaiser-Meyer-Olkin 度量		0.810
Bartlett 球形检验	近似卡方	378.932
	df	6
	Sig.	0.000

表 3.23　服务体验变量解释的总方差

成分	初始特征值			提取平方和载入		
	合计	方差的(%)	累积(%)	合计	方差的(%)	累积(%)
1	2.840	70.998	70.998	2.840	70.998	70.998
2	0.514	12.846	83.845	—	—	—
3	0.346	8.661	92.505	—	—	—
4	0.300	7.495	100.000	—	—	—

提取方法：主成分分析法。

表 3.24　服务体验变量成分矩阵

服务体验变量	成分
	1
服务 1	0.880
服务 2	0.823
服务 3	0.863
服务 4	0.803

（6）情感体验

本研究中情感体验变量包括 2 个测量题项，对情感体验进行 KMO 和 Bartlett 球形检验，得到 KMO 值为 0.500，恰好达到判别标准，显著性概率为 0.000，小于 0.01，累计解释的总方差为 86.079%，可以解释原始数据的大部分信息，各观测变量的因子载荷均大于 0.5，说明情感体验变量的结构效度较好。具体的检验结果见表 3.25~3.27。

表 3.25　情感体验变量的 KMO 和 Bartlett 球形检验

取样足够度的 Kaiser-Meyer-Olkin 度量		0.500
Bartlett 球形检验	近似卡方	148.175
	df	1
	Sig.	0.000

表 3.26 情感体验变量解释的总方差

成分	初始特征值			提取平方和载入		
	合计	方差的(%)	累积(%)	合计	方差的(%)	累积(%)
1	1.722	86.079	86.079	1.722	86.079	86.079
2	0.278	13.921	100.000	—	—	—

提取方法：主成分分析法。

表 3.27 情感体验变量成分矩阵

情感体验变量	成分
	1
情感 1	0.928
情感 2	0.928

(7) 用户体验效果

本研究中用户体验效果变量包括 3 个测量题项，对用户体验效果进行 KMO 和 Bartlett 球形检验，得到 KMO 值为 0.691，显著性概率为 0.000，小于 0.01；累计解释的总方差为 70.783%，可以解释原始数据的大部分信息，各观测变量的因子载荷均大于 0.5，说明用户体验效果变量的结构效度较好。具体的检验结果见表 3.28~3.30。

表 3.28 用户体验效果变量的 KMO 和 Bartlett 球形检验

取样足够度的 Kaiser-Meyer-Olkin 度量		0.691
Bartlett 球形检验	近似卡方	188.122
	df	3
	Sig.	0.000

表 3.29 用户体验效果变量解释的总方差

成分	初始特征值			提取平方和载入		
	合计	方差的(%)	累积(%)	合计	方差的(%)	累积(%)
1	2.123	70.783	70.783	2.123	70.783	70.783
2	0.523	17.441	88.224	—	—	—
3	0.353	11.776	100.000	—	—	—

提取方法：主成分分析法。

表 3.30 用户体验效果变量成分矩阵

用户体验变量	成分
	1
效果 1	0.796
效果 2	0.869
效果 3	0.857

（8）使用态度

本研究中使用态度变量包括 3 个测量题项，对使用态度进行 KMO 和 Bartlett 球形检验，得到 KMO 值为 0.690，显著性概率为 0.000，小于 0.01，累计解释的总方差为 77.225%，可以解释原始数据的大部分信息，各观测变量的因子载荷均大于 0.5，说明使用态度变量的结构效度较好。具体的检验结果见表 3.31~3.33。

表 3.31 使用态度变量的 KMO 和 Bartlett 球形检验

取样足够度的 Kaiser-Meyer-Olkin 度量		0.690
Bartlett 球形检验	近似卡方	297.333
	df	3
	Sig.	0.000

表 3.32　使用态度变量解释的总方差

成分	初始特征值			提取平方和载入		
	合计	方差的(%)	累积(%)	合计	方差的(%)	累积(%)
1	2.317	77.225	77.225	2.317	77.225	77.225
2	0.477	15.892	93.117	—	—	—
3	0.206	6.883	100.000	—	—	—

提取方法：主成分分析法。

表 3.33　使用态度变量成分矩阵

使用态度变量	成分
	1
态度 1	0.905
态度 2	0.916
态度 3	0.812

(9) 社会影响

本研究中社会影响变量包括 3 个测量题项，对社会影响进行 KMO 和 Bartlett 球形检验，得到 KMO 值为 0.732，显著性概率为 0.000，小于 0.01，累计解释的总方差为 81.820%，可以解释原始数据的大部分信息，各观测变量的因子载荷均大于 0.5，说明社会影响变量的结构效度较好。具体的检验结果见表 3.34~3.36。

表 3.34　社会影响变量的 KMO 和 Bartlett 球形检验

取样足够度的 Kaiser-Meyer-Olkin 度量		0.732
Bartlett 球形检验	近似卡方	353.829
	df	3
	Sig.	0.000

表 3.35　社会影响变量解释的总方差

成分	初始特征值			提取平方和载入		
	合计	方差的(%)	累积(%)	合计	方差的(%)	累积(%)
1	2.455	81.820	81.820	2.455	81.820	81.820
2	0.337	11.250	93.070	—	—	—
3	0.208	6.930	100.000	—	—	—

提取方法：主成分分析。

表 3.36　社会影响变量成分矩阵

社会影响变量	成分
	1
影响 1	0.906
影响 2	0.927
影响 3	0.880

综上所述，通过对所有变量总的结构效度以及各分变量的结构效度进行检验，可以看出本研究的样本数据具有较好的结构效度，因子结构清晰，并且具有较好的收敛效度及校标关联效度，因此研究结果的有效性得以保证。

3.4.4　影响因素路径分析

结构方程模型（structural equation modeling，SEM）是一种实证分析模型方法，它通过分析不同变量间的内在结构关系，验证假设模型是否合理以及是否正确，然后根据分析的结果对模型进行修正[①]。本研究通过构建

---

① 武海东：《用结构方程模型构建图书馆读者满意度评价指标体系》，载《情报科学》，2011 年第 2 期，第 227—230 页。

结构方程模型的方法来估计潜变量之间的影响程度，探讨变量之间的关系，验证样本数据与假设模型是否匹配，以及提出的假设是否与实证结果相符合。采用 AMOS20.0 软件对数据进行结构方程模型分析，根据之前构建的微信图书馆用户体验评价模型，将问卷数据导入 AMOS 中，对模型进行路径分析，得到模型标准化路径系数图，如图 3.8 所示。在该结构模型中，外在潜变量有 7 个，包括感官体验、交互体验、内容体验、功能体验、服务体验、情感体验和社会影响，内在潜变量有 2 个，包括用户体验效果和使用态度。

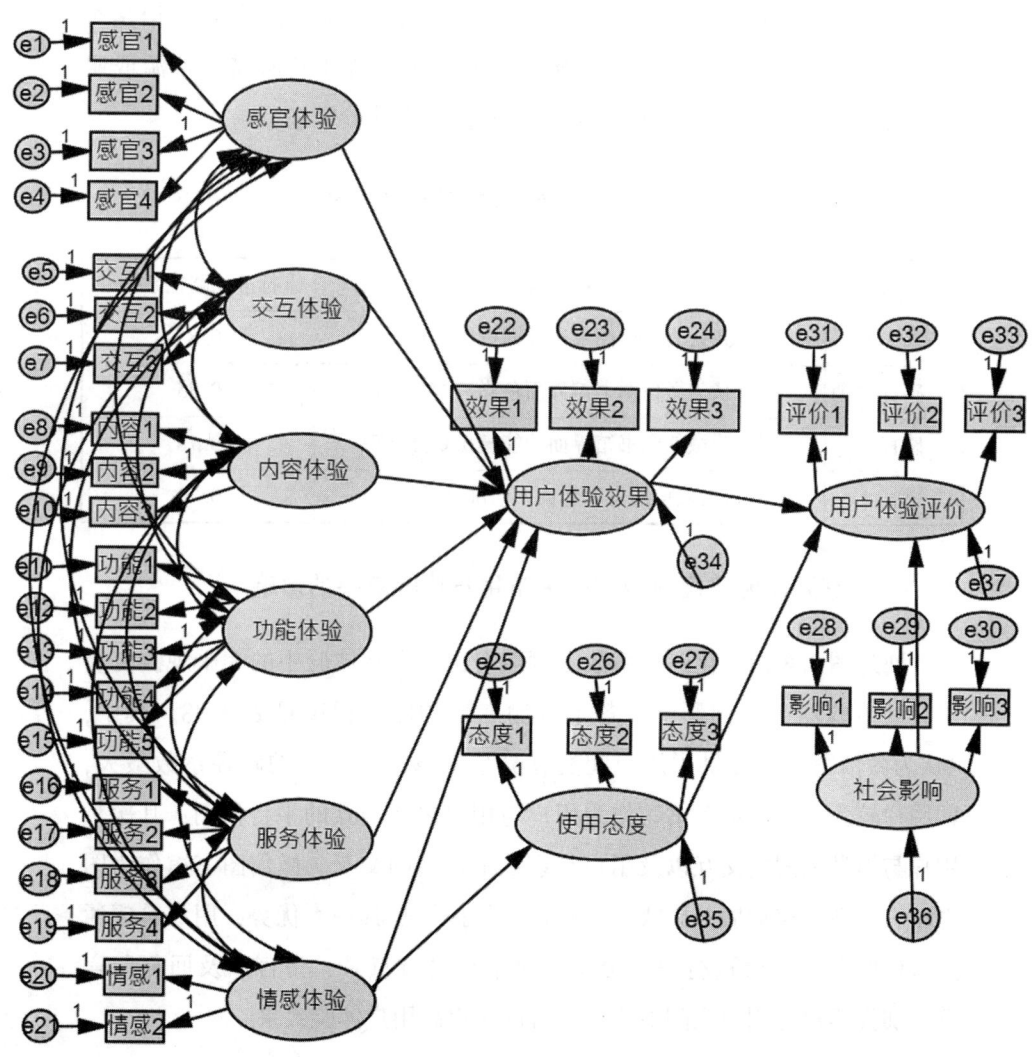

图 3.8　模型标准化路径系数图

（1）感官体验维度对微信图书馆用户体验效果的影响

通过图 3.8 标准化路径系数图可以看出，感官体验中的 4 个观测变量对感官体验均有正向影响，各个观测变量的影响程度见表 3.37。感官体验变量依次受到界面设计、色彩搭配、功能模块划分、术语准确程度的影响，其中界面设计、色彩搭配对用户感官体验的影响程度最大。微信图书馆作为一个信息系统平台，用户使用微信图书馆时首先接触的就是平台的界面，界面是否友好、色彩搭配是否合理会直接影响用户对微信图书馆的第一印象，而功能模块的划分是否合理、导航是否清晰以及界面术语是否准确、无歧义，则直接影响用户能否方便、快捷地找到所需的资源或服务，从而节省时间，这些因素都会对用户的感官体验带来影响。

表 3.37 感官体验维度观测变量标准化路径系数

测量题项	题项内容	标准化路径系数
感官 1	我认为微信图书馆界面设计美观	0.85
感官 2	我认为微信图书馆界面色彩搭配舒服	0.85
感官 3	我认为微信图书馆界面功能模块划分合理	0.78
感官 4	我认为微信图书馆界面术语准确无歧义	0.76

（2）交互体验维度对微信图书馆用户体验效果的影响

通过图 3.8 标准化路径系数图可以看出，交互体验中的 3 个观测变量对交互体验均有正向影响，各个观测变量的影响程度见表 3.38。其中，"认为微信图书馆提供了用户间交互分享信息的平台"的路径系数最大，即用户较为看重微信图书馆作为用户与用户之间交互的平台作用；其次是用户与馆员之间的交互以及用户与系统平台间的交互。微信图书馆作为图书馆一种新的移动服务模式，交互性、便捷性是其一大优势，用户希望通过微信图书馆平台进行信息分享，对书评进行点赞、留言以及回复留言等，加强用户与用户之间的交互，有助于提高用户体验效果。

表 3.38 交互体验维度观测变量标准化路径系数

测量题项	题项内容	标准化路径系数
交互 1	我认为微信图书馆提供了多种我与馆员沟通的渠道（例如电话、邮件、微信留言等）	0.79
交互 2	我认为微信图书馆提供了用户间交互分享信息的平台（例如发表评论、推荐评论、书刊分享等）	0.81
交互 3	我认为微信图书馆的操作流程简单	0.79

（3）内容体验维度对微信图书馆用户体验效果的影响

通过图 3.8 标准化路径系数图可以看出，内容体验中的 3 个观测变量对内容体验均有正向影响，各个观测变量的影响程度见表 3.39。其中，"认为微信图书馆检索文献资源准确性高"路径系数最大，说明资源的准确性对于内容体验维度的影响最大；其次是文献资源的丰富性；最后是信息更新的及时性。用户利用微信图书馆的目的就在于其能够提供有价值的资源或者服务，资源的准确性会直接影响用户对微信图书馆的认知，影响用户的使用态度，从而影响用户的使用体验。另外，调查发现，一些用户反映微信图书馆提供的资源不够丰富，可供全文阅读、下载的书籍太少，希望能够扩充资源并且及时推送图书超期信息、及时更新借阅信息等，这些都是用户在利用图书馆资源时遇到的问题。由于微信图书馆目前仍处于不断探索、不断优化及不断发展的阶段，资源的准确性和丰富性受到技术、版权等多种因素的影响，会对用户的体验造成影响。

表 3.39 内容体验维度观测变量标准化路径系数

测量题项	题项内容	标准化路径系数
内容 1	我认为微信图书馆提供了丰富、全面的信息资源（例如电子图书、电子期刊等）	0.83
内容 2	我认为通过微信图书馆检索文献资源准确性高	0.86

(续表)

测量题项	题项内容	标准化路径系数
内容3	我认为微信图书馆可以及时更新信息资源（例如及时发布通知公告、活动讲座、新书推荐等）	0.80

（4）功能体验维度对微信图书馆用户体验效果的影响

通过图3.8标准化路径系数图可以看出，功能体验的5个观测变量对功能体验均有正向影响，各个观测变量的影响程度见表3.40。其中，"认为微信图书馆提供的功能多样化"的路径系数最大，说明功能的多样性对于功能体验维度的影响最大；其次是微信图书馆的查询功能，再次是推荐购书功能以及满足用户查找信息的需求功能；最后是微信图书馆的系统安全可靠性，路径系数为0.63，说明系统的安全可靠性对用户整体的功能体验的影响程度最小。通过对功能体验维度路径系数的分析可以看出，微信图书馆的功能多样化会最大限度地影响用户对微信图书馆的功能体验。微信图书馆除了提供传统的信息服务外，如果能结合微信的特点提供一些个性化的主动服务，则会增加微信图书馆对用户的吸引力，增强用户的使用意愿。此外，由于高校微信图书馆作为高校图书馆的官方认证平台，会采用一定的技术手段保护用户的隐私信息不被非法窃取，用户的信息安全得以保障，用户对自身的数据信息也比较放心。因此，微信图书馆平台的安全可靠性对用户功能体验的影响程度最小。

表3.40 功能体验维度观测变量标准化路径系数

测量题项	题项内容	标准化路径系数
功能1	我认为使用微信图书馆安全、可靠，不会存在隐私泄露的风险	0.63
功能2	我认为微信图书馆提供的功能多样化（例如书刊检索、阅读、评论、预约研修室、查询个人信息等）	0.85
功能3	我认为通过微信图书馆都可以找到我所需要的信息	0.78
功能4	通过微信图书馆我可以向馆员推荐购书	0.78

(续表)

测量题项	题项内容	标准化路径系数
功能 5	通过微信图书馆我可以查看通知公告、新书通报、联系馆员等	0.84

(5) 服务体验维度对微信图书馆用户体验效果的影响

通过图 3.8 标准化路径系数图可以看出，服务体验的 4 个观测变量对服务体验均有正向影响，各个观测变量的影响程度见表 3.41。按照观测变量对用户服务体验的影响程度排列，对服务体验影响最大的是微信图书馆的响应及时性；其次是便捷性即用户可以在任何时间、任何地点通过访问微信图书馆平台获得资源和服务；再次是微信图书馆提供的个性化服务；最后是主动性服务。调查发现，用户较为看重微信图书馆的实时咨询功能，在用户利用图书馆资源、享受图书馆服务时遇到问题可以通过微信平台联系馆员解决问题，因此提高馆员反馈的速度，及时解决用户咨询的问题，有助于提高用户的服务体验。另外，目前微信图书馆推送的信息主要以个人借阅信息、通知公告、活动讲座等信息为主，对于用户个性化信息的挖掘较少，难以根据具体用户的使用情况推送用户可能感兴趣的信息，一方面可能由于用户较少利用微信图书馆查询资源、获得服务，因此微信图书馆后台存储的用户行为数据过少；另一方面可能是受技术、人员等的限制，因此微信图书馆主动推送用户感兴趣的服务对用户服务体验的影响程度最小。

表 3.41 服务体验维度观测变量标准化路径系数

测量题项	题项内容	标准化路径系数
服务 1	我认为微信图书馆可以进行实时的咨询且响应及时	0.82
服务 2	我认为微信图书馆会主动推送我比较感兴趣的信息	0.73
服务 3	我认为通过微信图书馆任何时间、任何地点都可以快速找到所需的信息资源	0.80

(续表)

测量题项	题项内容	标准化路径系数
服务4	我认为微信图书馆提供了多种个性化的服务（例如可以查询个人当前借阅、欠费情况、预约、收藏图书等）	0.78

（6）情感体验维度对微信图书馆用户体验效果的影响

通过图3.8标准化路径系数图可以看出，情感体验的2个观测变量对情感体验均有正向影响，各个观测变量的影响程度见表3.42。情感体验受到用户对微信图书馆的使用便利性以及感知愉悦性的影响，其中感知愉悦性的路径系数为0.84，对整体情感体验的影响程度略大于使用便利性。调查发现，用户愉悦的使用体验会受到微信图书馆信息质量、系统质量和服务质量等多种因素的影响，丰富、全面的信息内容，安全可靠的系统平台，以及多样化、个性化的服务内容都能够为用户带来愉悦的使用体验，有助于提高用户与微信图书馆之间的黏性，感知愉悦性的路径系数较高则说明用户在使用微信图书馆的过程中更为看重体验过程是否愉悦、是否满意，这会直接影响用户对微信图书馆的态度和看法。另外，用户选择使用微信图书馆的一部分原因就是因为其使用的便利性，方便用户随时随地获得想要的资源和服务，因此，"认为微信图书馆为用户的学习或科研带来了便利"对用户的情感体验也有较大影响。

表3.42 情感体验维度观测变量标准化路径系数

测量题项	题项内容	标准化路径系数
情感1	我认为微信图书馆为我的学习或科研带来了便利	0.82
情感2	使用微信图书馆我感觉很愉悦，可以激发我的学习兴趣	0.84

（7）用户体验效果维度对微信图书馆用户体验评价的影响

通过图3.8标准化路径系数图可以看出，用户体验效果的3个观测变量对用户体验效果均有正向影响，各个观测变量的影响程度见表3.43。

"微信图书馆提供的服务具有吸引力"路径系数最大,说明服务对用户的吸引力是用户体验效果维度中最重要的因素;其次是微信图书馆的系统性能及响应的及时性;最后是微信图书馆的资源内容。调查发现,不少用户表示希望微信图书馆可以提供一些其他的服务和功能,如定期发送借阅排行榜、通借通还、图书的馆外流通、预约续借等。另外,有部分用户反映微信图书馆的响应不及时,向馆员咨询问题后不能很快得到反馈,还有微信图书馆存在资源量少、找不到所需资源的情况,这些因素在一定程度上都会影响用户体验效果,从而影响用户对微信图书馆的评价。

表 3.43　用户体验效果维度观测变量标准化路径系数

测量题项	题项内容	标准化路径系数
效果 1	我认为微信图书馆资源丰富、服务功能多样且使用便捷	0.74
效果 2	我认为微信图书馆系统性能良好、安全性高、响应及时	0.76
效果 3	我认为微信图书馆提供的服务对我很有吸引力	0.77

(8) 使用态度维度对微信图书馆用户体验评价的影响

通过图 3.8 标准化路径系数图可以看出,使用态度的 3 个观测变量对使用态度均有正向影响,各个观测变量的影响程度见表 3.44。其中,"支持微信图书馆提供的服务和功能"路径系数为 0.89,对整体使用态度的影响程度最大,说明微信图书馆提供的服务质量的好坏、服务水平的高低会最大限度地影响用户对微信图书馆的使用态度;"觉得使用微信图书馆是一个不错的主意"对用户使用态度的影响程度次之,这是用户在使用微信图书馆过程中的主观感受,会受到感官、内容、服务、功能等多种因素的影响;"与访问图书馆主页和移动图书馆 APP 来说,用户更为乐意使用微信图书馆"的路径系数为 0.68,对于整体使用态度的影响程度最小。虽然微信图书馆具有便捷性、交互性、实时性等多种优势,但由于移动终端屏幕尺寸以及资源容量等多种限制,在文献阅读、文献下载、资源的丰富性、功能的全面性等方面较数字图书馆来说具有一定的劣势。另外，还由于用户的使用习惯，很难做到完全依赖微信图书馆来获得所需的资源和服务。

表 3.44 使用态度维度观测变量标准化路径系数

测量题项	题项内容	标准化路径系数
态度 1	我觉得使用微信图书馆是一个不错的主意	0.88
态度 2	我支持微信图书馆提供的服务和功能	0.89
态度 3	与访问学校图书馆主页和客户端来说，我更为乐意使用微信平台	0.68

(9) 社会影响维度对微信图书馆用户体验评价的影响

通过图 3.8 标准化路径系数图可以看出，社会影响的 3 个观测变量对社会影响均有正向影响，各个观测变量的影响程度见表 3.45。其中，馆员对微信图书馆的宣传和倡导对用户的使用行为影响最大，其次是老师或专家的推荐，最后是同学或朋友的推荐。调查发现，不少用户反映图书馆对微信平台的宣传推广比较少，而且希望微信图书馆可以提供使用教程，以便于用户全面了解并熟悉微信图书馆提供的各项服务和功能。因此，图书馆应加大对微信平台的宣传和推广，运用"营销"的思维让更多用户知晓、享受到图书馆提供的服务，重视宣传工作，真正做到使图书馆的资源和服务惠及每一位师生。

表 3.45 社会影响维度观测变量标准化路径系数

测量题项	题项内容	标准化路径系数
影响 1	老师或专家对微信图书馆的推荐对我使用微信图书馆有较大影响	0.86
影响 2	馆员对微信图书馆的宣传和倡导对我使用微信图书馆有较大影响	0.91

（续表）

测量题项	题项内容	标准化路径系数
影响3	同学或朋友对微信图书馆的推荐对我使用微信图书馆有较大影响	0.79

综上所述，根据模型标准化路径系数结果（图3.8）可以看出，按照影响程度来说，用户体验效果依次受到情感体验、功能体验、交互体验、感官体验、内容体验、服务体验的影响，其中情感体验、功能体验、交互体验和感官体验对用户体验效果均有显著的正向影响。另外，用户体验评价依次受到用户体验效果、使用态度和社会影响因素的影响。因此，本文根据结构模型研究结果从不同的用户体验维度出发提出相应的对策和建议，进而指导微信图书馆的建设。

3.4.5 参数估计与假设检验

本研究采用AMOS20.0软件对模型参数进行估计，一般通过C.R.值（Critical Ratio，参数估计值与标准误差之比）和P值（显著性概率）进行检验，参数估计结果见表3.46。

表3.46 模型参数估计结果

变量影响	估计值	估计值标准误差（S.E.）	临界比（C.R.）	显著性概率（P）	标签（Label）
用户体验效果 ← 功能体验	0.227	0.078	2.926	0.003	par_20
用户体验效果 ← 服务体验	−0.016	0.124	−0.126	0.900	par_21
用户体验效果 ← 情感体验	0.249	0.104	2.389	0.017	par_22
使用态度 ← 情感体验	0.836	0.076	10.984	***	par_23
用户体验效果 ← 内容体验	0.069	0.067	1.033	0.301	par_37

(续表)

变量影响	估计值	估计值标准误差（S.E.）	临界比（C.R.）	显著性概率（P）	标签（Label）
用户体验效果 ← 交互体验	0.185	0.084	2.212	0.027	par_38
用户体验效果 ← 感官体验	0.196	0.087	2.251	0.024	par_39
用户体验评价 ← 用户体验效果	0.543	0.088	6.199	***	par_24
用户体验评价 ← 使用态度	0.291	0.060	4.814	***	par_25
用户体验评价 ← 社会影响	0.252	0.038	6.560	***	par_26

注：*** 表示 P 值<0.001。

可以看出，服务体验正向显著影响用户体验效果这一假设的 C.R. < 1.96，P 为 0.9>0.05，即未达到 0.05 的显著性水平，说明在本研究中服务体验对用户体验效果的正向影响作用不显著。另外，内容体验正向显著影响用户体验效果这一假设的 C.R. 也小于 1.96，P 为 0.3>0.05，也未达到 0.05 的显著性水平，说明在本研究中内容体验对用户体验效果的正向影响作用也不显著。除此之外，功能体验正向影响用户体验效果、情感体验正向影响使用态度、用户体验效果正向影响用户体验评价、使用态度和社会影响正向影响用户体验评价等假设的 C.R. 均大于 2.58，P 值均小于 0.01，说明达到 0.01 的显著性水平；情感体验、交互体验和感官体验正向影响用户体验效果等假设的 C.R. 均大于 1.96，P 值均小于 0.05，说明达到 0.05 的显著性水平。因此，本研究除了 H6 和 H8 这两个假设没有得到支持外，其余 8 项假设均成立，具体的假设检验结果见表 3.47。

表 3.47 模型假设检验结果

	假设内容	结论
H1	社会影响正向影响微信图书馆用户体验评价	支持
H2	使用态度正向影响微信图书馆用户体验评价	支持

（续表）

	假设内容	结论
H3	用户体验效果正向影响微信图书馆用户体验评价	支持
H4	感官体验正向影响微信图书馆用户体验效果	支持
H5	交互体验正向影响微信图书馆用户体验效果	支持
H6	内容体验正向影响微信图书馆用户体验效果	不支持
H7	功能体验正向影响微信图书馆用户体验效果	支持
H8	服务体验正向影响微信图书馆用户体验效果	不支持
H9	情感体验正向影响微信图书馆用户体验效果	支持
H10	情感体验正向影响用户使用态度	支持

3.4.6 拟合检验与模型修正

本研究采用结构方程模型分析中的绝对拟合指数和相对拟合指数相关指标对模型进行拟合修正，分析假设模型与样本数据是否拟合，结果见表3.48。

表 3.48 模型拟合指数

指标名称	评价标准		实际拟合值
	可以接受	好	
χ^2	—		882.946
df	—		470
χ^2/df	<3.0		1.879
RMR	0.05~0.1	<0.05	0.161
RMSEA	0.05~0.1	<0.05	0.066
GFI	0.7~0.9	>0.9	0.805
NFI	0.7~0.9	>0.9	0.850

(续表)

指标名称	评价标准		实际拟合值
	可以接受	好	
IFI	0.7~0.9	>0.9	0.924
TLI	0.7~0.9	>0.9	0.913
CFI	0.7~0.9	>0.9	0.923

评价指标包括：χ^2/df（卡方/自由度）、RMR（残差均方根）、RMSEA（近似误差均方根）、GFI（拟合优度）、NFI（规范拟合指数）、IFI（递增拟合指数）、TLI（非常规拟合度）、CFI（比较拟合指数）等，模型各项指标的拟合结果见表 3.48。可以看出，χ^2/df 的理想值应该介于 1 到 3 之间，本模型中 χ^2/df 的值为 1.879<3，说明该项指标通过检验；RMR 的值应该小于 0.05，本模型中 RMR 的值大于 0.05，说明模型拟合效果较差，需要对模型做进一步的修正；RMSEA、GFI 和 NFI 指标均在可接受的范围内；IFI、TLI 和 CFI 指标拟合效果较好，说明模型的拟合程度较好，对于样本数据的适配，该模型是可以接受的。

根据模型假设检验以及拟合结果，需要对构建的概念模型进行修正，将内容体验正向影响用户体验效果以及服务体验正向影响用户体验效果这两条不显著路径删除后，所有路径在 P<0.01 的水平下正向显著，修正后的模型参数估计结果见表 3.49，修正后的移动图书馆用户体验评价模型如图 3.9 所示。

表 3.49 修正后模型参数估计结果

变量影响	估计值	估计值标准误差（S.E.）	临界比（C.R.）	显著性概率（P）	标签（Label）
用户体验效果←功能体验	0.254	0.067	3.808	***	par_15
用户体验效果←情感体验	0.254	0.071	3.595	***	par_16

（续表）

变量影响	估计值	估计值标准误差（S.E.）	临界比（C.R.）	显著性概率（P）	标签（Label）
使用态度←情感体验	0.808	0.075	10.755	***	par_17
用户体验效果←交互体验	0.207	0.071	2.910	0.004	par_24
用户体验效果←感官体验	0.210	0.076	2.760	0.006	par_25
用户体验评价←用户体验效果	0.515	0.085	6.052	***	par_18
用户体验评价←使用态度	0.306	0.060	5.073	***	par_19
用户体验评价←社会影响	0.260	0.039	6.701	***	par_20

注：＊＊＊表示 P<0.001。

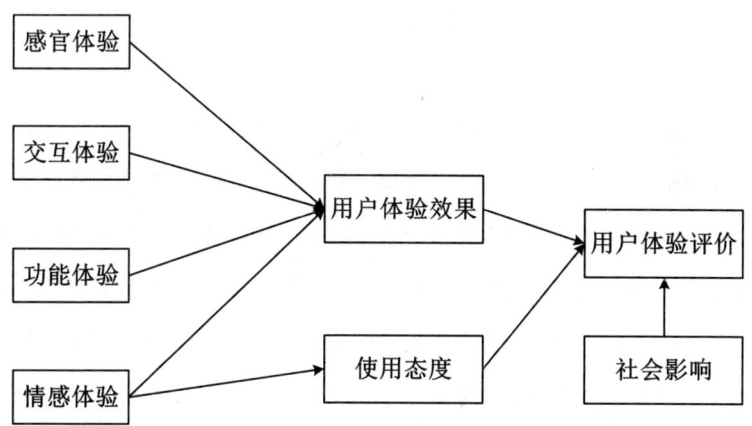

图 3.9 修正后的移动图书馆用户体验评价模型

3.5 结果讨论

通过对微信图书馆用户体验结构模型的实证研究,可以得出以下结论[①]。

(1) 社会影响和使用态度因素显著影响用户体验评价

社会影响的 C.R. 为 6.701,使用态度的 C.R. 为 5.073,均大于临界值 2.58,显著性概率 P 值均小于 0.01,说明社会影响和使用态度变量在 0.01 的显著性水平上正向相关,用户体验评价受到社会影响和使用态度的正向显著影响。通过社会影响维度的标准化路径系数可以看出(表 3.45),图书馆的宣传推广对用户使用体验评价的影响较大,其次是老师和专家的推荐,最后是同学或朋友的推荐。这表明图书馆应加强对微信平台的宣传,增加师生对于微信平台知晓度,提高用户对于微信图书馆的认知,提升用户体验。另外,用户使用态度也会对用户体验评价产生影响,当用户认为使用微信图书馆是一个不错的主意,并支持其提供的资源和服务时,就会对其产生正向的体验感知。因此,图书馆应善于利用微信平台的特点,开发具有特色、具有吸引力的服务功能,增强用户与微信平台间的关联性。

(2) 用户体验效果正向显著影响用户体验评价

用户体验效果的 C.R. 为 6.052,大于临界值 2.58,显著性概率 P 值小于 0.01,说明用户体验效果变量在 0.01 的显著性水平上正向相关,用

[①] 姚媛、许天才:《移动图书馆用户体验评价结构模型研究》,载《国家图书馆学刊》,2018 年第 5 期,第 32—43 页。

户体验评价受到用户体验效果正向显著影响。用户体验效果通过感官体验、交互体验、功能体验和情感体验四个变量进行测评,这四个变量综合作用于用户体验效果,微信图书馆资源的丰富性、功能的多样化、系统的稳定可靠性、响应的及时性以及服务是否具有吸引力等,都可以影响用户体验效果的评价。

(3) 感官体验、交互体验和功能体验正向显著影响用户体验效果

感官体验的 C.R. 为 2.760,交互体验的 C.R. 为 2.910,功能体验的 C.R. 为 3.808,三者均大于临界值 2.58,显著性概率 P 值均小于 0.01,说明用户体验效果受到感官体验、交互体验和功能体验的正向显著影响,且功能体验对用户体验效果的影响程度最大,其次是交互体验,影响程度最小的是感官体验。这表明用户使用微信图书馆时主要考虑的是服务功能是否可以满足需求,而是否通过微信图书馆可以获得想要的资源和服务,对交互体验和感官体验不是特别重要,一方面是因为目前微信图书馆所提供的交互功能仅限于咨询馆员、发表书评、推荐购书等功能,这些功能的良好与较差对用户体验效果的影响不大;另一方面图书馆借助微信公众平台提供资源和服务,在平台界面的设计、色彩搭配上基本属于中规中矩,符合大众的审美,因此感官体验对用户体验效果的影响程度也不大。而相较于交互体验和感官体验,图书馆应更加重视功能体验,通过多种措施改进微信图书馆的服务功能,提高服务水平,进而提高用户的功能体验。

(4) 情感体验正向显著影响用户体验效果和用户使用态度

情感体验影响用户体验效果的 C.R. 值为 3.595,情感体验影响使用态度的 C.R. 值为 10.755,这两个变量的 C.R. 均大于临界值 2.58,显著性概率 P 值均小于 0.01,说明用户体验效果受到情感体验的正向显著影响,使用态度因素同样受到情感体验的正向显著影响,且情感体验对使用态度的影响程度更深。如果用户通过微信图书馆可以获得有用的信息，并感到具有趣味性，那么就会对其产生积极态度，支持微信图书馆的资源和服务，并乐于使用微信图书馆；反之则会对微信图书馆存在抵触心理。另外，情感体验对用户体验效果也有显著的正向影响，因此图书馆应努力提高用户通过微信图书馆获得的有用性感知，提高用户使用过程中的趣味性体验。

第4章 移动图书馆用户体验评价指标体系研究

通过上一章移动图书馆用户体验评价结构性模型的实证研究,用户体验评价受到用户感官体验、交互体验、功能体验、情感体验和社会影响等五个外在变量的综合影响,为了更加全面地对用户体验评价进行测评,需要构建一套更加完善、规范的评价指标体系。因此,在上一章结构性模型研究结果的基础上,本章将构建用户体验评价的测评指标体系,并以重庆大学微信图书馆为研究对象开展实证研究。

4.1 用户体验评价指标体系研究

4.1.1 指标体系构建原则

在对微信图书馆用户体验评价进行实证研究时,需要建立一套切实可行的评价指标体系,为了科学、准确的衡量微信图书馆的用户使用体验,在构建指标体系时,应遵循以下原则:

（1）科学性原则

科学性原则包括指标选择的科学性、分析方法的科学性、分析工具的科学性以及数据的真实、可靠性。在指标的选择上，需要有科学的理论依据，每个指标的设置应无歧义，要有明确的含义，不易使被调查者产生疑惑；另外，各指标间不能重复，互不相容，要采用统一的划分标准。在分析方法的选择上，应选用目前使用范围较广、发展较为成熟的分析方法，使分析结果具有可信度，同样在分析工具的选择上也应选用权威的分析工具，以保证分析结果的准确性。最后，调查数据应真实、可靠、准确，能够真实反映微信图书馆的用户体验现状，为微信图书馆的发展提出切实可行的对策和建议。

（2）全面性原则

建立评价指标体系需全面反映微信图书馆的特点，能够从多角度对用户体验进行评价，本研究结合结构模型研究的结果，从感官体验、交互体验、功能体验、情感体验和社会影响五个方面构建指标体系，多维度反映微信图书馆的特点，力求全面、准确、系统地把握用户需求。

（3）指导性原则

构建指标体系的目的就是为了对用户体验评价进行测评，从而指导微信图书馆的建设，因此构建指标体系对图书馆服务水平的提高具有重要的意义。由于用户体验难以直接测量，通过构建指标体系运用定性与定量相结合的方法对用户体验进行评测，可以将用户评价直观的反馈给图书馆的管理层，进而帮助管理层针对性的改善微信图书馆服务质量，提高服务水平。

（4）以用户为本原则

高校图书馆作为教学和科研服务的学术性机构，服务对象就是高校的所有师生，目的是为了满足所有师生的信息需求。高校图书馆推出微信服务，归根结底就是为用户服务的，对用户体验进行评价研究也是为了提高服务水平，改善用户体验，从而满足用户的需求。因此，在对用户体验评价进行研究的过程中，必须重视用户提出的建议，分析用户提出的问题，并做出针对性的改进。

4.1.2 指标体系评价方法

（1）层次分析法概述

本研究拟提出的用户体验评价体系是一个多层级、多指标的体系，各个因素对用户体验评价的影响程度不同，所占的权重不同，如何科学地分配各个指标的权重，综合评价用户的使用体验，成为本研究需要解决的问题。因此，本研究采用层次分析法来确定指标体系的权重分配方案。

层次分析法（Analytic Hierarchy Process，AHP）是由美国运筹学家萨蒂（T. L. Saaty）于20世纪70年代中期提出的，是一种实用的多准则决策方法。其基本原理是由具有递接层次结构的目标、准则及评价方案构造成对比较矩阵，然后把判断矩阵的最大特征根相对应的特征向量的分量作为相应的系数，最后综合出各方案各自的权重，它是一种定性与定量相结合的、系统化及层次化的分析方法[1]。基本思路是决策者首先将复杂问题分解为若干组成要素，并将这些要素按支配关系形成有序的递接层次结构；其次通过两两比较，确定层次中诸要素的相对重要程度；最后综合各层次要素的重要程度，得到诸要素的综合评价值，并据此进行决策[2]。运用层次分析法进行分析时所需要的样本数据较少，思路清晰明了、计算简单、便于操作，易于被人们所接受，且能够将定性与定量方法结合，适用于解决多准则、多目标的复杂问题。

---

[1] 张炳江：《层次分析法及其应用案例》，北京：电子工业出版社2014年版。
[2] 张华歆：《预测与决策：理论及应用》，上海：上海交通大学出版社2014年版。

(2) 层次分析法基本步骤

层次分析法的基本步骤包括以下五个环节①。

①建立递接层次结构模型

在面对实际问题时，首先需明确要达到的目标，并将目标分解为具有上下层级的多个影响因素，并按照各因素间的相互作用关系及隶属关系构建多层级的结构模型，即递接层次结构模型。一般递接层次结构模型包括目标层、准则层和方案层，各个层级之间是隶属关系，同一层级的不同影响因素相互独立，共同作用于上一层级。目标层即该决策所要达到的目标；准则层处于中间层，其要素是对目标层要素的分解，由总目标的多个子目标构成，包含实现目标的所有影响因素；方案层是实现准则层的具体方案、具体措施。通常递接层次结构模型如图4.1所示。

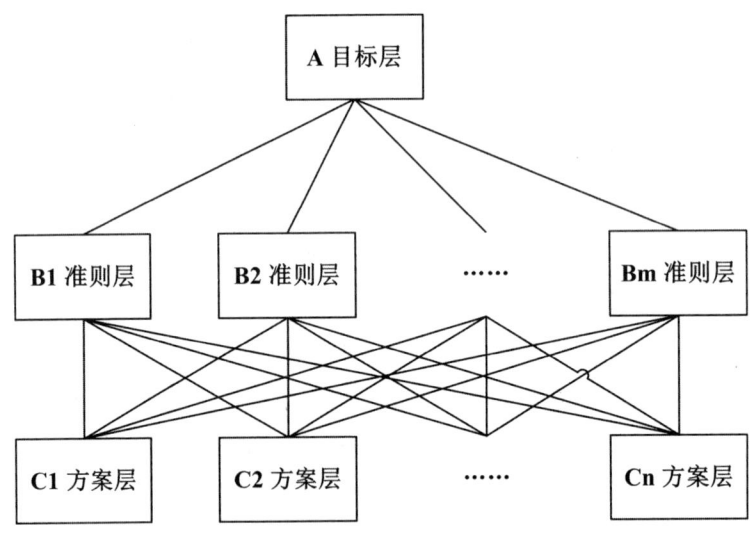

图4.1 递接层次结构模型

---

① 张华歆：《预测与决策：理论及应用》，上海：上海交通大学出版社2014年版。

②构造两两比较判断矩阵

建立了递接层次结构模型后，需要构造判断矩阵，对各层不同要素进行两两比较，引入判断尺度将其量化，通过比较两两因素的相对重要程度对指标进行量化，形成比较判断矩阵。通常采用萨蒂（T. L. Saaty）提出的"1~9"标度方法来对不同指标的相对重要程度进行量化，各标度衡量方法见表4.1；一般情况下构建的判断矩阵模型见表4.2。

表 4.1 萨蒂（T. L. Saaty）标度衡量法

判断尺度	含义
1	表示两个因素具有同等重要性
3	表示两个因素中，一个因素比另一个因素稍微重要
5	表示两个因素中，一个因素比另一个因素明显重要
7	表示两个因素中，一个因素比另一个因素相当重要
9	表示两个因素中，一个因素比另一个因素及其重要
2, 4, 6, 8	表示上述两个相邻判断 1~3、3~5、5~7、7~9 的中值
1, 1/2, ……, 1/9	表示两个因素中，后者比前者的重要程度，为上述值的相反数

表 4.2 两两判断矩阵模型

A	B1	B2	……	Bn
B1	1	U_{12}	……	U_{1n}
B2	U_{21}	1	……	U_{2n}
……	……	……	1	……
Bn	U_{n1}	U_{n2}	……	U_{nn}

注：U_{ij} 表示两因素的相对重要程度，取值范围是 [1~9]。

③计算权向量

在得到判断矩阵后,需计算判断矩阵的特征向量 W 和最大特征值λ_{max},也就是计算同一层次中对应元素对于上一层次某要素的相对重要性排序权值,然后对特征向量进行一致性检验,如果通过检验,则该特征向量为权向量。采用和积法计算判断矩阵的最大特征值及特征向量的简要步骤包括:首先计算某判断矩阵中每列要素的列和;其次将该判断矩阵中的每个要素除以该要素所在列的列和,得到一个新的归一化矩阵;再次计算新矩阵中每行的均值,得到特征向量;最后计算判断矩阵的最大特征值。

④一致性检验

对判断矩阵进行两两重要性比较是用户的主观判断,可能会出现逻辑错误以及前后思维不一致的判断,为了检验判断矩阵是否存在逻辑错误,需要对判断矩阵进行一致性检验,根据是否通过一致性检验对判断矩阵进行修正,直到通过检验。一般通过一致性检验指标 CI 和平均随机一致性指标 RI 的值来衡量判断矩阵是否通过一致性检验,其中 CI 是最大特征值λ_{max}减去判断矩阵阶数 n 后的差与 (n-1) 的比值,RI 的取值见表 4.3。随机一致性比率 CR 为 CI 与 RI 的比值,当 CR<=0.1 时,说明判断矩阵通过了一致性检验,当 CR>0.1 时,说明判断矩阵不一致,需要对其进行修正。

表 4.3　平均随机一致性指标 RI 的取值

矩阵阶数 n	1	2	3	4	5	6	7	8	9	10
RI	0	0	0.52	0.89	1.11	1.25	1.35	1.40	1.45	1.49

⑤计算层次总排序

层次总排序是计算同一层次所有指标对于总目标的相对重要性的权值,然后对总权重进行一致性检验,若 CR 值小于等于 0.1,说明该判断矩阵具有满意的一致性;反之需对其进行修正,直至通过一致性检验。

4.1.3 评价指标体系构建

本研究以重庆大学微信图书馆平台为研究对象建立用户体验评价测评模型，在国内外相关研究的基础上，结合重庆大学微信图书馆实践，遵循指标体系构建原则，从用户感官体验、交互体验、功能体验、情感体验和社会影响等指标出发对用户体验进行综合评价，建立了包含5个一级指标，21个二级指标的高校微信图书馆用户体验评价测评模型（图4.2）以及评价指标体系（表4.4）。

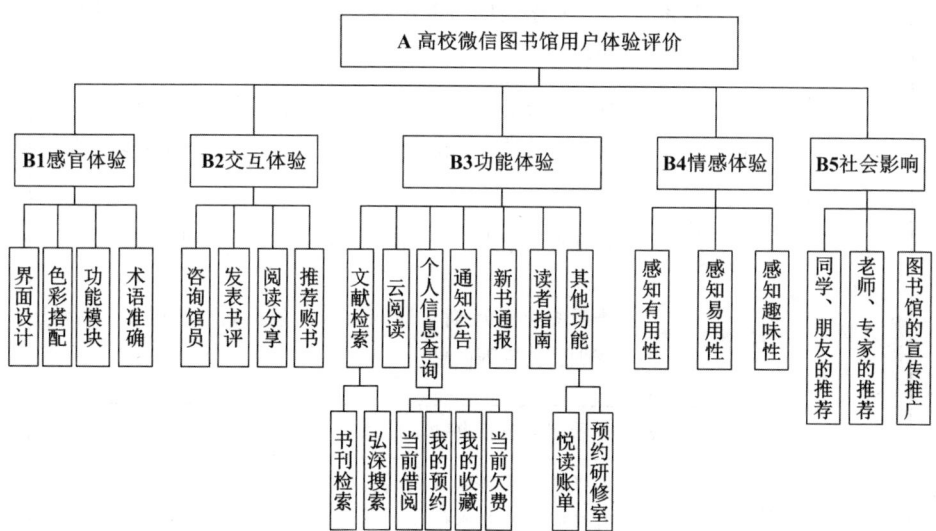

图 4.2 高校微信图书馆用户体验评价指标体系测评模型

表 4.4 高校微信图书馆用户体验评价指标体系

一级指标	二级指标	指标描述
B1 感官体验	C1 界面设计	界面是否美观，图文搭配是否协调且具有辨识度
	C2 色彩搭配	整体色调是否舒适、便于阅读
	C3 功能模块	各个功能模块划分是否合理、突出重点、方便操作、符合用户的使用习惯
	C4 术语准确	导航名称准确、无歧义，不易使用户产生困惑

（续表）

一级指标	二级指标	指标描述
B2 交互体验	C5 咨询馆员	包括利用电话、邮箱、微信后台留言等方式向馆员咨询
	C6 发表书评	用户利用微信平台发表评论，查看他人评论及推荐的书评
	C7 阅读分享	将感兴趣的书籍、期刊等资源与他人分享
	C8 推荐购书	用户可向馆员进行新书举荐，向馆员推荐感兴趣的书籍，便于图书馆采购
B3 功能体验	C9 文献检索	包括检索的资源内容（纸本馆藏、电子期刊）、检索功能、检索速度与稳定性、检索结果展示、文献导出与引用
	C10 云阅读	期刊、报纸、图书等文献资源的阅读，推荐图书、推荐听书、查看阅读排行榜、新书上架、名家专区、经典图书等
	C11 个人信息查询	包括查询个人当前借阅、预约、收藏及欠费情况
	C12 通知公告	查看图书馆近期的通知公告，包括新闻、通知、活动、培训、公告等信息
	C13 新书通报	查看图书馆新书基本信息
	C14 读者指南	包括常见服务联系电话、校友服务、学科馆员联系电话、开馆时间等基本信息
	C15 其他功能	包括根据用户使用数据自动生成个性化悦读账单功能、预约研修室功能
B4 情感体验	C16 感知有用性	用户认为微信图书馆对自身学习、科研等带来价值的程度
	C17 感知易用性	用户在使用微信图书馆时所花费努力的程度
	C18 感知趣味性	用户在使用微信图书馆时感到愉悦体验的程度

(续表)

一级指标	二级指标	指标描述
B5 社会 影响	C19 同学或 朋友的推荐	周围同学或朋友的推荐对用户使用微信图书馆的影响
	C20 老师或 专家的推荐	周围老师或专家的推荐对用户使用微信图书馆的影响
	C21 图书馆 的宣传推广	图书馆的宣传和倡导对用户使用微信图书馆产生的影响

4.1.4 指标描述与说明

微信图书馆用户体验评价指标体系包括感官体验、交互体验、功能体验、情感体验和社会影响 5 个一级指标以及 21 个二级指标[①]。

(1) 感官体验

感官体验下设界面设计、色彩搭配、功能模块、术语准确等 4 个二级指标，用来评价用户的感官体验。其中，界面设计是对微信图书馆界面的美观度进行评价，界面中图片和文字是否协调以及图片是否具有辨识度，方便用户从众多的图文中快速找到想要的信息；色彩搭配是指用户对微信图书馆界面的整体色调是否满意，是否便于用户阅读；功能模块是指微信图书馆平台中各项功能模块的划分是否恰当，是否具有内在的一致性与合理性，是否符合用户的使用习惯；术语准确是指各项功能模块的名称表述是否准确、简单和合理，易于理解，使新用户在使用微信图书馆时也能清楚明白导航栏的含义，从而快速找到资源或服务。

(2) 交互体验

交互体验下设咨询馆员、发表书评、阅读分享以及推荐购书 4 个二级

---

① 魏群义、李艺亭、姚媛：《移动图书馆用户体验评价指标体系研究：以重庆大学微信图书馆平台为例》，载《国家图书馆学刊》，2018 年第 5 期，第 21—31 页。

指标,用来对用户交互体验进行评价。咨询馆员是指用户可以通过电话、邮箱以及微信后台留言的方式向馆员咨询,可以咨询使用中存在的问题,也可以对图书馆的建设提出建议,抑或是对图书馆某种现象或人员进行投诉等;发表书评是指用户可以通过微信平台对借阅的书刊进行评论,也可以查看推荐书评和其他书评,对于感兴趣的书籍可以直接查看该本书的出版社、索书号等信息;阅读分享是指用户可以利用微信平台将感兴趣的书籍与他人分享;推荐购书是指用户通过输入图书题名、责任者、ISBN、出版社、推荐理由等信息向馆员提交推荐购书的列表,使用户可以主动参与到图书馆文献资源的采购中。

(3) 功能体验

功能体验下设文献检索、云阅读、个人信息查询等 7 个二级指标,用来评价用户对微信图书馆功能的使用感知。文献检索功能包括检索馆藏图书、馆藏期刊、数字图书以及数字期刊等资源内容,还包括检索的功能,即检索功能的完备性,是否提供简单检索、高级检索等检索方式,以及是否支持模糊检索、是否有检索限制选项等。另外还包括检索的速度和稳定性、检索结果的查全率与查准率、文献详细信息的展示,以及是否支持文献的导出等功能。云阅读模块中收录了大量的数字资源,包括推荐图书、推荐听书、图书排行榜、新书上架、名家专区以及经典图书等,既可以通过页面顶端的搜索框直接检索需要的图书,也可以免费阅读、收藏和下载图书。个人信息查询包括查询用户当前借阅册书、还可借阅册书、历史借阅情况、可以对已借图书进行续借和转借操作、对他人已借图书进行预约操作、随时收藏感兴趣的图书、查询当前账户的欠费金额、欠费时间以及查看历史缴费记录等功能。微信图书馆会不定期主动推送相关的通知公告,用户也可以在通知公告模块内查看图书馆近期的活动、讲座、通知、培训等信息。新书通报模块内收录的是图书馆近期新书的详细信息,用户可以查看并借阅。读者指南模块包括常见服务的联系电话、校友服务、公众服务、学科馆员联系电话、部门联系电话、开馆时间等一些基本的信息,以便于用户查找。其他服务功能包括悦读账单以及预约研修室功能,悦读账单功能属于个性化的服务功能，图书馆利用数据挖掘技术生成用户过去一年内的使用数据，包括用户第一次到图书馆的时间、到馆次数、借书册书、阅读兴趣、发表书评情况等信息；预约研修室是指用户可以通过微信平台在线申请研修室以及查看申请历史。

（4）情感体验

情感体验下设感知有用性、感知易用性和感知趣味性等3个二级指标，用来对用户情感体验进行评价。感知有用性是指用户认为通过使用微信图书馆对自身学习、科研等带来价值以及用户认为其有用的程度；感知易用性是指用户从了解到熟练使用微信图书馆的过程中所花费努力的程度；感知趣味性是指用户在使用微信图书馆的过程中感到愉悦体验以及整体感知是否满意的程度。

（5）社会影响

社会影响下设同学或朋友的推荐，老师或专家的推荐以及图书馆的宣传推广等3个二级指标，用来对社会影响因素进行评价。同学、朋友、老师、专家以及图书馆的宣传推广都会对用户使用微信图书馆带来影响，这些因素都可以提高微信图书馆的知晓度，扩大微信图书馆的用户群体，影响用户的使用感知。

4.1.5 权重分配与一致性检验

本研究采用层次分析法构建比较判断矩阵，进行指标间的两两比较并依次检验各判断矩阵的一致性，计算最大特征值和特征向量，从而确定各个指标的权重系数。具体过程包括：首先根据层次分析法构建判断矩阵，根据萨蒂（T. L. Saaty）标度衡量法设计不同指标重要性调查问卷；其次，向重庆大学微信图书馆的5名用户发放评价问卷（见附录2），调查对象包括不同年级、不同专业背景的用户，研究人员在对被调查者进行简要的说明后，在一定的时间内现场收集被调查者的评价数据，以保证结果的可靠性与准确性；最后，利用 Yaahp 软件计算各指标权重并进行一致性检验，通过群决策功能，设置计算结果集结，即分别计算各专家判断矩阵，然后将计算得到的排序权重的平均权重作为最终的指标权重分配结果。利用 yaahp 软件计算后得到的指标体系权重分配结果如下（以用户 1 的体验评价判断矩阵为例说明权重确定结果）。

(1) 准则层判断矩阵

见表 4.5。

表 4.5 准则层判断矩阵

用户体验评价	感官体验	交互体验	功能体验	情感体验	社会影响	特征向量
感官体验	1	1/3	1/7	1/5	3/1	0.0656
交互体验	3/1	1	1/5	1/3	3/1	0.1182
功能体验	7/1	5/1	1	3/1	9/1	0.5153
情感体验	5/1	3/1	1/3	1	7/1	0.2638
社会影响	1/3	1/3	1/9	1/7	1	0.0370

注：λ_{max} = 5.2203，CI = 0.055，RI = 1.11，CR = 0.0492<0.1，说明该判断矩阵通过了一致性检验。

(2) 感官体验准则层判断矩阵

见表 4.6。

表 4.6 感官体验准则层判断矩阵

感官体验	色彩搭配	功能模块	术语准确	界面设计	特征向量
色彩搭配	1	3/1	1/5	1/3	0.1175
功能模块	1/3	1	1/7	1/5	0.0553

(续表)

感官体验	色彩搭配	功能模块	术语准确	界面设计	特征向量
术语准确	5/1	7/1	1	3/1	0.5650
界面设计	3/1	5/1	1/3	1	0.2622

注：$\lambda_{max}=4.1170$，$CI=0.039$，$RI=0.89$，$CR=0.0438<0.1$，说明该判断矩阵通过了一致性检验。

（3）交互体验准则层判断矩阵

见表4.7。

表4.7 交互体验准则层判断矩阵

交互体验	发表书评	阅读分享	推荐购书	咨询馆员	特征向量
发表书评	1	1/3	5/1	3/1	0.2622
阅读分享	3/1	1	7/1	5/1	0.5650
推荐购书	1/5	1/7	1	1/3	0.0553
咨询馆员	1/3	1/5	3/1	1	0.1775

注：$\lambda_{max}=4.1170$，$CI=0.039$，$RI=0.89$，$CR=0.0438<0.1$，说明该判断矩阵通过了一致性检验。

（4）功能体验准则层判断矩阵

见表4.8。

表4.8 功能体验准则层判断矩阵

功能体验	文献检索	云阅读	个人信息查询	通知公告	新书通报	其他功能	读者指南	特征向量
文献检索	1	3/1	1/5	1/3	5/1	9/1	3/1	0.1414
云阅读	1/3	1	1/5	1/3	3/1	7/1	1/1	0.0791

（续表）

功能体验	文献检索	云阅读	个人信息查询	通知公告	新书通报	其他功能	读者指南	特征向量
个人信息查询	5/1	5/1	1	3/1	9/1	9/1	7/1	0.4188
通知公告	3/1	3/1	1/3	1	9/1	9/1	7/1	0.2543
新书通报	1/5	1/3	1/9	1/9	1	1/1	1/3	0.0265
其他功能	1/9	1/7	1/9	1/9	1/1	1	1/3	0.0228
读者指南	1/3	1/1	1/7	1/7	3/1	3/1	1	0.0572

注：$\lambda_{max} = 7.4692$，$CI = 0.078$，$RI = 1.35$，$CR = 0.0575 < 0.1$，说明该判断矩阵通过了一致性检验。

（5）情感体验准则层判断矩阵

见表4.9。

表4.9 情感体验准则层判断矩阵

情感体验	感知有用性	感知易用性	感知趣味性	特征向量
感知有用性	1	3/1	5/1	0.6370
感知易用性	1/3	1	3/1	0.2583
感知趣味性	1/5	1/3	1	0.1047

注：$\lambda_{max} = 3.0385$，$CI = 0.019$，$RI = 0.52$，$CR = 0.0370 < 0.1$，说明该判断矩阵通过了一致性检验。

（6）社会影响准则层判断矩阵

见表4.10。

表 4.10　社会影响准则层判断矩阵

社会影响	同学、朋友推荐	老师、专家推荐	图书馆宣传推广	特征向量
同学、朋友推荐	1	1/3	1/5	0.1047
老师、专家推荐	3/1	1	1/3	0.2583
图书馆宣传推广	5/1	3/1	1	0.6370

注：$\lambda_{max}=3.0385$，$CI=0.019$，$RI=0.52$，$CR=0.0370<0.1$，说明该判断矩阵通过了一致性检验。

同样的方法，依次计算出其余 4 名用户的判断矩阵权重分配方案，然后对所有用户的结果进行算数平均，最终得到微信图书馆用户体验层次总排序的权重分配表，见表 4.11。其中，百分比代表各指标相对于总目标的权重占比，权重百分比如图 4.3 所示，可以看出，关于微信图书馆用户体验评价，在一级指标的比较中，功能体验的权重占比最大，达到 45.2%；其二是情感体验，占比 19.5%；其三是感官体验，占比 13.2%；其四是社会影响，占比 12.8%；影响程度最小的是交互体验，仅占 9.2%，说明用户在使用微信图书馆的过程中更为看重平台系统的功能，提高功能的丰富性、时效性、个性化等都能较大程度的改善用户体验。另外，在二级指标的比较中，功能体验中文献检索的权重占比最大，达到 12.8%，其余指标中云阅读、感知有用性、个人信息查询、通知公告等占比也较大，说明用户在使用微信图书馆时主要是为了满足文献检索、图书阅读以及查询个人借阅、预约、收藏及欠费情况等基本信息的功能，图书馆在建设微信图书馆时应重点关注对用户影响较大的功能。

表 4.11　层次总排序的权重分配表

评价指标	感官体验 0.1323	交互体验 0.0924	功能体验 0.4523	情感体验 0.1953	社会影响 0.1277	合成权重	百分比（%）
色彩搭配	0.0801					0.0106	1.1

（续表）

评价指标	感官体验 0.1323	交互体验 0.0924	功能体验 0.4523	情感体验 0.1953	社会影响 0.1277	合成权重	百分比（%）
功能模块	0.3416					0.0452	4.5
术语准确	0.2237					0.0296	3.0
界面设计	0.3545					0.0469	4.7
发表书评		0.1212				0.0112	1.1
阅读分享		0.5649				0.0522	5.2
推荐购书		0.1634				0.0151	1.5
咨询馆员		0.1504				0.0139	1.4
文献检索			0.2837			0.1283	12.8
云阅读			0.2662			0.1204	12
个人信息查询			0.1477			0.0668	6.7
通知公告			0.1249			0.0565	5.7
新书通报			0.1070			0.0484	4.8
其他功能			0.0310			0.0140	1.4
读者指南			0.0396			0.0179	1.8
感知有用性				0.5612		0.1096	11
感知易用性				0.1664		0.0325	3.3
感知趣味性				0.2724		0.0532	5.3
同学、朋友推荐					0.2420	0.0309	3.1
老师、专家推荐					0.4096	0.0523	5.2

（续表）

评价指标	感官体验 0.1323	交互体验 0.0924	功能体验 0.4523	情感体验 0.1953	社会影响 0.1277	合成权重	百分比（%）
图书馆宣传推广					0.3485	0.0445	4.5

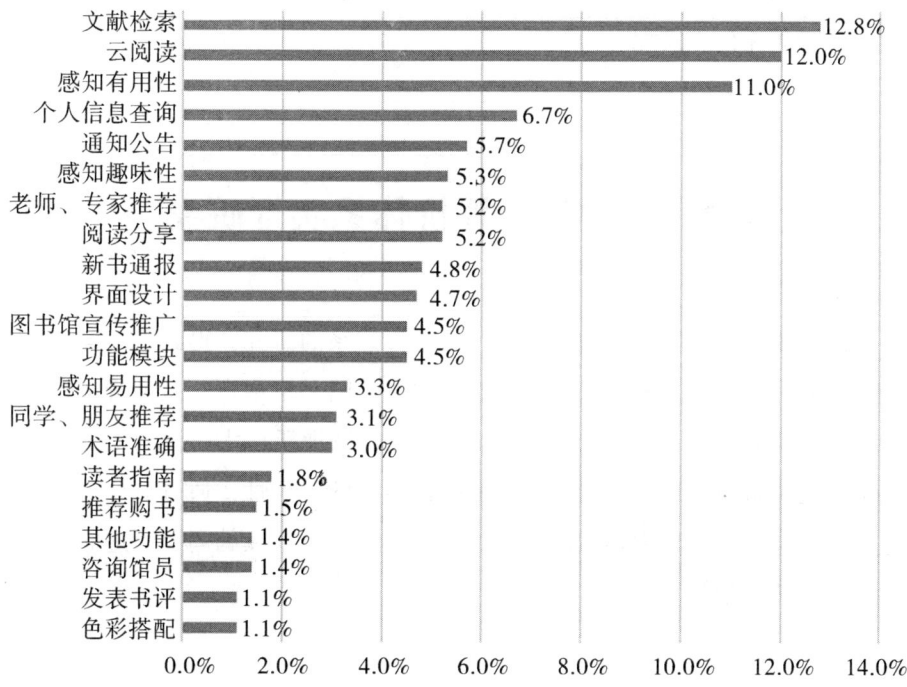

图 4.3　评价指标总体权重占比

在微信图书馆用户体验评价结构性模型的基础上，构建了用户体验评价指标体系，该指标体系由感官体验、交互体验、功能体验、情感体验、社会影响 5 个一级指标以及 21 个二级指标组成，通过构建判断矩阵，确定指标的权重分配方案，然后利用层次分析法中的专家群决策，确定综合指标权重并进行一致性检验，最后得到赋含权重的微信图书馆用户体验评价指标体系。由指标体系的权重分配结果可以得出如下结论：

① 在感官体验、交互体验、功能体验、情感体验和社会影响的两两比较中，功能体验所占的权重最大，占到总权重的 45.2%。这表明用户

在使用微信图书馆时更为看重系统功能，感官、交互等因素对于用户的影响不大。

② 功能体验中的文献检索、云阅读、个人信息查询、通知公告等功能所占权重较大；情感体验中的感知有用性占比较大，达到11%；社会影响中老师、专家的推荐对用户产生的影响较大；交互体验中用户更为看重微信图书馆的阅读分享功能；感官体验中的界面设计与功能模块的占比较大，较少关注色彩搭配。

4.2 用户体验评价体系实证研究

通过前面微信图书馆用户体验评价指标体系的研究，得到了不同指标间的权重分配方案。接下来，根据建立的微信图书馆用户体验评价指标体系，采用问卷与访谈相结合的实证研究方法，选取重庆大学微信图书馆作为研究对象进行实证评价研究，验证指标体系的可行性，通过对评价结果进行分析，总结重庆大学微信图书馆建设现状以及存在的问题，进而提出针对性的改进建议。

4.2.1 研究过程

(1) 研究方法

研究采用小样本调查与访谈相结合的方式进行微信图书馆用户体验评价的实证研究。以重庆大学微信图书馆为调查对象，选择30名微信图书馆用户参与调查，考虑到不同学科背景和教育水平的用户在微信图书馆使用行为方面存在的差异，因此参与本研究的被调查者涵盖社会科学、自然科学、工程与技术学科等不同的专业背景，包括教师、本科生以及研究生等不同的教育水平。确定了调查对象以及调查参与主体后，利用问卷调查和访谈获得用户对于微信图书馆的体验评价，了解重庆大学微信图书馆的建设现状。

①设计评价问卷。此问卷主要是调查用户对重庆大学微信图书馆的使用体验情况，分别从感官体验、交互体验、功能体验、情感体验及社会影响5个一级指标下设的21个二级指标来设置问卷测量题项，利用李克特5级量表的形式，收集样本数据，用户根据自己的使用体验从"很不满意""不满意""一般""满意""很满意"5个选项中做出唯一选择，分别对应分值1、2、3、4、5。设计的用户体验评价调查问卷见附录3。

②评价实施过程。本次调查按照以下几个步骤进行：

第一，评价对象的选取。选择重庆大学微信图书馆公众号作为本次评价的对象，重庆大学图书馆包含三个功能模块：资源信息、智慧图书馆、信息快递，用户通过个人账号登录微信图书馆，享受图书馆提供的资源和服务。资源信息功能包括弘深搜索、书刊检索、云阅读、书评中心和悦读账单；智慧图书馆包括当前借阅、我的预约、我的收藏、当前欠费以及预约研修室，以满足用户随时随地查询个人基本信息的需求；信息快递包括通知公告、新书通报、咨询馆员、推荐购书和读者指南，方便用户及时了解图书馆方面的最新消息。

第二，招募评价参与主体。为保证样本数据的准确性和可靠性，避免大范围问卷调查带来的随意性，影响最终的研究结果，因此本研究选择小样本调查与访谈相结合的方式收集样本数据，最终选取了不同学科背景、不同教育水平的30名用户参与调查。

第三，评价前培训说明。在进行用户评价前，研究人员分别向被调查者介绍评价的目的、各指标的具体含义、微信图书馆具体功能模块的操作等，确保用户能够理解和掌握用户体验评价指标体系的具体含义。

第四，评价数据的收集。特定的时间、特点的地点将被调查者集中起来统一参与评价调查，填写评价问卷，被调查者在填写中遇到的问题可直接与研究人员沟通，通过交谈获得被调查者对微信图书馆的使用感知及建议，将问卷数据及建议收集起来，用于之后的研究分析。调研时间：2018年3月5日—9日。

(2) 数据分析

本研究对重庆大学微信图书馆用户体验情况进行统计分析，共获得30份有效问卷，对问卷数据进行信度与效度检验，得到所有变量总的 Cronbach's Alpha 系数为 0.898，达到判别标准 0.7，然后分别计算感官体验、交互体验、功能体验、情感体验和社会影响五个变量组的 Cronbach's Alpha 系数，得到的检验结果见表 4.12。

表 4.12 各变量组的 Cronbach's Alpha 系数

感官体验	交互体验	功能体验	情感体验	社会影响
0.810	0.765	0.813	0.698	0.812

可以看出，除了情感体验的 Cronbach's Alpha 系数没有达到评判标准 0.7 外，其余各变量组数据都通过了信度检验，相较于其余变量组来说，情感体验的内部一致性还需进一步提高。经过用户访谈发现，部分用户对于情感体验的理解出现偏差，关于情感体验各指标的评价数据需要重新收集。因此，研究人员再一次对情感体验的内容及含义进行了说明，然后收集用户评价数据，最终得到情感体验的 Cronbach's Alpha 系数为 0.746，指标的内部一致性得到提高，说明该评价指标体系的信度检验结果可以接受。

在对信度进行检验后，采用因子分析检验问卷的结构效度，利用主成分分析法抽取特征值大于 1 的因子变量数目为 5，累计方差贡献率为 77.775%，可以反映原始数据的大部分信息，表明该评价指标体系的结构效度检验结果可以接受。

4.2.2 评价结果分析

基于前面构建的微信图书馆用户体验评价指标体系，根据各指标的权重分配，结合问卷调查结果，计算得到重庆大学微信图书馆用户体验评价的综合评价结果见表 4.13。评价表采用的李克特 5 级量表，评价总分为 5

分，加权计算后得到用户体验评价的分值为 3.3925，为了更加直观地看到用户体验评价情况，将其转化为百分比的形式，得到综合评价的百分比为 67.86%。总体来说，用户对于重庆大学微信图书馆公众平台的使用体验评价较为满意。

表 4.13 重庆大学微信图书馆用户体验评价综合评分表

评价指标	合成权重	用户评分均值	加权后得分
界面设计	0.0469	3.23	0.1515
色彩搭配	0.0106	3.33	0.0353
功能模块	0.0452	3.43	0.1550
术语准确	0.0296	3.80	0.1125
咨询馆员	0.0139	3.53	0.0491
发表书评	0.0112	2.83	0.0317
阅读分享	0.0522	2.43	0.1268
推荐购书	0.0151	3.43	0.0518
文献检索	0.1283	3.73	0.4786
云阅读	0.1204	3.37	0.4057
个人信息查询	0.0668	4.17	0.2786
通知公告	0.0565	4.10	0.2317
新书通报	0.0484	2.33	0.1128
读者指南	0.0179	3.17	0.0567
其他功能	0.0140	3.37	0.0472
感知有用性	0.1096	3.57	0.3913
感知易用性	0.0325	3.93	0.1277
感知趣味性	0.0532	3.13	0.1665

(续表)

评价指标	合成权重	用户评分均值	加权后得分
同学或朋友的推荐	0.0309	2.50	0.0773
老师或专家的推荐	0.0523	3.17	0.1658
图书馆宣传推广	0.0445	3.13	0.1393
合计（百分比）		3.319	3.3929（67.86%）

根据表4.13可以看出，个人信息查询的用户评分最高，达到4.17，用户对重庆大学微信图书馆的查询功能普遍比较满意，包括查询当前借阅、预约情况、当前欠费、收藏情况等，可见图书馆在这一方面做得比较好，但是由于新书通报、读者指南等功能用户体验效果较差，使功能体验的整体评分低于情感体验。由表4.14用户体验一级指标平均得分可以看出，情感体验的得分最高，达到3.54，表示用户对于微信图书馆的感知有用性、感知易用性和感知趣味性普遍较为满意；其次是功能体验3.46分，感官体验3.45分，高于整体平均分3.319，说明用户对于微信图书馆的感官和功能也较为满意，但是还有待提高；得分最低的是社会影响，说明用户使用微信图书馆受同学、老师以及图书馆的宣传推广的影响程度最小；另外交互体验的评分也较低，只有3.06分，说明图书馆在交互方面还需加强。下面分别从各个二级指标的统计数据来详细分析用户体验评价情况。

表 4.14 用户体验评价一级指标平均得分

一级指标	用户评分均值
感官体验	3.45
交互体验	3.06
功能体验	3.46
情感体验	3.54
社会影响	2.93

(1) 感官体验评价结果

感官体验包括界面设计、色彩搭配、功能模块、术语准确 4 个二级指标，在感官体验方面，术语准确、功能模块的评分较高。术语准确是指微信图书馆的各个模块的名称不易使用户产生歧义，用户对于微信图书馆的术语表达较为满意。微信图书馆由资源信息、智慧图书馆、信息快递三个模块组成，通过资源信息模块用户可以准确找到所需的资源，进行书刊检索、发表书评、查看悦读账单。但是笔者在与用户交谈的时候发现，一些用户不能直接从名称看出资源信息中弘深搜索与书刊检索的区别，从而影响了术语准确指标的平均分值。功能模块是指微信图书馆各个功能模块划分的合理性，是否方便用户操作，可以看出用户对功能模块普遍较为满意。界面设计和色彩搭配评分较低，说明用户对界面设计和色彩搭配不是很满意，但是这两个指标所占的权重也较低，说明用户在利用微信图书馆时受界面设计和色彩搭配的影响程度很小，界面设计与色彩搭配对用户体验评价影响不大。

(2) 交互体验评价结果

交互体验包括咨询馆员、发表书评、阅读分享、推荐购书 4 个二级指标，在交互体验方面，咨询馆员、推荐购书的评分大于平均分 3.319，评分较高。咨询馆员评价的是用户能否通过微信平台向馆员咨询、提出建议以及馆员是否能够及时回复。调研中发现，部分用户反馈平均半个工作日会得到馆员回复，因此用户对咨询馆员这一指标较为满意。推荐购书功能也是用户比较喜欢且较为满意的功能，除了手动输入图书信息外，还可以扫一扫图书条码，非常方便和高效，该功能对于图书馆的文献资源建设具有重要的意义。发表书评和阅读分享指标的评分较低，通过对微信图书馆各项指标进行测试发现，用户在微信图书馆界面不易找到发表书评和阅读分享的入口，用户体验效果不佳，因此这两个指标的平均分数较低。

(3) 功能体验评价结果

功能体验包括文献检索、云阅读、个人信息查询、通知公告、新书通报、读者指南及其他功能等 7 个二级指标。由表 4.13 可以看出，个人信息查询的平均分值最高，达到 4.17 分。个人信息查询包括查询当前借阅、我的预约、我的收藏、当前欠费等信息，用户只须绑定并登录个人账号，系统会自动向用户推送借阅信息以及图书的到期提醒，方便用户在手机上查询图书借阅情况，避免错过归还日期。除了个人信息查询功能用户较为满意外，用户对通知公告、文献检索等功能也基本满意。调研发现，微信图书馆平均每月推送 4 条推文，能够及时推送近期的相关活动、培训、讲座、通知等信息，具有一定的时效性，另外在文献检索功能模块内，用户可以检索馆藏书籍、馆藏期刊、电子图书、电子期刊等不同类型的文献，以满足用户查找资源的需求。云阅读与其他功能的评分基本维持在平均水平。用户通过云阅读可以查找并阅读网络上的文献资源，但是文献数量有限，存在找不到所需资源的情况，因此用户体验效果一般；其他功能包括悦读账单与预约研修室，用户对于悦读账单功能较为满意，认为其非常具有个性化，很受读者的喜欢，但是预约研修室程序较为烦琐，需线上与线下同时申请，从而影响了用户的使用体验评分。除此之外，读者指南与新书通报的评分低于平均分值。读者指南主要涉及图书馆各部门的联系电话，缺少对于常见问题的解决对策以及基本的服务功能说明，用户对此不是很满意；另外在测试期间，在新书通报模块中有时会出现查不到数据的情况，但是在重要性的比较中新书通报所占的比重为 4.8%，排名较为靠前，表明图书馆在这方面的服务水平还有待提高，从而为用户提供满意的使用体验。

(4) 情感体验评价结果

情感体验包括感知有用性、感知易用性和感知趣味性等 3 个二级指标。在情感体验方面，感知易用性的得分较高，用户普遍认为微信图书馆易于使用，可以方便、快捷地获取资源和服务。其次，感知有用性在情感体验中所占的权重最大，得分也较高，说明用户比较看重微信图书馆的有用性特点,如果微信图书馆能够为用户在学习和科研上带来帮助,则会提高用户对于微信图书馆的使用体验评价。最后,评分相对较低的是感知趣味性指标,感知趣味性反映用户在使用微信图书馆时的主观感受,任何一个服务功能的使用体验都可以影响用户的感知趣味性,因此,提高服务水平,改善系统质量,提供对用户具有吸引力的服务等,都有助于提升用户的感知趣味性。

(5)社会影响评价结果

社会影响包括同学或朋友的推荐,老师或专家的推荐以及图书馆的宣传推广等3个二级指标。在社会影响方面,老师或专家的推荐对于用户的使用体验影响程度较大,其次是图书馆的宣传推广,最后是同学或朋友的推荐。另外,在权重分配中,老师或专家的推荐对于用户使用体验的影响程度也较大,然后是图书馆的宣传推广和同学或朋友的推荐。可见,图书馆应不断扩大微信图书馆在全校师生中的影响力,通过多种渠道吸引更多的师生使用微信图书馆并带来满意的用户体验,从而对身边朋友的用户体验评价产生积极影响。

4.2.3 存在的问题

以重庆大学微信图书馆为评价对象,验证构建的评价指标体系的合理性,通过对调研数据进行分析,发现目前重庆大学微信图书馆建设存在的问题主要集中于以下几点。

(1)免费阅读的数字资源匮乏

数字资源建设是图书馆移动服务建设的基础,丰富的数字资源可以更好地满足用户的文献需求,为用户带来满意的用户体验。调研发现,目前重庆大学微信图书馆数字资源匮乏主要集中于文献数量较少和文献类型较为单一两个方面。用户通过微信图书馆"云阅读"模块可进行图书阅读、收藏和下载,可供免费阅读的文献资源对于用户来说具有较强的吸引力,但是不少用户反馈"云阅读"模块中书籍数量太少，经常找不到所需的书籍且更新缓慢；另外文献类型较为单一，主要针对图书类资源，而没有涉及音视频、期刊、杂志等文献资源。丰富的资源容量和多样化的文献类型可以最大限度地满足读者的使用需求，增强他们的使用意愿，有助于推动图书馆文献资源建设，提升用户体验评价。

（2）系统响应较差，技术支撑不足

微信图书馆作为一个系统平台，用户可以通过与系统平台之间的交互获得所需的资源和服务，稳定可靠的平台可以帮助用户快速找到所需信息，提高用户的情感体验。调研发现，部分用户在访问微信图书馆时会出现如找不到服务器、系统响应较慢、无法绑定个人账号、部分功能无法使用等问题，但笔者在测试时发现系统响应正常、所有功能都可以使用，这说明微信图书馆的运行不够顺畅，缺乏稳定的技术支撑。另外，一些用户反馈微信平台的响应不够及时，通过"咨询馆员"模块向馆员咨询或建议时得到的反馈比较迟缓，可见图书馆对咨询交互的功能开发利用不足，没有充分利用微信实时性、交互性的优势，从而影响了用户对于微信图书馆使用体验的评价。

（3）不同读者群之间的交互较差

微信作为一个社交软件，在加强用户沟通、促进交流，进行信息分享方面发挥着独有的优势，通过用户间的交互，可以扩大微信图书馆的社交影响力，提高用户的使用黏性。图书馆借助微信公众平台推出了如发表书评、阅读分享等交互功能，受到了用户的喜爱，但是用户的评分较低，说明用户对这两项功能的体验效果不是很满意。通过与被调查者之间的交流，笔者发现用户通过"资源信息"模块中的"书评中心"功能仅可以查询馆员推荐的书评、大家的书评以及我的书评，而无法发表书评，只有在"书刊检索"或"我的借阅"中先查询到图书信息，才可以在该页面输入书评内容，通常这一功能有很多用户都不了解，因此影响了用户的体验评价。

（4）个性化服务功能较少，创新性不足

目前，微信图书馆提供的服务功能主要集中在图书馆的基础服务，例如文献检索、云阅读、个人信息查询以及查看通知公告、活动讲座等信息，可以满足用户基本的信息需求，但是服务功能不够新颖，缺乏个性化，对用户的吸引力不足，难以形成稳定、持续的使用群体。这些基本的服务功能，只是将电脑端的功能简单转移到手机端，一定程度上为用户带来了便利却没有形成微信图书馆独有的竞争优势，一旦用户对这些功能失去了兴趣则会流失已有的用户群体。"悦读账单"功能的推出则是一个很好的实践体验，用户通过点击悦读账单，可以自动生成过去一年内的进馆次数、借阅数据、借书类别等个性化信息，受到了读者的喜爱。增加更多个性化的服务功能，有助于用户产生愉悦的使用感知，提高用户的使用体验。

（5）宣传推广不足

图书馆拥有的资源和服务需要通过宣传推广使更多的读者知晓并学会利用，否则图书馆的工作只能事倍功半。调研发现，很多师生不知道图书馆推出了微信图书馆公众平台，不清楚通过微信图书馆是否可以得到想要的资源或服务，不了解微信图书馆的服务功能，不知道如何利用微信图书馆进行学习或科研。这些问题都说明图书馆的宣传推广工作做得不够，导致图书馆资源的利用率不高，图书馆提供的服务没有惠及全校师生，提高微信图书馆的用户知晓度对推广图书馆资源和服务具有重要的意义。

4.2.4 结果讨论

本章主要根据建立的微信图书馆用户体验评价指标体系，以重庆大学微信图书馆为评价对象进行实证研究，通过问卷调查和访谈收集样本数据，得到用户对微信图书馆使用体验的评分表，然后对数据进行信度与信度检验，最后对结果进行分析得出如下结论。

第一，微信图书馆用户体验评价加权后综合评分为 3.39，转化为百分制是 68 分，说明用户对微信图书馆的使用体验满意程度一般。5 个一级指标的评分按照高低依次是情感体验、功能体验、感官体验、交互体验、社会影响，可见用户对于微信图书馆的感知有用性、易用性以及服务功能等较为满意。

第二，在 21 个二级指标中，个人信息查询的用户评分最高为 4.17，其次是通知公告功能 4.10，再次是感知易用性 3.93，术语准确、文献检索、感知有用性、咨询馆员、功能模块以及推荐购书功能的评分都高于平均分，说明这些功能用户都较为满意。其他功能、云阅读、色彩搭配和界面设计的评分处于平均水平，用户体验一般，说明图书馆在这些方面还有待提高。读者指南、老师或专家的推荐、感知趣味性、图书馆的宣传推广、发表书评、同学或朋友的推荐、阅读分享以及新书通报等功能的评分低于平均分，说明图书馆在这些方面还存在不足，需重点关注，提升用户体验。

第三，通过对微信图书馆用户体验评价实证研究，发现目前微信图书馆的建设存在诸如资源匮乏、系统响应较差、用户交互较差、服务功能创新性不足以及宣传推广不足等问题，图书馆应尝试多角度、多方面的提出改进措施，丰富文献资源、加强系统建设、扩展服务功能、扩大社会影响力等，进而提升用户的使用体验。

第 5 章　移动图书馆流失用户画像模型构建

根据第 4 章的研究结果，当前移动用户对移动图书馆的服务满意度有待进一步提升。在访谈中，不少用户表示日后继续使用移动图书馆的意愿不高，说明当前移动图书馆服务存在潜在的用户流失风险。为了进一步优化和提升用户体验，降低流失用户数量，是图书馆改进移动图书馆服务的重要工作。厘清用户流失原因、心理变化和行为之间的因果关系和形成机制，构建移动图书馆流失用户画像，能够为进一步分析不同类型流失用户群的流失特征和使用特征奠定基础。

5.1　用户画像与用户流失

5.1.1　用户画像

用户画像是由交互设计之父阿兰·库珀（Alan Cooper）最先提出的概念，他将用户画像①定义为建立在用户数据上的真实用户的虚拟代表。用

---

① 阿兰·库珀：《交互设计之路》，丁磊译，北京：电子工业出版社 2006 年版，第 9—10 页。

户画像的构成要素众说纷纭。有的学者认为用户画像主要包括基本性、真实性、移情性、目标性、独特性、应用性和数量七个要素，并取这七个要素的首字母组成 Persona 这一单词即"用户画像"。有的学者将用户画像的构成要素分为用户的基本素养、学历层次、社会关系、工作状况、位置情况、时间信息等。鉴于应用领域的不同，用户画像的要素也存在一定的差异。随着大数据的发展，用户画像应用领域不断扩大，主要涉及计算机、图书情报、金融、电商、新媒体等领域。

关于图书馆用户画像，不同的学者给出不同的定义。王庆等[①]提出，图书馆用户画像定义为基于真实积累的用户信息行为结合具体的服务场景产生一系列标签，这些标签共同构成了对于一个用户的真实描述。徐立宁[②]认为，图书馆用户画像是通过分析用户的基本属性、消费属性、阅读属性和生活属性等，对用户产生的海量行为数据的挖掘和解析，抽象出与该用户的需求和偏好相关的标签。

国内外图书馆用户画像研究主要包括三个方面，即图书馆用户画像模型构建方法研究、图书馆用户画像构建算法改进、图书馆用户画像的实践应用。在构建方法方面，研究者主要根据图书馆类型与不同目标探索如何从用户数据中构建用户画像。陈添源[③]提出基于移动图书馆特定情境下构建其用户画像标签体系，借鉴 VALS2 用户细分的态度量表，从使用心理偏好入手重构标签描述体系，探究并呈现高校移动图书馆用户群体的差异化行为特征。陈俭峰[④]从智慧图书馆视角构建精准用户画像并建立数字化模型。徐海玲等[⑤]为了揭示不同群体用户的行为需求，基于概念格构建了高

---

① 王庆、赵发珍：《基于"用户画像"的图书馆资源推荐模式设计与分析》，载《现代情报》，2018 年第 3 期，第 105—109、137 页。

② 徐立宁：《基于动态精准画像的图书馆个性化推荐服务研究》，载《图书馆学刊》，2018 年第 10 期，第 112—116 页。

③ 陈添源：《高校移动图书馆用户画像构建实证》，载《图书情报工作》，2018 年第 7 期，第 38—46 页。

④ 陈俭峰：《智慧图书馆中精准用户模型的构建研究》，载《图书馆学研究》，2018 年第 8 期，第 12—18 页。

⑤ 徐海玲、张海涛、张枭慧等：《基于概念格的高校图书馆群体用户兴趣画像研究》，载《情报科学》，2019 年第 9 期，第 153—158、176 页。

校图书馆群体用户兴趣画像模型等。图书馆用户画像构建算法主要包括基于统计的方法①、基于机器学习的方法②和基于深度学习③的方法，这些算法的研究从已有的用户数据出发，不断探索如何利用算法更加精确挖掘出用户特征和提炼用户标签。在实践应用方面，研究者主要将用户画像应用于图书馆的服务设计④、推荐系统⑤、营销⑥、阅读推广⑦、信息过滤⑧五个方面，旨在通过构建出的个体用户画像或群体用户画像特征，开

---

① 胡媛、毛宁：《基于用户画像的数字图书馆知识社区用户模型构建》，载《图书馆理论与实践》，2017年第4期，第82—85、97页；尹相权、李书宁、弓建华：《基于系统日志的高校图书馆研究间用户利用行为分析》，载《现代情报》，2018年第1期，第115—120页。

② Zeng L, Zhang Y, Qiu R G, "Adaptive user profiling in enhancing RSS-based information services", in IEEE International Conference on Service Operations and Logistics, and Informatics, IEEE, 2007, pp.1-5. 万家山、陈蕾、吴锦华等：《基于KD-Tree聚类的社交用户画像建模》，载《计算机科学》，2019年第S1期，第442—445、467页；杨长春、徐筱、宦娟等：《基于随机森林的学生画像特征选择方法》，载《计算机工程与设计》，2019年第10期，第2827—2834页。

③ 周晓华：《基于深度学习BCCM模型的网上用户画像识别分析》，载《计算机与数字工程》，2019年第9期，第2176—2179、2226页；张亚楠、黄晶丽、王刚：《考虑全局和局部信息的科研人员科研行为立体精准画像构建方法》，载《情报学报》，2019年第10期，第1012—1021页。

④ Zaugg H, Rackham S, "Identification and development of patron personas for an academic library", No.2, 2016, pp.124-133; 孙守强：《基于用户画像的智慧图书馆个性化服务研究》，载《图书馆工作与研究》，2019年第7期，第60—65页。

⑤ 何娟：《基于用户个人及群体画像相结合的图书个性化推荐应用研究》，载《情报理论与实践》，2019年第1期，第129—133、160页；贾伟、刘旭艳、徐彤阳：《融合用户智能标签与社会化标签的推荐服务》，载《情报科学》，2019年第10期，第120—125页。

⑥ 陈杨、罗晓光：《少儿图书用户画像模型构建及精准营销分析：以分众传播理论为视角》，载《中国出版》，2019年第11期，第50—53页。

⑦ 刘漫：《基于用户画像的高校图书馆阅读推广模式构建》，载《图书馆理论与实践》，2019年第7期，第21—22页。

⑧ Semeraro G, Basile P, Gemmis M D, etc, "User profiles for personalizing digital libraries", in Handbook of Research on Digital Libraries: Design, Development and Impact, 2009, pp.149-158.

发和完善图书馆功能与服务，以提高图书馆用户体验。

由于用户画像的表现形式和侧重点的区别，用户画像建模方法多种多样，目前比较流行和热门的构建方法包括面向用户行为的用户画像模型、基于本体的用户画像模型、融合用户兴趣的画像模型等。构建用户画像过程的本质[①]是用短文本或标签描述虚拟用户组，主要通过把不同用户特征抽象为短语标签来实现用户画像的构建，某个群体画像中的用户具有相似的目标、需求或者行为。

目前用户画像构建过程可以分为两个大类[②]：第一类是产品设计和运营人员依据用户需求，从用户群体中抽象出比较典型的用户；第二类是根据单个用户在使用产品或者服务中产生的行为、评价等数据，生成用户描述标签集合。两类用户画像有本质上的区别，前者得到的画像可以被作为是描述用户需求的工具，主要是为了协助不同设计人员在产品或服务设计的过程中考虑用户需求，并站在用户角度思考问题；后者得到的主要是一个标签化的用户模型，主要用于刻画用户行为意图。在方法上，前者更注重定性分析，后者更注重定量分析。

总而言之，用户画像已成为学术界用户研究的热点，可以为众多服务功能提供技术支撑，例如个性化推荐、广告系统等。在图书馆领域，图书馆利用聚类分析、关联规则分析等数据挖掘或深度学习的方法，融合用户基本信息、行为偏好等数据并将它们抽象化，从而绘制读者用户画像。在当前的研究中用户画像可以精准地描述图书馆用户群体行为特征，进一步为图书馆个性化内容推荐、精准营销、用户满意度管理等提供技术支撑。

[①] 高广尚：《用户画像构建方法研究综述》，载《数据分析与知识发现》，2019年第3期，第25—35页。

[②] 高广尚：《用户画像构建方法研究综述》，载《数据分析与知识发现》，2019年第3期，第25—35页。

5.1.2 用户流失

移动互联网的出现和发展直接对用户使用某一产品或服务产生了重大影响,导致了许多服务主体——用户资源的大量流失。互联网信息时代"弱肉强食"是时代发展的必然规律,新事物的发展必将导致旧事物的更新换代或者消亡,互联网和移动终端技术的发展,使用户对产品或服务的便利性和移动性有了新的要求。移动终端的完善以及智能手机的大范围普及,让更多用户拥有了智能手机,同时也进一步推动了移动互联网的发展,导致越来越多的用户更加偏好使用智能手机使用网络资源和服务。移动互联网的飞速发展和信息技术的升级换代,促使更多类型的移动设备出现,进一步吸引了大批的新用户,同时也吸引了大批传统 PC 端用户,使移动设备用户剧增。与此同时,移动互联网能够不受时间和空间的限制将更多用户连接起来,使用户更加紧密地联系在一起,一个用户的评价都会产生"蝴蝶效应",对多个或者一个群体的用户产生影响,一个用户的差评都能在一定程度上导致用户流失。互联网时代,同类产品或者服务数量呈急速上涨的趋势,产品或服务提供者之间的竞争愈加激烈,这致使用户的选择越来越多,用户一旦出现消极情绪,可能立马转向其他同类产品,更加剧了用户流失的数量和速率。

营销领域首次提出用户流失的概念,明确定义用户流失[①]是各个网络服务商之间不断激烈竞争导致的后果,并将用户流失分为用户停止使用或放弃产品、停用当前产品并转用其他相同类型产品两种类型。不同学者对用户流失现象的阈值界定有所不同,学界主流观点包括停止使用产品三个月及其以上、指用户受到特定刺激后采取减少使用频率或直接放弃使用产品的行为。此后,用户流失被引入电信、银行、计算机、电子商务、移动社交、图书馆等领域,主要涉及用户流失概念界定、用户流失要素分析、

---

① 郭顺利、张向先、相甍甍:《高校图书馆微信公众平台用户流失行为模型及其影响因素分析》,载《图书情报工作》,2017 年第 2 期,第 57—66 页。

用户流失原因分析、用户流失预测等方面的研究，其中利用数据挖掘、机器学习、深度学习的方法进行用户流失预测并不断提高其精度，是用户流失研究中最为热门的方向。学者在研究过程中提出许多理论模型①，例如理性行为理论（TRA）、计划行为理论（TPB）、技术接受模型（TAM）、刺激—有机体—反应（S-O-R）模型等。

国内学者针对移动图书馆的用户流失开展了相应的研究。郭顺利等②利用 S-O-R 理论构建高校图书馆微信公众平台用户流失行为模型，采用扎根理论方法抽取影响因素及各因素之间关系，并借助解释结构方程模型分析影响因素。陈渝等③以理性选择理论视角为出发点，引入信息质量、服务质量及满意度，并实证研究了影响电子书阅读客户端用户流失意愿的相关因素。王继华④基于 S-O-R 理论，提取影响公共图书馆微信公众平台用户流失的指标因素，构建公共图书馆微信公众平台用户流失行为模型。郑德俊等⑤以微信读书平台为案例，采用 S-O-R 理论和扎根理论进行访谈设计与访谈记录整理，确定影响微信读书平台用户流失的 21 个因素；同时使用解释结构模型方法进行影响因素分析，发现了包含 7 个层级的影响因素结构关系。

图书馆是以用户为中心提供服务的主体，用户的评价和满意度直接影响着图书馆的发展。移动图书馆就是图书馆顺应互联网和移动终端技术发展的产物，其本质目的就是为了满足图书馆用户移动阅读、查询等可移动操作的需求。当下，百度、谷歌等搜索引擎和掌阅、QQ 阅读等阅读软件

---

① 王继华：《公共图书馆微信公众平台用户流失行为影响因素研究》，载《农业图书情报学刊》，2018 年第 8 期，第 70—73 页。

② 郭顺利、张向先、相甍甍：《高校图书馆微信公众平台用户流失行为模型及其影响因素分析》，载《图书情报工作》，2017 年第 2 期，第 57—66 页。

③ 陈渝、黄亮峰：《理性选择理论视角下的电子书阅读客户端用户流失行为研究》，载《图书馆论坛》，2019 年第 9 期，第 118—126 页。

④ 王继华：《公共图书馆微信公众平台用户流失行为影响因素研究》，载《农业图书情报学刊》，2018 年第 8 期，第 70—73 页。

⑤ 郑德俊、李杨、沈军威等：《移动阅读服务平台的用户流失因素分析：以"微信读书"平台为例》，载《情报理论与实践》，2019 年第 8 期，第 78—82 页。

的发展对移动图书馆的发展造成冲击，甚至带走了图书馆的大部分用户，导致了图书馆用户在一定程度上的流失。因此，图书馆想要更好发展和运营，必须重视这些流失用户，掌握造成用户流失的原因，有针对性的采取措施减少流失用户数量和挽回流失用户。

5.2 移动图书馆流失用户模型构建

用户的数量和活跃度是衡量移动图书馆发展状态的重要因素。高校图书馆投入大量精力，提供了丰富多样的移动图书馆服务，但用户体验的满意度有待提升。如何减少移动图书馆用户流失、挽回流失用户，优化用户体验，是移动图书馆能够更快、更好发展的重要环节。移动图书馆用户流失行为是用户生理和心理层面存在消极变化，从而产生的相关消极反应，这些反应会导致高校移动图书馆服务的使用率减少，不利于移动图书馆的可持续性发展。因此，梳理用户流失原因、心理变化和行为之间的因果关系和形成机制，构建流失用户画像，能够为进一步分析不同类型流失用户群的流失特征和使用特征奠定基础，为提升用户体验提供决策参考。

5.2.1 S-O-R 模型

S-O-R（Stimuli-Organism-Response）模型即"刺激—有机体—反应"模型，是现代认知心理学领域的基础理论之一，被广泛应用于管理学、经济学等研究领域。S-O-R 模型主要由三个部分组成，包括刺激（stimuli）、有机体（organism）、反应（response）。刺激（stimuli）是指个体所处的能对个体产生影响的环境，有机体是指个体将环境刺激内化为个体变化的过程，反应是指个体在环境刺激下发生个体变化并将其外化为行为的过程。S-O-R 模型能够全面地阐释环境刺激、内化过程和用户行为反应三者之间的关系，是大数据环境下研究用户行为的重要理论基础。

当前，S-O-R模型常用于解释信息系统用户的使用行为、电子商务环境下用户的消费行为和移动社交网站用户行为，S-O-R理论在消费者心理及行为的研究中具有比较成熟的应用。在S-O-R理论的基础上，产生了环境——消费者行为模式，能够分析购物环境影响下的消费者消费行为，主要是对影响消费行为的因素进行深入分析，对消费者心理变化进行解释。该理论认为，消费者由于受到外部环境刺激，会产生情感层面、认知层面和物理层面的反应，这是导致消费者产生消费意图或者决策的主要原因。产品所处的环境会直接或间接影响消费者情绪和状态，从而导致其亲近或规避行为结果，其中正向刺激导致亲近行为，反向刺激导致规避行为。在消费者行为研究领域，S-O-R模型主要应用于传统购物环境及现代电子商务中用户的消费行为分析，主要目的是利用分析结果来完善网站建设、指导品牌建设等。而在移动图书馆领域，用户作为图书馆服务的使用者（消费者），用户受到环境的刺激，会产生情感上的变化，消极变化有很大可能会影响用户的使用行为，不同的地方在于移动图书馆用户不会产生经济效应，但是刺激—情感内化—行为反应整个过程是一致的，其目标也具有一致的部分，即提高用户体验，完善平台建设。

在社交网站用户行为研究中，主流理论将社交网站用户行为模式刺激分为情景和系统两个因素。情景主要是指使用社交网站时的外围环境因素，例如其他平台的竞争；系统主要是指社交网站与信息系统性能有关的信息、服务和系统等质量因素。有机体分为用户物理层面、认知层面和情感层面三个因素。在社交网站用户行为主流研究中，用户行为可以细化为活跃、潜水和流失三种状态，活跃是流失的对立面，主要是指频繁使用网站，能够为网站带来价值的用户行为；潜水行为是指用户对产品或服务永久或暂时性不使用；流失行为是指曾经访问过或注册过网站的用户，对网站渐渐失去兴趣后放弃使用网站的行为。三种用户行为状态不是割裂开来的，在受到刺激时用户处于不同情感临界点的时候，三者是可以相互转化。

综上所述，S-O-R 模型揭示了环境、个体变化和个体行为之间的关系，能够为移动图书馆用户流失因素分析和用户画像模型构建提供方法与指导。与此同时，S-O-R 模型能够很好的解释信息系统用户使用行为和流失意愿，在各领域用户流失研究中被充分证实了其实用性与科学性[①]。S-O-R 模型的应用解释了移动图书馆用户流失行为的因果关系，S-O-R 模型中外部刺激所产生的用户个体变化特别是情感变化是构建移动图书馆流失用户画像的基础条件。

本研究中刺激因素为用户使用移动图书馆服务时所置身的环境，在环境的影响下用户产生的消极变化为有机体因素，用户消极变化带来的行为称为反应因素。根据分析，构建基于 S-O-R 理论的移动图书馆用户流失模型如图 5.1 所示。该模型的刺激因素主要通过扎根理论分析用户访谈结果的方法获得，高校移动图书馆用户受到使用环境的刺激，产生消极变化，而消极变化主要通过用户情感与用户行为表现。

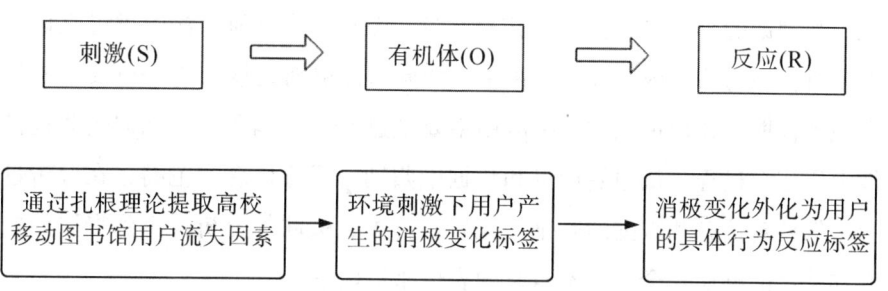

图 5.1 移动图书馆用户流失 S-O-R 模型

5.2.2 用户流失标签提取

用户年轻化是移动互联网时代最鲜明的特点，青年是移动互联网发展的主要参与者。高校是青年用户聚集的主要场所，移动互联网从本质上改变了高校师生的生活学习方式，高校师生利用 WAP 网站、客户端、微信

[①] 徐孝娟、赵宇翔、吴曼丽等：《S-O-R 理论视角下的社交网站用户流失行为实证研究》，载《情报杂志》，2017 年第 7 期，第 188—194 页。

图书馆等服务模式获取信息和服务，大学生用户是高校移动图书馆用户的主要群体。基于 S-O-R 模型移动图书馆用户流失标签提取主要采用的研究方法为用户访谈、扎根理论等。

本研究的访谈方法与访谈内容，借鉴徐孝娟等[①]提出的基于民族志决策树模型的开放式访谈设计方法、郭顺利等[②]设计的高校微信图书馆用户流失访谈内容、郑德俊等[③]构建的移动阅读服务平台用户流失访谈大纲设计访谈问题，详细的访谈大纲如图 5.2 所示。访谈的对象皆为高校大学生，访谈方法包括网络访谈、面对面访谈两种（访谈时间：2019 年 12 月至 2020 年 2 月）。访谈用户共涉及 70 人，得到高校移动图书馆流失用户有效访谈记录共 51 份，其中通过 QQ、微信、邮箱等形式形成访谈记录 40 份，通过面对面访谈的形式形成访谈记录 11 份。

扎根理论是由哥伦比亚大学的斯特劳斯（A. Strauss）和格拉斯（B. Glaser）共同发展的运用系统化程序，在经验、现象的基础上提取概念并归纳理论的一种自下而上的定性研究方法[④]。扎根理论常用于定性访谈的分析，在为访谈内容设计提供指导的同时能够对访谈结果进行要素标签和关系提取。扎根理论的实际应用主要经过开放式编码、主轴编码和选择性编码三个过程，从原始信息和数据中归纳、提炼概念和范畴，在分析过程中保持对信息和数据的归纳、比较、分类、关联等分析，直到提取的要素和关系能够比较全面且不重复的表现原始现象。

---

① 徐孝娟、赵宇翔、孙霄凌等：《开放式访谈设计中民族志决策树模型的应用及改进》，载《图书情报工作》，2013 年第 22 期，第 103—110 页。

② 郭顺利、张向先、相甍甍：《高校图书馆微信公众平台用户流失行为模型及其影响因素分析》，载《图书情报工作》，2017 年第 2 期，第 57—66 页。

③ 郑德俊、李杨、沈军威等：《移动阅读服务平台的用户流失因素分析：以"微信读书"平台为例》，载《情报理论与实践》，2019 年第 8 期，第 78—82 页。

④ 张敏、孟蝶、张艳：《S-O-R 分析框架下的强关系社交媒体用户中辍行为的形成机理：一项基于扎根理论的探索性研究》，载《情报理论与实践》，2019 年第 7 期，第 80—85、112 页。

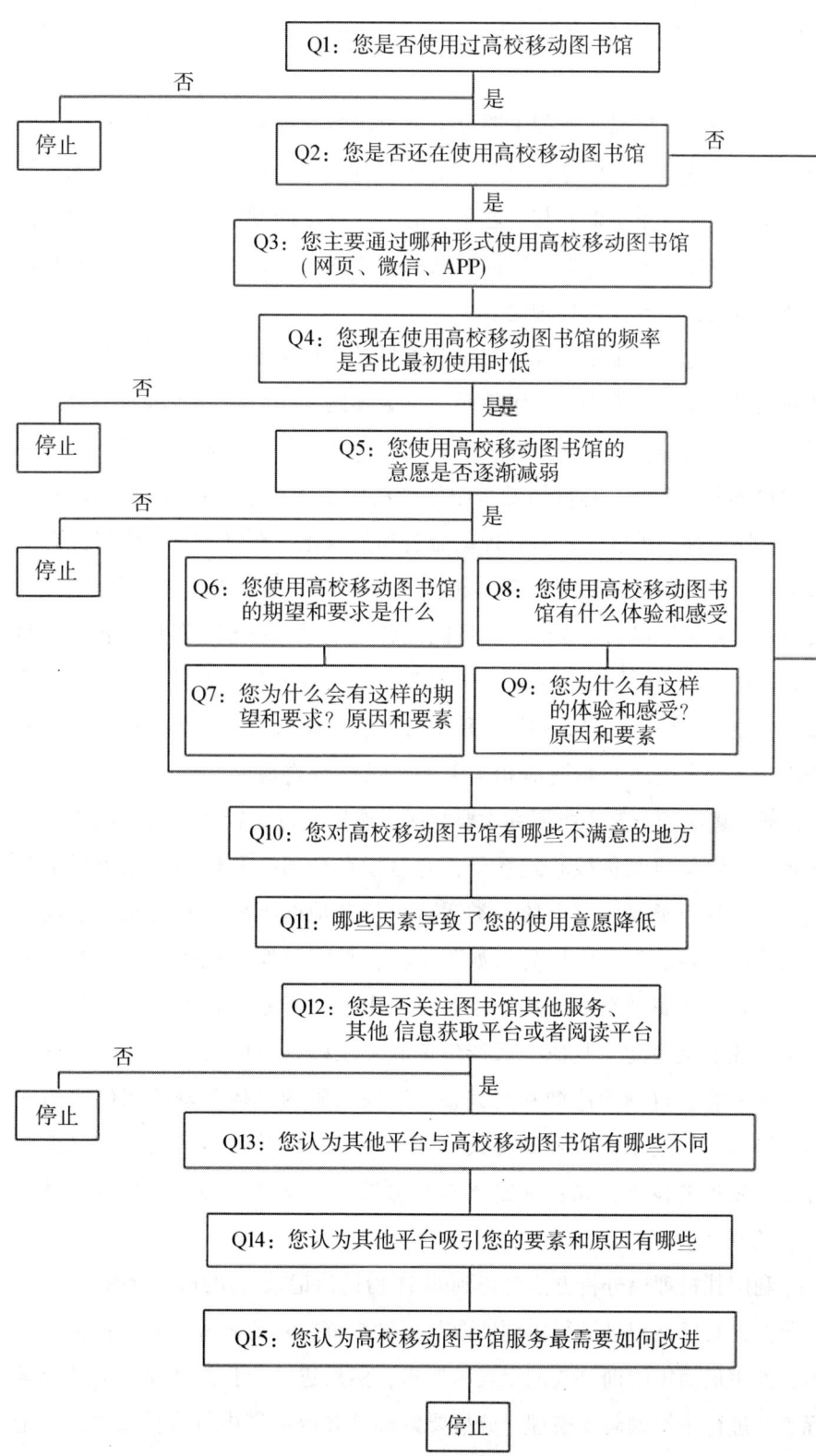

图 5.2 移动图书馆用户访谈大纲设计

扎根理论具体操作流程主要分为五个步骤。第一，从原始资料中提取概念，逐级登录原始概念；第二，不断地对原始资料和提取出的概念进行对比完善，反复系统询问与概念相关的生成理论问题；第三，发展理论概念，厘清并建立概念与概念之间的联系；第四，进行理论抽样，对原始资料进行编码；第五，建构理论。

扎根理论中最重要的环节就是对资料进行逐级编码，主要分为三个级别的编码，即一级编码、二级编码、三级编码。一级编码要求研究者最大程度摒弃个人偏见和以往研究中的定见，将所有的原始资料按照其本身所有的状态进行登录。其目的是从原始资料中发现概念类属并对类属命名，确定类属属性与维度，对研究现象命名和类属化。在这个过程中研究者必须遵守什么都相信，又什么都不相信的原则。二级编码又称关联式登录，其主要任务是发现和建立概念类属间的各类联系，将原始资料中各部分间关联表现出来，例如因果关系、情境关系、相似关系、差异关系、结构关系、功能关系等。在二级编码过程中研究者每次只对一个类属进行深度的分析，从一个类属开始厘清相关关系，最终各类属间的联系逐步明晰具体。研究者必须分辨主类属和次要类属，然后通过比较法厘清主次之间的联系。三级编码又称核心式登录，它是指在全部已发现的概念类属中筛选出一个核心类属，这个核心类属可以把其他的类属串联起来，起提纲挈领作用。核心类属应该具有如下特征：核心类属占据中心位置，集中性强；核心类属频繁地出现在原始资料中；属于原始资料中比较稳定的现象；核心类属能与其他类属产生关联。三级编码的目的是对理论进行进一步整合，直到理论饱和与完整。三级编码的具体步骤：明确原始资料故事线；描述主、次类属与其属性、维度；检验初步假设，完善需要补充、发展的概念类属；确定核心概念类属，建立核心类属与其他类属系统的联系。

利用扎根理论分析方法对得到的51份访谈记录采用开放式编码抽取进行分析，对每条记录进行主题抽取与概念提炼，对比删除出现频率低的概念，并用最简短的词语或词组表示要素，然后进一步提炼概念化后的要素标签并进行主轴编码，整理、分析要素标签并保留其中符合信息生态理论的要素，最后厘清各要素之间的潜在与内在逻辑关系。最终经过凝结和整合，得到刺激（S）因素的5个主范畴（资源因素、系统因素、服务因素、环境因素、个人因素）和各个主范畴对应的24个影响要素标签及内涵。移动图书馆用户流失要素见表5.1。

表5.1 移动图书馆用户流失要素

主范畴	要素标签	释义
资源因素	资源过载	资源数量庞大、类型多样，需要进行多次分类、过滤和辨别
	资源同质化	资源重复严重，资源整合不充分，特别是数据库资源重复率高
	资源质量不足	部分资源内容存在一定的错误，电子资源不完整，资源碎片化
	资源时效性欠缺	资源更新速度跟不上用户需求，用户找不到相关资源，无用、错误资源清理和更新不及时
	资源开放度低	资源查看和下载受限，需要相应的网络环境或地理环境
系统因素	系统功能不全	系统功能与用户需求不对称，不同服务模式下系统功能对接不完全
	系统设计不合理	系统存在导航设计不合理、视觉设计不美观、系统操作烦琐等问题
	系统不稳定	系统存在相应缓慢、流畅性差的问题，直接体现在用户闪退、卡顿等方面
	精准响应不足	用户进行在检索、查询等操作的过程中，系统响应结果与用户需求存在偏差
	弱社交关系	用户之间不能进行实时交流，缺乏通信通道
	平台不统一	不同服务模式拥有不同的平台，不同平台功能存在差异
	缺乏引导	缺乏使用指南、功能说明
	互动性弱	用户与馆员之间信息不对称，缺乏互动和交流
	兼容和适配性不足	用户需要适应不同的版本、系统，不同类型用户端在显示上存在一定的差别

(续表)

主范畴	要素标签	释义
服务因素	业务水平低	馆员缺乏专业知识和技能,无法应对用户咨询甚至忽略
	宣传滞后	宣传推广力度弱,用户不了解功能、服务、服务模式
	反馈渠道不完整	问题反馈渠道单一,用户意见和问题不能实时实地提交
	缺乏特色	没有针对用户个性化需求提供专业或定制服务,缺乏自身的特色
	信息推送不合理	无用信息多,信息失效性、规范性和原创新都不足,导致用户对信息推送的不满
环境因素	其他用户影响	周围同学对于移动图书馆负面评价潜移默化的影响
	替代品吸引	百度、谷歌等信息获取平台或掌阅、QQ阅读等阅读平台功能服务更能满足用户需求,转移了用户注意力
个人因素	用户离校	用户离校不能使用或不再需要使用相关功能和服务
	任务冲突	用户忙于准备考试、参与社会实践等其他活动,导致用户没有时间或者机会使用移动图书馆
	需求缺失	用户没有科研、书籍借阅等需求驱动其使用移动图书馆

在移动图书馆用户流失行为研究中,有机体(O)主要是指在刺激(S)即资源、系统、服务、环境、个人五个方面的因素影响下用户产生的消极变化,消极变化主要包括物理层面和情感层面。物理层面主要是指用户在刺激下产生的生理上的消极变化,情感层面主要是指用户在刺激下产生的心理上的消极变化。研究运用扎根理论对访谈结果进行主轴编码和要素抽取,根据刺激(S)和有机体(O)之间的因果关系,最终经过凝结和整合,得到有机体(O)因素的2个主范畴(物理变化、心理变化)和主范畴对应的5个变化标签及内涵。移动图书馆流失用户变化标签见表5.2。

表 5.2 移动图书馆流失用户变化标签

主范畴	要素标签	释义
物理变化	操作困难	用户实际使用高校移动图书馆的过程中无法流畅使用，遇到各种操作障碍
	生理障碍	辨识困难、视觉疲劳
心理变化	中立无感	对高校移动图书馆态度中立，使用时既没有体验到移动图书馆的优越性，也没有负面情绪
	期望降低	对移动图书馆兴趣衰退、热度下降，不期待新功能和新服务
	反感厌恶	产生失望、疲惫、讨厌等负面情绪，甚至潜移默化地影响他人的情绪

在移动图书馆用户流失行为研究中，反应（R）主要是指用户将使用移动图书馆时由于刺激产生物理变化或心理变化表现出来而产生的相应的行为。本研究运用扎根理论对访谈结果进行主轴编码和要素抽取，根据刺激（S）、有机体（O）、反应（R）三者之间的因果关系，最终经过凝结和整合，得到反应（R）因素的1个主范畴（用户流失行为）和主范畴对应的4个行为标签及内涵。移动图书馆流失用户行为标签见表 5.3。

表 5.3 移动图书馆流失用户行为标签

主范畴	行为标签	释义
用户流失行为	节制行为	仍然浏览和使用资源和服务，但是减少使用频率和使用时间
	停止行为	忽略、回避移动图书馆推送信息、个性化推荐，卸载 APP，取消微信公众号关注或闲置一段时间后再次使用
	替代行为	使用图书馆非移动形式的服务和功能或使用其他信息查询平台和阅读平台
	抵制行为	用户拒绝使用服务，产生负面评价，并对周围用户使用造成影响

5.2.3 流失用户画像模型

主范畴之间的典型结构关系是构建移动图书馆流失用户画像模型的基础，主要是通过选择性编码实现。选择性编码是对上一次编码更进一步的精炼和整合，将主轴编码形成的主范畴通过"故事线"连接起来，呈现出所描绘行为形成机理的全部关系条件和关系结构，从而形成理论模型[①]。

整个过程主要是在扎根理论和 S-O-R 模型的指导下，以访谈结果为数据分析来源，厘清主范畴核心要素标签，分析和验证各个范畴之间的关系，进而描绘全部核心要素的因果关系，最终形成移动图书馆流失用户主范畴典型关系结构表，见表 5.4。

表 5.4 移动图书馆流失用户主范畴典型关系结构

典型关系	关系结构	关系结构内涵
资源因素、系统因素→物理变化	因果关系	资源繁杂和系统缺陷是导致用户操作困难和用户生理障碍的主要原因
资源因素、系统因素、服务因素、环境因素、个人因素→心理变化	因果关系	移动图书馆资源、服务、系统，同类产品竞争，他人评价，用户个人需求因素是导致用户心理变化的主要原因
物理变化、心理变化→用户流失行为	因果关系	用户的心理和生理变化直接影响用户行为，不同程度变化导致了流失行为差异
物理变化→心理变化	相关关系	用户操作困难和生理上的消极变化对用户心理会造成一定影响

---

① 徐孝娟、赵宇翔、吴曼丽等：《S-O-R 理论视角下的社交网站用户流失行为实证研究》，载《情报杂志》，2017 年第 7 期，第 188—194 页。

建立在众多真实数据之上的虚拟用户画像，其结果是不同用户在被细分之后的差异化标签描述，选择合适的细分方法成为用户画像建模的关键[①]。S-O-R 理论揭示了环境、个体变化和个体行为之间的关系，S-O-R 模型指出用户在使用产品和服务时受到来自各个方面的刺激，使个体产生生理和心理上的变化，进而采取行动上的应变并做出不同的反应，用户在负面刺激的影响下会导致生理、心理疲倦和满意度下降，进而引起一系列用户流失现象。在 S-O-R 理论指导下，利用扎根理论构建出的移动图书馆流失用户要素标签、变化标签和行为标签可以描述移动图书馆用户的个体差异和特征，并且能够解释个体特征之间的因果关系，与利用合适的细分方法构建流失用户画像标签框架的目标一致。

在实践中，用户画像构建的第一步就是建立用户画像标签框架；然后在用户画像标签框架的基础上，选用合适的信息采集方法进行样本采集，从而构建用户画像标签数据集，通过机器学习或深度学习的算法抽取重要的用户特征标签精准描述个体用户；最后对用户画像进行分类，建立群体用户画像并进行可视化处理展示，为后续分析提供参考和依据。因此，用户画像生成可以说是揭示用户属性特征的过程[②]。用户基本属性作为重要的用户属性特征之一，应该纳入用户画像标签框架中。用户人口统计属性作为用户最基本的特征在一定程度上对用户行为产生影响。在本研究中，用户人口统计属性会对用户心理变化、用户流失行为有一定调节和影响，主要考虑用户个体性别、年龄、专业、身份差异。移动图书馆载体技术不断革新，服务模式也随之不断变化。现下移动图书馆主要分为短信息、移动网站、客户端、微信图书馆四种服务模式，不同服务模式在一定程度上会对用户习惯行为造成影响。移动图书馆服务模式作为用户使用行为的细分，研究将用户人口统计属性和用户使用行为综合为用户基本属性标签用于后续移动图书馆流失用户画像构建，见表 5.5。构建的移动图书馆流失用户画像模型如图 5.3 所示。

[①] 陈添源:《高校移动图书馆用户画像构建实证》，载《图书情报工作》，2018 年第 7 期，第 38—46 页。

[②] 陈烨、陈天雨、董庆兴:《多视角数据驱动的社会化问答平台用户画像构建模型研究》，载《图书情报知识》，2019 年第 5 期，第 64—72 页。

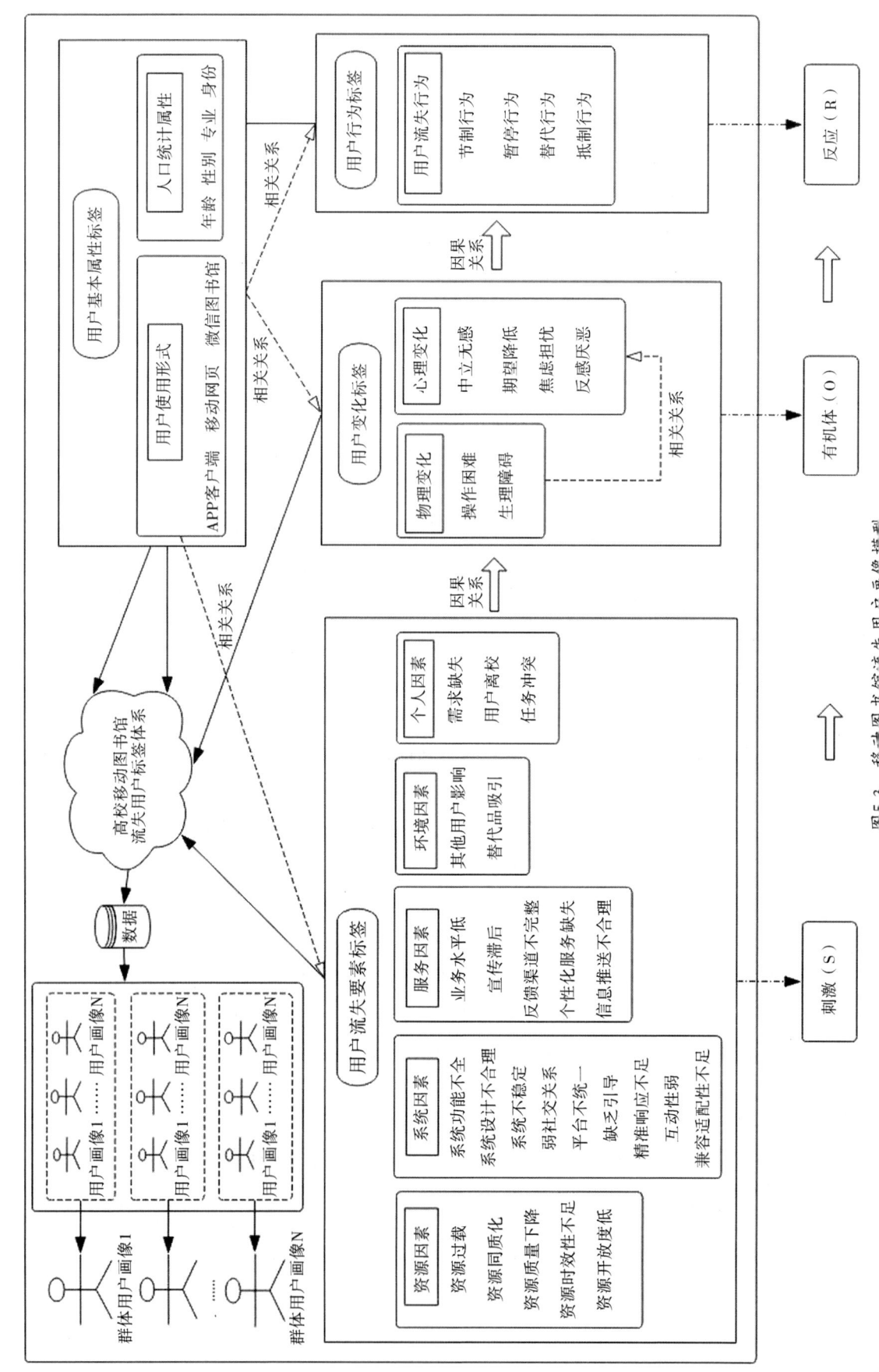

图5-2 移动图书馆流失用户画像模型

表 5.5　移动图书馆流失用户基本属性标签

主范畴	属性标签	释义
人口统计属性	年龄	年龄的差异会造成价值观和使用行为的差异，不同年龄的用户选择不同
	性别	性别影响用户偏好，造成行为的不同
	专业	专业的差异化使用户使用移动图书馆的需求参差不齐
	身份	本科生、研究生、博士生等身份不同，对科研和学习的需求不同会造成使用移动图书馆的行为有所差异
用户使用形式	客户端	不同形式下移动图书馆功能存在差异性，造成用户流失要素有所区别
	移动网站	
	微信图书馆	

5.2.4　用户画像模型解释

用户从初次使用移动图书馆到频繁移动图书馆，再到移动图书馆倦怠的行为转变，从本质上看是用户心理演变和外化的过程，用户心理变化必定是某种或多种刺激引起的。移动图书馆用户的流失行为的产生，主要是用户使用时产生的正向情感（轻松、愉悦）转为中向情感（无感）或负向情感（期望下降、抵制、反感等）的过程，用户产生这种情感转变主要是由移动图书馆缺陷、复杂的外部环境和用户自身负面状态作为刺激来源造成的。

移动图书馆缺陷主要包括资源、系统、服务三个方面。移动图书馆数字资源存在内容错误、更新不及时、下载受限等缺陷，不同服务模式下移动图书馆的使用方式和功能存在差异，移动图书馆检索速度、结果不尽如人意，使用移动图书馆需要特定的环境且缺乏使用指南等问题，导致用户在使用移动图书馆时遇到各种问题，浪费用户时间，降低用户使用热度和兴趣，使用心理从积极转为无感甚至是冷漠厌恶。移动图书馆系统设计色彩搭配不合理、缺乏良性引导是用户产生视觉疲劳等物理变化的主要原因，用户生理上的不良反应会导致用户产生疲惫、焦虑、反感等负向情感。移动图书馆服务缺乏实时性、专业性和针对性，用户反馈得不到及时解答或反馈无门而降低用户积极性，让用户失望。移动图书馆服务形式和新功能的宣传力度欠缺，导致用户缺少对移动图书馆的认知和兴趣，是用户中立无感的主要原因。移动图书馆是图书馆顺应大数据发展潮流的产物，移动图书馆不合理推荐和错误信息会严重干扰用户判断，因此用户会采取卸载客户端或者取消微信公众号的行为以减少不好的体验感。人拥有群居属性，用户心理和行为会受到其他用户影响，特别是周边同学负面评价会降低用户的使用意愿，同时用户对比心理和移情作用会让用户偏向更优秀的平台，使用户对移动图书馆更加无感。用户离校、用户任务冲突、用户没有科研需求等个人因素会影响用户使用需求，需求不足也是用户无感的主要原因之一。

  有机体主要是起内化作用，内化是指产品或服务用户受到内外部双重刺激的过程中产生的心理变化。在使用移动图书馆的过程中，用户做出流失行为前，绝大部分用户会先产生对移动图书馆的消极情感，例如失望感、焦虑感。所以，在这个过程中用户产生的失望感程度是内化的主要观察变量。失望感是消费领域重要的概念之一，主要是为了衡量和研究消费者在购买产品或服务前后的情感变化。随着研究的发展，有学者将失望感引入信息系统领域，主要是为了探究信息系统领域用户情感变化。在当前主流研究中，都认为失望感会对用户行为产生重要影响，是用户流失的主要原因。但笔者对移动图书馆流失用户进行访谈，并通过扎根理论提取流失原因和情感变化标签后发现，失望感和移动图书馆用户流失密切相关。

  在此次研究中，根据对原始资料的提取，将移动图书馆用户受到刺激后产生的失望感分为中立无感、期望下降和厌恶反感，它们会在不同程度上引起用户的行为变化。失望感对移动图书馆用户流失行为产生正向影响，系统和资源质量好坏是影响用户失望感程度的重要变量之一。

系统质量是反映移动图书馆系统本身开发和运营状态质量的重要指标[①]，主要包括系统本身的质量、设计和系统在运行过程中的稳定性与可靠性等。在信息系统领域，大部分研究者提出系统质量会导致用户情感变化，当系统设计和运行质量符合用户期望时，用户会产生正向的情感变化，如果用户对系统质量满意，就会产生亲近行为。但是一旦当系统设计与运行质量不符合用户的期望时，用户就会产生消极情感，消极情感积累到一定程度，用户必然会采取相应的规避行为。在移动图书馆领域，用户使用的移动图书馆系统运行不稳定、卡顿、显示错误较多时，系统设计不美观、不合理就会导致移动图书馆用户产生消极情感变化，从而对移动图书馆产生失望感并形成流失意愿，最终导致移动图书馆用户流失。移动图书馆系统质量对移动图书馆用户失望感产生正向影响，两者之间存在相关关系。在移动图书馆领域，移动图书馆与传统实体图书馆和 PC 端的数字图书馆相比，移动性、便捷性是其突出优势，但是当这种相对优势对用户产生的刺激不足时，用户便不会对移动图书馆产生积极情感，甚至有可能会表达出消极情感即失望感。

在移动图书馆领域，移动图书馆资源质量相比起 PC 端的数字图书馆和其他同类型平台，如果不存在优势或者存在更多问题，就会使用户产生失望感。例如，资源过载，资源数量庞大、类型多样，需要多次进行分类、过滤和辨别；资源同质化，资源重复严重，资源整合不充分，特别是数据库资源重复率高；资源质量不足，移动图书馆部分资源内容存在一定的错误，电子资源不完整，资源碎片化；资源时效性差，资源更新速度跟不上用户需求，用户找不到相关资源，无用、错误资源清理和更新不及时；资源开放度低，资源查看和下载受限，需要相应的网络环境或地理环境等问题是移动图书馆三种服务模式共有的问题，会让用户在使用过程中不知所措、浪费时间，从而产生对移动图书馆的失望感。

反应主要包括亲近行为和规避行为。本研究主要探讨移动图书馆用户

[①] 方自金、张海：《S-O-R 视角下移动阅读用户流失行为影响因素研究》，载《河北科技图苑》，2019 年第 4 期，第 42—47 页。

的流失行为，属于规避行为的一种具体表现，所以在此次研究中主要讨论规避行为，不探讨亲近行为。用户在受到压力和负面刺激时，用户通常会产生负向情感，部分用户会采取规避和逃离行为以调节自己的情绪。用户对移动图书馆使用情感的负面变化会导致用户倦怠，用户倦怠是导致用户流失的主要原因。用户对移动图书馆中立无感，会导致用户从一开始就放弃使用移动图书馆或者减少使用行为。用户移动图书馆期望值下降程度的差异，是用户停止使用和抵制行为的主要的区分依据。用户失望、疲惫等负面情绪的不断叠加，一旦突破临界值，就会导致用户对移动图书馆的抵制行为，或者转向其他更符合用户期望的平台。使用状态如使用特征、关系特征等决定了用户的涉入度，对用户的态度和感知起调节作用①。移动图书馆不同的平台使用方式不同，用户对平台的选择体现了用户的使用习惯，其差异性会导致用户受到不同的刺激，从而产生不同的情感和行为，所以移动图书馆服务模式是区分不同用户的重要因素之一。个人基本特征主要包括人口统计学因素，不同年龄、性别、专业、身份对用户整个流失行为形成起调节作用，同时人口统计因素也是聚类和分类中重要的特征之一。

　　当前移动图书馆的服务模式主要包括移动网站、客户端和微信图书馆等。虽然三种服务模式在形式上存在一定差异，但是三种服务模式在本质上目标都是一致的，即优化图书馆用户的移动体验。不同服务模式提供的功能在总体上是一致的，主要包括图书馆资源信息查询和检索、查询借阅情况、移动阅读、通知公告等。所以，在移动图书馆用户流失标签的提取中，笔者合并了三种服务模式的共有问题，保留了某种服务模式独有的问题，共同组成移动图书馆用户流失主要因素。例如，不管是哪种服务模式在提供资源服务功能的过程中都存在资源时效性和整合力度不足的问题，信息推送不合理是微信图书馆独有的问题，兼容和适配性问题是 APP 客户

---

① 张敏、孟蝶、张艳：《S-O-R 分析框架下的强关系社交媒体用户中辍行为的形成机理：一项基于扎根理论的探索性研究》，载《情报理论与实践》，2019 年第 7 期，第 80—85、112 页。

端独有的问题。不同的服务模式和其独有的流失因素，在后期移动图书馆流失用户画像聚类中将会起到重要作用。

5.3 移动图书馆用户流失改进对策

本研究从整体上提取了移动图书馆用户流失主要因素，可以在一定程度为移动图书馆的用户体验提升与服务改善提供有益参考。

5.3.1 用户流失要素启示

从整体上而言，移动图书馆必须提高系统质量、改进服务体验，解决用户在使用移动图书馆过程中遇到的问题。针对移动图书馆自身缺陷部分，系统质量等技术层面薄弱对用户负面情感的产生具有显著影响。因此，移动图书馆应继续完善以文献查询和阅读服务为核心的功能，在设计上增强系统使用的交互性、引导性、趣味性和定制性，如增加复杂功能提示，根据用户画像分类提供用户群定制服务，进一步完善隐私保护，提高用户对系统的满意度。同时，移动图书馆应加强馆员技能培训，综合运用微博、微信、传统媒体等平台宣传自己，降低用户未知性流失率。替代品吸引是导致用户流失行为的重要因素之一。图书馆应该时刻关注其他信息平台或移动阅读平台的发展趋势，及时关注行业新技术、新理念的发展，以便及时完善和更新自身的功能和服务。

（1）全面提高资源质量

在确定移动图书馆资源供给之前，高校图书馆必须做好移动信息资源的需求分析。相关图书馆管理人员在进行移动图书馆数据库建设之前，应该了解不同院系、不同学历水平师生的资源需求，有针对性地整合文献信息资源，丰富用户需求的相关信息资源，优化信息资源结构，提高移动图书馆信息资源的利用率。在移动图书馆数字资源上线后,高校图书馆管理人员要与时俱进,不断加强和更新与师生之间的沟通和交流,听取用户不断变化的需求并正确对待他们提出的意见和建议,找出移动图书馆信息资源服务中存在的不足,以满足师生的信息资源需求。

加大高校图书馆移动信息资源的整合力度,进一步丰富移动资源的类型和数量。移动图书馆可以将本馆重要和特色的数字资源整合到显眼的地方,方便用户查阅、下载、阅读,节约用户时间,能够更快、更及时获取前沿学术动态。高校图书馆要加强移动信息资源网络建设,改善图书馆网络软件和硬件设施,例如计算机、服务器、数据库等,通过更新移动图书馆所需设备提高移动图书馆网络服务平台响应速度,将全面的信息资源融入服务平台中。移动图书馆必须保证移动信息资源网络的安全性,可以选择引进专业性人才参与网络安全和资源整合建设。

(2) 全面完善系统功能

在刺激的研究中,系统质量和运行水平等技术层面的问题对用户失望感具有显著影响。因此,移动图书馆平台应继续完善以资源查询、移动阅读为核心的功能,在细节上增强系统使用的可交互性、便利性和准确性,例如增加资源评价功能,根据用户兴趣优化资源显示形式等。重点突出移动图书馆功能优势,将最新的移动互联技术应用到移动图书馆中。例如,可以将 VR 技术和人工智能等新技术引入移动图书馆领域,努力为用户提供良好的资源操作环境。在图书馆功能开发前要充分调研用户需求,对用户真实需求做深入调查和研究,结合高校优势学科和传统数字图书馆的特色资源,利用高校图书馆自身的优势资源设计合理的功能。根据用户需求完善移动图书馆各项功能,以用户获得更好的体验效果为目标。以高校移动图书馆 APP 模式为例,可以利用图书馆数据库中已有的读者信息,开发多种登录方式,例如手机号码、手机验证码等方式,简化读者登录流程;充分利用已有技术优化服务,例如可以利用手机 GPS 定位功能,精确定位查找图书、预约附近座位等;可以利用手机照相功能,通过扫描图书条形码实现图书的自助借还服务。

移动图书馆服务模式呈现多样化特点，不同的服务模式之间存在资源和功能差异，会导致用户选择困难，降低用户使用感。移动图书馆不同服务模式之间应该形成协同效应，优势互补、优化功能，并扩大彼此的影响力。移动图书馆应成立协同服务团队，统一管理和运营各类移动服务模式下的平台，明确工作组成员的分工，制定完善的协同规范和相关制度，例如不同移动服务模式平台内容采集、审核校对、发布流程等。不同服务模式平台必须统筹移动服务内容，然后按照不同移动服务模式平台的定位，编辑并形成独有的发布内容。服务功能的开发、设置、用户咨询及互动的平台应尽量做到统一。

（3）不断优化服务水平

在优化移动图书馆资源和完善功能的基础上，移动图书馆要培养用户的使用习惯。用户对移动图书馆的兴趣和有用感知都对用户情感与行为有着正向影响。移动图书馆与传统图书馆相比，有着其突出优势，但是用户传统使用习惯需要逐步培养和引导。因此，要想实现移动图书馆的可持续发展，减少用户流失，需要图书馆扬长避短，在充分发挥移动图书馆在时间和空间的优势基础上，培养用户移动使用习惯。重视移动图书馆的宣传推广，提升用户黏性。宣传推广是用户了解并熟悉移动图书馆的有效措施，用户对移动图书馆不够了解，不知道移动图书馆能为自身带来何种便利的情况下，用户就不会开始或者继续使用，认知不足会直接导致用户流失。移动图书馆可以通过线上线下活动让用户切身体验移动图书馆的优越性。图书馆必须转变观念，加强移动图书馆的宣传与推广力度，移动图书馆作为高校图书馆新兴的移动服务模式，用户不知情和产品普及度低等问题都会成为用户流失的原因。高校图书馆可以利用 PC 端网站宣传推广移动图书馆，例如在首页放置一级栏目直接标识、提供移动图书馆网页、APP、微信公众号链接或二维码，都能让用户注意到移动图书馆，提高移动图书馆的曝光率和使用量。与此同时，高校图书馆可以利用学校官网、QQ、微信、微博等途径推广移动图书馆。不能忽略线下宣传，可以在食堂、宿舍、图书馆门口等师生较为密集的地方发放宣传单、指南，或者组织有奖竞答活动，扩大移动图书馆影响力。

以用户需求和体验为中心，开发个性化服务，可以有效提升用户体验。在此次用户访谈样本中，有32%的用户提到了微信图书馆平台个性化建设不足问题，例如微信图书馆设置选项单一、信息推送质量欠缺。大部分受访者都表示如果平台使用效果与预期存在偏差，就将停止或放弃使用该平台。移动图书馆要留住用户，必须尊重用户个性化需求，提供个性化服务。例如完善个性化推荐服务，通过分析读者的使用日志（检索日志、借阅记录、续借、荐购、评论等数据），利用数据挖掘技术获得用户的兴趣偏好，从而提供个性化的推荐服务。完善移动咨询服务，利用图书馆微信公众号提供人机交互咨询服务的同时，对后台人工服务人员进行培训，以提高人工咨询的效率。适当增加个性服务方便用户使用，例如挂失服务、超期罚款、遗失赔偿、移动支付等服务。移动图书馆还可以与学校教学科研部门合作，提供教学科研服务，例如将公共课选课、课表、考试成绩的查询、论文查重等服务拓展到移动图书馆平台。

（4）提高竞争力、积极寻求合作

借鉴同类型产品的优势，完善移动图书馆服务。互联网技术和移动终端的发展促进了移动阅读产品的发展和繁荣。替代品强大的吸引力将会对流失意愿产生直接影响，移动图书馆要时刻关注行业的发展趋势，完善自己的产品和服务。百度、搜狗、谷歌等搜索引擎发展迅速，掌阅书城、QQ阅读等移动阅读平台的发展都在一定程度上冲击着移动图书馆的发展，而选择权掌握在用户手中。高校图书馆必须在吸收同类型产品经验的基础上找准自己的定位，认真思考如何发挥自身的特色。以微信图书馆平台为例，可以利用微信平台的开放性，快速整合其他平台的文献资源，丰富平台的移动资源体系，提升内容资源质量。高校图书馆还可以借鉴主流移动阅读软件的设计思路，在客户端提供多样化的阅读模式，提供添加标记、笔记等功能，进一步优化移动图书馆服务。

图书馆首先要加强与其他院校和公共图书馆的合作，建立移动信息资源共享平台，将更多的资源纳入图书馆服务范围之内，增加图书馆信息资源的供给量；其次要创建更多具有自身特色的馆藏数字资源，并从师生的实际情况出发，定期调整图书馆信息资源内容，使读者能够获得更多的移动资源，实现图书馆的服务目标。

5.3.2 用户变化标签和行为启示

深入调研用户需求，针对个体负向的情绪变化，移动图书馆须实时优化用户体验。用户失望感会直接导致用户流失，用户在移动图书馆使用过程中会产生负向情感，负向情感如果不能及时缓解，就会造成用户流失。移动图书馆要树立危机意识，增强与用户之间的沟通。在移动图书馆运营和维护过程中，移动图书馆可以建立专门的调研团队，对用户需求进行反馈、监控和及时分析，积极与研发部门、技术部门配合，及时发现问题、优化用户体验。移动图书馆可以建立信息过滤机制，当用户对某信息和功能不满时，设置一个"不感兴趣"按钮，让用户意见能够更快的得到反馈。当用户对移动图书馆产生负面评价的时候，图书馆必须重视这些评价和产生评价的用户，可以安排具有交流经验和技巧的专员与这部分用户沟通，询问他们的需求和建议，从用户交流中提取有用信息，完善自身服务。移动图书馆用户在使用过程中产生的情感变化，从本质上而言是因为刺激的作用下形成的，所以优化移动图书馆资源、系统、服务等环境是改善用户情绪、提升用户体验的主要途径之一。

移动图书馆可以利用流失用户画像实施个性化管理方案，通过数据分析实现用户细分，深入了解不同流失用户群的流失原因、流失心理、流失行为、使用动机和使用习惯，从而采取有针对性的行动。用户人格特征和使用特征等个人因素会对用户的流失行为起调节作用，因此可以对不同类型用户实施个性化管理方案。图书馆可以借用用户画像实现对用户细分，深入了解不同性别、年龄、年级、角色用户的使用动机习惯，针对不同的用户设计不同的功能和系统风格。例如，针对老师可以提供简洁的商务界面，针对学生可以提供清新、活泼的界面风格。通过给予用户更多自主选择的权利，以满足不同用户的个性化需求。针对移动图书馆的流失用户，可以结合各类营销活动刺激其回归欲望，并制定"唤回"方案以减少用户流失。

在 S-O-R 理论的指导下，针对移动图书馆用户倦怠及流失现象，利用扎根理论提取了流失用户流失要素标签、用户变化标签和用户行为标签，通过对用户画像标签的分析整合论证，发现移动图书馆用户画像模型与 S-O-R 理论一致，是细分用户画像标签体系的合理方法。在 S-O-R 理论下构建标签的基础上，融入了人口统计属性和用户使用行为标签，进一步完善了用户画像标签体系。用户流失行为形成过程中，移动图书馆自身缺陷和用户置身的环境因素刺激是用户产生负面体验与消极情绪的主要原因，进而导致用户产生不同类型流失行为，由人口统计学因素和使用特征组成个人基本属性因素起调节作用。用户流失并非毫无征兆的"突发事件"，而是经历了"移动图书馆使用环境刺激—用户生理心理变化—用户流失"的嬗变过程。

第6章 移动图书馆用户转换行为模型与实证研究

大部分高校面向在校师生开展了移动图书馆服务，但是其普及率和使用情况并不是很理想。一方面，由于推广不足等原因很多在校师生不知道移动图书馆，另一方面，很多高校师生在尝试使用移动图书馆之后又放弃使用，即发生用户转换现象。用户转换包含两种情况，一种是用户不再使用移动图书馆及其同类的任何产品，另一种是用户放弃使用当前移动图书馆选择使用其他替代品。探究高校移动图书馆的用户转换行为的发生机制，对于提升用户忠诚度、降低用户转换行为、提升用户体验、提高移动服务质量具有重要的意义。

6.1 移动图书馆用户转换行为

6.1.1 用户转换行为概述

用户转换的研究最早是针对服务业的顾客，随后研究背景扩展到在线服务、电信行业、社交网站、在线游戏、信息系统、移动服务等。

1995年苏珊·基夫尼（Susan M. Keaveney）① 利用关键事件技术，对500多位服务业顾客的转换行为（Switching behavior）进行调研，构建了服务业顾客转换行为模型，提出促使用户转换的8个关键变量，包括价格、不便利、核心服务失败、交互服务失败、服务人员解决问题失败、竞争问题、伦理问题和非自愿因素。之后，在2001年基夫尼等②探究了在线服务的用户转换行为，发现随着互联网用户的快速增长，互联网服务提供商之间的市场竞争加剧，这种竞争促使用户出现"流失"（Churn）或在市场中进出的现象。他将用户流失分为两种情况，一种表现为在线服务中止，即一个人在尝试某项服务之后决定不会再使用这一类产品；另一种表现为用户的转换行为，即用户还会使用这一类产品，只是从当前的服务提供商转换到另一个服务提供商。因此可以发现，基夫尼所指的"流失"（Churn）即"转换"（Switch）。

国内出现最早的相关文献是蒋晨③在2001年对电信行业用户流失的分析，该文章从电信公司的角度将用户流失分为公司内用户转移、用户被动流失和用户主动流失。其中，对于用户主动流失的定义为用户不再使用任一公司的电信业务或用户选择另一家运营商。刘蛰苏④在对移动通信消费者转换服务研究中，采纳了基夫尼对转换意向的定义，即顾客停止消费目前品牌的意愿或从当前品牌转向其他品牌的心理倾向。学者赖院根等⑤认为用户流失是用户终止服务合同或转向其他竞争对手提供的服务的行为，

---

① Keaveney S M, "Customer switching behavior in service industries: an exploratory study", *Journal of Marketing*, Vol.59, No.2, 1995.

② Keaveney S M, Parthasarathy M, "Customer switching behavior in online services: an exploratory study of the role of selected attitudinal, behavioral, and demographic factors", *Journal of the Academy of Marketing Science*, Vol.29, No.4, 2001, p.374.

③ 蒋晨：《发展和留住核心用户：电信业用户流失分析》，载《邮电企业管理》，2001年第13期，第43—45页。

④ 刘蛰苏：《影响移动通信消费者转换服务商意愿的因素及转换附加行为研究》，长春：吉林大学，2005年。

⑤ 赖院根、刘敏健、王星：《网络环境下的信息用户流失分析》，载《情报科学》，2011年第11期，第1736—1741页。

并按照流失原因将其归纳为四种类型：自然流失、竞争流失、障碍流失以及失望流失。陈娟等[1]将用户放弃使用当前移动数字阅读 APP 的可能性称为退出意愿。

关于用户转换目前被广泛认可的是基夫尼在 1995 年的解释。在不同时期的国内外学者对用户转换的叫法都有所不同，国外相关研究者多用"Customer switching"表述用户转换。国内不同学者的翻译则根据研究背景和侧重点有所不同，如消费者转换[2]、顾客转换[3]、用户转换[4]、用户流失[5]、用户退出[6]、用户转移[7]等。通过具体定义的对比可以发现虽然叫法不同，其内容是基本一致的，即停止使用所有同类产品或从当前产品转换到其他同类产品。

本研究决定沿用"用户转换"这一叫法，采纳基夫尼在 1995 年对"Switching behavior"的定义。因此，高校移动图书馆用户转换定义为，用户不再使用当前移动图书馆服务或者转向其他移动图书馆信息服务。研究内容则是针对高校移动图书馆，其类型主要包含：图书馆 APP、图书馆微信公众号和图书馆微信小程序。其中，图书馆 APP 包含超星移动图书馆、超星学习通、高校自主开发 APP 等。

---

[1] 陈娟、邓胜利：《移动数字阅读 APP 用户退出意愿的影响因素研究》，载《情报科学》，2017 年第 3 期，第 128—133、151 页。

[2] 刘蛰苏：《影响移动通信消费者转换服务商意愿的因素及转换附加行为研究》，长春：吉林大学，2005 年。

[3] 陈凯波：《移动通信顾客转换服务商动因与机制研究》，大连：大连理工大学，2007 年。

[4] 雷梦云：《音乐播放软件及网站的用户转换意愿影响因素研究》，北京：北京邮电大学，2016 年。

[5] 蒋晨：《发展和留住核心用户：电信业用户流失分析》，载《邮电企业管理》，2001 年第 13 期，第 43—45 页。

[6] 陈娟、邓胜利：《移动数字阅读 APP 用户退出意愿的影响因素研究》，载《情报科学》，2017 年第 3 期，第 128—133、151 页。

[7] 卫潇：《移动支付用户的转移意愿及其影响因素研究》，苏州：苏州大学，2016 年。

6.1.2 用户转换行为研究现状

用户转换的研究内容最开始针对线下服务行业，随后展开了针对网络环境下用户转换的研究，如电信行业、博客、社交网络、线上游戏及各类移动服务 APP 的用户转换研究，如阅读类 APP、移动政务、移动理财平台、移动支付等。当前仅有郭顺利等[1]对高校图书馆微信公众平台进行了用户流失研究，并发现用户流失原因主要是微信公众平台设计、信息质量、用户和环境四方面原因，其中平台和用户自身存在的问题是用户流失的最根本原因，不符合用户预期和替代产品吸引力较大是影响用户流失的最直接原因。在用户转换研究中最常用的模型有 Push-Pull、技术采纳模型、美国顾客满意度指数、"最优刺激水平理论"以及整合模型 PPM 模型等[2]，在实际研究中一般采用多种模型融合。除此之外，逐渐有学者将心理学、经济学相关理论纳入用户转换研究，如刺激—有机体—反应（S-O-R）理论、合理选择理论等。

基夫尼等[3]利用关键事件技术针对服务行业用户转换行为进行调研并提取出 8 个影响用户转换的重要因素。随后基夫尼和帕塔萨拉西（M. Parthasarathy）[4]探究了互联网在线用户的转换行为，对比了转换用户与持续用户在信息选择、冒险态度及收入、教育背景方面的异同。陈伟

---

[1] 郭顺利、张向先、相甍甍：《高校图书馆微信公众平台用户流失行为模型及其影响因素分析》，载《图书情报工作》，2017 年第 2 期，第 57—66 页。

[2] 徐孝娟、赵宇翔、朱庆华：《社交网站用户流失行为理论基础及影响因素探究》，载《图书情报工作》，2016 年第 4 期，第 134—141 页。

[3] Keaveney S M, "Customer switching behavior in service Industries: an exploratory study", *Journal of Marketing*, Vol.59, No.2, 1995.

[4] Keaveney S M, Parthasarathy M, "Customer switching behavior in online services: an exploratory study of the role of selected attitudinal, behavioral, and demographic factors", *Journal of the Academy of Marketing Science*, Vol.29, No.4, 2001, p.374.

等①通过对比服务转换者和持续用户，探究了移动通信用户的转换动因。班萨尔（H. S. Bansal）和雪莉·泰勒（Shirley F. Taylor）②提出了服务业的用户转换模型，影响因素包括服务质量、感知相关性、主观规范、满意度、转换态度、转换成本、自我功效、转换意向、转换行为。班萨尔等③基于PPM模型，将影响服务业用户转换的因素划分为推力因素、拉力因素和锚定因素。PPM（Push-Pull-Mooring）模型即推力—拉力—锚定力模型，指出用户在推力因素、拉力因素和锚定因素的共同影响下产生转换意向进而发生转换行为，是研究转换行为的经典模型，当前已经被证明在虚拟社交网络、移动服务等平台的适用性。

推力因素、拉力因素和锚定因素均经过验证，能够对因变量产生显著影响。通过分析现有的研究文献，可以看出影响用户转换的推力因素主要是满意度，当前产品或服务的满意度不佳促使用户产生转换意向。影响用户转换的拉力因素主要是替代品的吸引力，例如替代品与当前使用的产品相比具备更多更丰富的功能、更加符合用户需求等。阻碍用户转换的锚定因素主要有转换成本、先前转换经验等。即便用户对当前使用的产品有不满，替代品又对用户有足够吸引力，但考虑到过高的转换成本，或者是先前失败的转换经验，用户也可能会选择继续使用当前产品。同时，在多项研究中被证实用户的转换意向是转换行为的重要影响因素。程增彦等④证实了不满意和替代吸引力都对转换意向有显著正向影响，转换成本作为锚

---

① 陈伟、吕巍：《消费者转换服务的动因分析：以移动通信行业为例》，载《现代管理科学》，2010年第12期，第9—11、15页。

② Bansal H, Taylor S, "The service provider switching model (spsm): a model of consumer switching behavior in the services Industry", *Journal of Service Research*, Vol.2, No.2, 1999, pp.200-218.

③ Bansal H S, Taylor S F, "'Migrating' to new service providers: toward a unifying framework of consumers' switching behaviors", *Journal of the Academy of Marketing Science*, No.1, 2005, pp.96-115.

④ Zengyan C, Yang Y, Lim J, "Cyber migration: an empirical investigation on factors that affect Users' wwitch intentions in social networking Sites", in *Proceedings of the 42nd Hawaii International Conference on System Sciences*, IEEE Computer Society, 2009, pp.1-11.

定因素对转换意向的影响有限，在所有的推力因素中，对会员政策的不满意和同伴影响是用户产生转换意向的最重要因素。孙永强等[1]将疲劳和主观规范引入PPM模型，发现疲劳和主观规范对用户转换意向有显著影响，且主观规范是产生拉力效应的最强因子；在锚定效应中情感承诺、转换成本和习惯显著影响惯性，惯性对转换意向产生负向影响；不满意和替代吸引未能影响转换意向。陈烨等[2]通过采纳后信息技术转换行为，验证了习惯对于转换意向的直接影响，以及习惯对转换意向与实际转换行为之间的削弱作用。陈烨等[3]发现当前产品的满意度和使用广度负向影响转换行为，替代产品的感知易用性、相关优势及感知安全性正向影响转换行为，同时发现使用体验并不能缓和感知易用性和相关优势对转换行为的影响。林春南等[4]发现竞争产品的感知质量价值、感知情感价值、感知社交价值和信任对用户转换意向有正向影响，转换意向对实际转换行为有显著正向影响，习惯负向调节转换意向对实际转换行为的影响。

国内部分学者选择融合多种理论或模型探究了用户转换行为。陈娟等[5]基于期望不一致理论发现，在移动数字阅读APP背景下，用户对系统质量、信息质量和服务质量的不满意会引发用户产生退出意愿。陈渝等[6]

---

[1] Sun Y, Liu D, Chen S, et al, "Understanding users' switching behavior of mobile instant messaging applications: an empirical study from the perspective of push–pull–mooring Framework", *Computers in human behavior*, Vol.75, 2017, pp.727–738.

[2] Ye C, "*Post-adoption Switching of Personal Information Technologies: a Push-pull-mooring-habit Model*", University of Illinois at Chicago, 2009.

[3] Ye C, Seo D, Desouza KC, et al, "Influences of it substitutes and user experience on post-adoption user switching: an empirical investigation", *Journal of the American Society for Information Science and Technology*, Vol.59, No.13, 2008, pp.2115–2132.

[4] Lin C, Wang H, "Understanding users' switching Intentions and switching behavior on social networking sites", *Aslib Journal of Information Management*, Vol.69, No.2, 2017, pp.201–214.

[5] Ye C, "*Post-adoption Switching of Personal Information Technologies: a Push-pull-mooring-habit Model*", University of Illinois at Chicago, 2009.

[6] 陈渝、黄亮峰：《理性选择理论视角下的电子书阅读客户端用户流失行为研究》，载《图书馆论坛》，2019年。

结合理性选择理论和信息系统成功模型,在电子书阅读 APP 背景下验证了社会影响对用户流失具有显著影响。李旭等[1]基于心理契约和自我调控理论,探究了信息过载的情境下社会化阅读 APP 用户满意度的影响因素,并证实了低满意度会促使心理契约违背意愿的产生,进而引发忽略或者退出行为。杨彭[2]以技术接受模型(TAM)、顾客满意度指数模型、习惯领域理论为基础,验证了移动理财平台用户流失意愿的影响因素。陈洋[3]融合服务价值理论和 PPM 理论探究互联网支付用户向移动支付渠道转移的意愿。在社交媒体用户转换研究中,廖俊峰等[4]基于客户流失理论,发现信息质量是影响用户流失的最主要原因;徐孝娟等[5]基于心理学中刺激—有机体—反应(S-O-R)理论,探讨了用户使用社交网站时流失意愿产生的机制。张淑玮[6]发现感知过载使用户产生社交网络疲劳,社交网络疲劳和不满意导致用户产生不持续使用意向,在后采纳阶段,感知有用性是影响社交网络用户满意度和评价的重要因素。涂文琴[7]基于 PPM 理论和 ECM-ISC 模型,发现在移动政务服务背景下,满意度、转换成本和移动设备依赖会阻碍用户发生转换行为,从而促进持续使用。

---

[1] 李旭、刘鲁川:《信息过载背景下社会化阅读 APP 用户的忽略与退出行为:心理契约违背视角》,载《图书馆》,2018 年第 2 期,第 79—88 页。

[2] 杨彭:《移动理财平台用户流失意愿的影响因素分析及其应用研究》,南京:南京大学,2017 年。

[3] 陈洋:《基于移动支付服务价值的互联网支付用户渠道转移行为研究》,镇江:江苏大学,2016 年。

[4] 廖俊峰、陈天歌、陈旭:《基于客户流失理论的社交媒体用户流向研究》,载《情报科学》,2018 年第 1 期,第 45—48 页。

[5] 徐孝娟、赵宇翔、吴曼丽等:《S-O-R 理论视角下的社交网站用户流失行为实证研究》,载《情报杂志》,2017 年第 7 期,第 188—194 页。

[6] 张淑玮:《社交网络用户不持续使用行为的实证研究》,武汉:华中科技大学,2016 年。

[7] 涂文琴:《移动政务用户持续使用行为影响因素研究》,成都:电子科技大学,2018 年。

6.2 移动图书馆用户转换行为模型

6.2.1 理论基础

PPM（Push-Pull-Mooring）理论也被称为"推力—拉力—锚定力"理论，这一概念最早起源于人口迁徙。穆恩（B. Moon）[1] 将迁移的范围限定在仍处于同一广泛的文化背景（如同一国家或民族群体内），但离开其先前定居的一般地区，不包括城市内迁移和国际移民。他认为人口的迁移除了受到推力和拉力的作用外，还受到"锚定力"的影响，于是在前人研究的基础上提出了著名的PPM模型即"推力—拉力—锚定力"模型。

PPM理论揭示了影响人们迁移行为的因素：推力、拉力和锚定力。用户在服务行业的"迁移行为"被称作用户转换。班萨尔等[2]将PPM理论用于探究顾客的服务转换行为，结果显示提出的模型可以很好地解释顾客转换行为，同时发现转换行为受到用户对服务提供者的评价和服务体验的影响小于替代者吸引力和个人及社会因素。除此之外，该研究对推力因素、拉力因素和锚定因素的定义做出总结：推力因素指刺激人们离开原居地的因素，即原居地对生活品质有负向影响的因素；拉力因素指吸引人们迁移到另一个区域的正向因素，即迁移目的地或替代服务的吸引力；锚定因素指会抑制转移决策的因素，即转换成本、主观规范（社会影响）、转换态度、过去的行为以及寻求多样化的倾向等因素。当前PPM模型已经被证实

---

[1] Moon B, "Paradigms in migration research: exploring 'moorings' as a schema", *Progress in Human Geography*, Vol.19, No.4, 1995.

[2] Bansal H S, Taylor S F, "'Migrtaing' to new service providers: toward a unifying framework of consumers' switching behaviors", *Journal of the Academy of Marketing Science*, No.1, 2005, pp.96-115.

在社交网络、移动服务等信息系统研究中具有适用性，移动图书馆也属于信息系统的一种，因此选择将 PPM 模型（如图 6.1 所示）作为研究的基础模型。

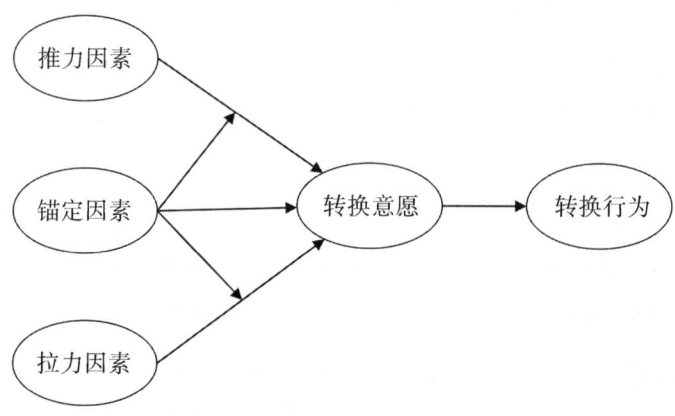

图 6.1　Bansal 服务转换的 PPM 迁移模型

转换成本指客户对结束当前供应商关系和建立新的替代关系相关成本（经济和非经济成本）的主观认知。转换成本包括两部分：一是过去投入的、在转换时将损失的关系投资，二是建立新的替代关系涉及的潜在的调整成本①。伯纳姆（T. A. Burnham）等②通过调研发现顾客成本促使用户继续使用当前服务，且相比满意度可以解释更多的方差，同时将顾客转换成本分为三种类型：(1) 程序转换成本：时间和努力的损失；(2) 财务转换成本：可量化的财务资源的损失；(3) 关系转换成本：由于失去身份和切断纽带所导致的心理或情感上的不适。琼斯（M. A. Jone）等③将转换成本划分为三个维度，一是持续成本：包含由于关系终止而造成的损失绩效成

---

① 陈明亮、袁泽沛、李怀祖：《客户保持动态模型的研究》，载《武汉大学学报（社会科学版）》，2001 年第 6 期，第 675—684 页。

② Burnham T A, Frels J K, Mahajan V, "Consumer switching costs: a typology, antecedents, and consequences", *Journal of the Academy of Marketing Science*, Vol.31, No.2, 2003, pp.109–126.

③ Jones M A, Mothersbaugh D L, Beatty S E, "Why customers stay: measuring the underlying dimensions of services switching costs and managing their differential strategic outcomes", *Journal of Business Research*, Vol.55, No.6, 2002, pp.441–450.

本（由于持续回顾而在提供商处享有的利益和特权）、对替代产品的不确定性；二是学习成本：包括在转换前的搜索和评估成本、转换后的行为和认知成本（用户感知到的为获得和适应替代品而付出的时间和努力）、设置成本（例如在更换银行服务时重新填写表格、在更换牙医时需要重新拍X光片）；三是沉没成本，这一成本是指用户在先前心理上所做的重要投入。转换成本的存在使用户不能轻易放弃当前使用的产品或服务，阻碍用户的转换。

关于习惯的研究起源于心理学领域，具有先天倾向的习惯被称为本能，由于教育而形成的习惯被称为理性行为①。维普兰肯（B. Verplanken）和阿德斯（H. Aarts）②认为习惯是习得的一系列行为，这些行为已经成为对特定线索的自动响应，并且帮助实现特定的目标或达到最终状态。同时总结了习惯具有自动性、依赖于情景稳定和功能性的特点。林梅（M. Limayem）等③将信息系统下的习惯定义为人们出于学习的目的而倾向于自动地执行行为（即使用信息系统）。陈渝等④从习惯视角出发梳理了信息系统持续使用行为研究，认为习惯具有重复性、自发性、环境稳定性和目标导向性的特征，其在信息系统中持续使用行为中有直接效应和调节效应。

阿加瓦尔（R. Agarwal）等⑤将信息技术领域的个人创新定义为一个人

---

① 〔美〕威廉·詹姆斯：《心理学原理》，郭宾译，南昌：江西教育出版社2014年版，第89页。

② Verplanken B, Aarts H, "Habit, Attitude, and planned behaviour: is habit an empty construct or an interesting case of goal-directed automaticity", *European Review of Social Psychology*, Vol.10, No.1, 1999, pp.101-134.

③ Limayem M, Hirt S G, Cheung C M K, "How habit limits the predictive power of intention: the case of information systems continuance", *MIS Quarterlg*, Vol.4, No.31, 2007, pp.705-737.

④ 陈渝、路洋：《习惯下的信息系统持续使用研究述评》，载《图书馆论坛》，2016年第3期，第34—41页。

⑤ Agarwal R, Prasad J, "A conceptual and operational definition of personal innovativeness in the domain of information technology", *Information Systems Research*, Vol.9, No.2, 1998, pp.204-215.

尝试任何新信息技术的意愿。巴特切吉（A. Bhattacherjee）等[1]证实了用户对当前产品的满意度负向影响转换意向，替代品的相对优势正向影响转换意向；个人创新正向调节相对优势和转换意向的关系，负向调节满意度与转换意向的关系。雷梦云[2]在音乐播放软件及网站的用户转换意愿研究中发现，个人创新与转换意愿正相关。卫潇[3]在移动支付用户转移研究中发现，个人创新在推力因素和转移意愿之间有调节作用。

6.2.2　用户转换行为影响因素分析

PPM模型中的推力因素、拉力因素及锚定力因素能够很好地诠释用户发生转换行为的过程，因此采用PPM模型进行移动图书馆用户转换行为的研究。

（1）推力因素

①满意度

满意度是用户根据先前经验对产品做出的整体性评估，并且核心服务满意度是用户留存的关键因素[4]。奥利弗（R. L. Oliver）在期望确认理论中认为用户的满意度由两方面因素决定：对信息系统的期望和实际使用行为之后的期望确认[5]。用户对信息系统的满意度水平能够显著影响他们的

---

[1] Bhattacherjee A, Limayem M, Cheung C M K, "User switching of information technology: A theoretical synthesis and empirical test", *Information and Management*, Vol.49, No.7, 2012, pp.327-333.

[2] 雷梦云：《音乐播放软件及网站的用户转换意愿影响因素研究》，北京：北京邮电大学，2016年。

[3] 卫潇：《移动支付用户的转移意愿及其影响因素研究》，苏州：苏州大学，2016年。

[4] Jones M A, Mothersbaugh D L, Beatty S E, "Switching barriers and repurchase intentions in services", *Journal of Retailing*, Vol.76, No.2, 2000, pp.259-274.

[5] Bhattacherjee A, "Understanding information systems continuance: an expectation-confirmation model", *Mis Quarterly*, Vol.25, No.3, 2001, pp.351-370.

持续使用意愿。相反地，用户如果对使用的信息系统感到不满意，则可能会产生转换意向，进而不再使用。在信息系统用户转换研究中，满意度被证实与用户转换意向有显著负相关[1]；而较低的满意度[2]以及不满意[3]与用户转换意向有显著正相关。同时，在相关研究中发现系统质量、信息质量和服务质量是影响用户满意度的重要因素，即用户对这三方面的不满意会导致用户产生退出意愿，不再继续使用当前产品[4]。因此，我们假设：

H1a：信息质量、系统质量和服务质量显著正向影响满意度

H1b：用户对当前移动图书馆的满意度负向影响转换意向

②忠诚度

赵海平等[5]认为忠诚度反映了用户对某种APP的偏向性，这种偏向性与用户过去的使用经历有关。同时，证实了用户对移动APP的忠诚度对持续使用意愿有显著正向影响，对不持续意愿即卸载意愿有显著负向影响，

---

[1] Zhang K Z, Cheung C M, Lee M K, et al, "Understanding the blog service switching in hong kong: an empirical investigation", 2008.

[2] Hou A C, Chern C, Chen H, et al, "'migrating to a new virtual world': exploring mmorpg switching through human migration theory", *Computers in Human Behavior*, Vol.27, No.5, 2011, pp.1892-1903.

[3] Chang I, Liu C, Chen K. The Push, Pull and Mooring Effects in Virtual Migration for Social Networking Sites. https://onlinelibrary.wiley.com/doi/abs/10.1111/isj.12030; Xu Y, Yang Y, Cheng Z, et al, "Retaining and attracting users in social networking services: an empirical investigation of cyber migration", *Journal of Strategic Information Systems*, Vol.23, No.3, 2014, pp.239-253; Bhattacherjee A, Park SC, "Why end-users move to the cloud: a migration-theoretic analysis", *European Journal of Information Systems*, Vol.23, No.3, 2014, pp.357-372.

[4] 陈娟、邓胜利：《移动数字阅读APP用户退出意愿的影响因素研究》，载《情报科学》，2017年第3期，第128—133、151页；李旭、刘鲁川：《信息过载背景下社会化阅读APP用户的忽略与退出行为：心理契约违背视角》，载《图书馆》，2018年第2期，第79—88页。

[5] 赵海平、杨诗姝、邓胜利：《用户使用移动APP影响因素研究》，载《数字图书馆论坛》，2015年第3期，第45—53页。

且对两种意愿的影响力相当。在移动图书馆背景下，樊欣荣等[1]认为忠诚度是用户持续使用图书馆服务的意愿和向他人推荐的心理倾向。当用户对移动图书馆产生忠诚度，说明用户对当前使用的移动图书馆具有偏好，这种偏好使得用户能够体谅它出现的微小不足，愿意继续使用当前产品。产品的忠诚用户往往较少产生转换意向和转换行为。因此，我们假设：

H2：用户对当前移动图书馆的忠诚度负向影响转换意向

（2）拉力因素

①替代品吸引力

班萨尔等[2]将替代品吸引力定义为竞争服务提供商所具有的优势特征。这些优势可能是更合理的价格、更有利的会员政策或能够提供更加令人满意的服务等。另外，也有学者将替代品吸引力定义为用户感知到的市场上各种竞争替代品的可获得性，并发现当用户感知到的替代品越少，满意度与转换意向之间的联系越弱[3]。目前大多数高校提供两种以上的移动图书馆服务，但是随着技术的发展及用户需求的变化，市面上不断出现可替代当前移动图书馆的移动服务，如超星学习通 APP、京东阅读 APP 等产品。这些产品通过各种渠道积极进行宣传，在功能和服务上各有特色，所以我们采纳班萨尔对替代品吸引力的定义，即现有移动服务平台所具有的竞争优势。因此，我们假设：

H3：用户感知到的替代品吸引力正向影响转换意向

---

[1] 樊欣荣、施国洪：《移动图书馆服务质量与读者满意度、忠诚度关系研究》，载《图书馆》，2017 年第 2 期，第 50—54 页。

[2] Bansal H S, Taylor S F, "'Migrating' to new service providers: toward a unifying framework of consumers' switching behaviors", *Journal of the Academy of Marketing Science*, Vol.33, No.1, 2005, pp.96-115.

[3] Jones M A, Mothersbaugh D L, Beatty S E, "Switching barriers and repurchase intentions in services", *Journal of Retailing*, Vol.76, No.2, 2000, pp.259-274.

②主观规范

主观规范是指人们感知到的促使其参与到某种行为中的社会压力[1]。班萨尔等[2]在对服务业顾客转换行为的研究中发现主观规范通过影响转换态度而对转换意向产生间接影响。孙永强等[3]探究了移动即时通信应用的用户转换，发现主观规范是对用户产生拉力效应的最强因素。因此，主观规范的存在说明当用户身边的人，即那些能够影响其行为的人、对其来说重要的人以及朋友和熟人等，建议用户使用替代品时，可能会促使用户产生转换意向。因此，我们假设：

H4：主观规范正向影响转换意向

(3) 锚定因素

①转换成本

转换成本是用户转换研究中最常见的锚定因素，在服务业[4]、电信行

---

[1] Bansal H S, Taylor S F, "'Migrating' to new service providers: toward a unifying framework of consumers' switching behaviors", *Journal of the Academy of Marketing Science*, Vol.33, No.1, 2005, pp.96-115.

[2] Bansal H, Taylor S, "The service provider switching model (spsm): a model of consumer switching behavior in the services industry", *Journal of Service Research*, Vol.2, No.2, 1999, pp.200-218.

[3] Sun Y, Liu D, Chen S, et al, "Understanding users' switching behavior of mobile instant messaging applications: an empirical study from the perspective of push-pull-mooring framework", *Computers in Human Behavior*, Vol.75, 2017, pp.727-738.

[4] Bansal H, Taylor S, "The service provider switching model (spsm): a model of consumer switching behavior in the services industry", *Journal of Service Research*, Vol.2, No.2, 1999, pp.200-218; Bansal H S, Taylor S F, "'Migrating' to new service providers: toward a unifying framework of consumers' switching behaviors", *Journal of the Academy of Marketing Science*, No.1, 2005, pp.96-115.

业[1]、在线游戏[2]、社交网站[3]等研究背景中,证实转换成本对转换意向有显著负向影响。沉没成本即用户感知到的在使用当前产品时所投入的时间或努力,被证实在博客用户转换研究中对转换意向有显著负向影响[4]。程增彦等[5]验证了SNS用户转换中设置成本(在新的网站上注册)、继续成本(向先前网站中的好友发送转换通知等)对转换意向的影响。徐云杰等[6]证实了SNS用户转换中继续成本负向影响转换意向。卫潇[7]在移动支付用户转移意愿研究中发现,程序成本和财务成本显著抑制转移意愿。雷梦云[8]在音乐播放软件及网站的用户转换研究中,将转换成本分为关系型转换成本和程序性转换成本,并证实了其对转换意向的影响,其中关系型转换成

---

[1] Burnham T A, Frels J K, Mahajan V, "Consumer switching costs: a typology, antecedents, and consequences", *Journal of the Academy of Marketing Science*, Vol.31, No.2, 2003, pp.109–126.

[2] Hou A C, Chern C, Chen H, et al, "'migrating to a new virtual world': exploring mmorpg switching through human migration theory", *Computers in Human Behavior*, Vol.27, No.5, 2011, pp.1892–1903.

[3] Chang I, Liu C, Chen K. The push, Pull and Mooring Effects in Virtual Migration for Social Networking Sites. https://onlinelibrary.wiley.com/doi/abs/10.1111/isj.12030; Hsieh J, Hsieh Y, Chiu H, et al, "Post-adoption switching behavior for online service substitutes: a perspective of the push–pull–mooring framework", *Computers in Human Behavior*, No.5, 2012, pp.1912–1920.

[4] Zhang K Z, Cheung C M, Lee M K, et al, "Understanding the Blog Service Switching in Hong Kong: an Empirical Investigation[Z]. [S.l.]: [s.n.]", 2008.

[5] Zengyan C, Yang Y, Lim J, "Cyber migration: an empirical investigation on factors that affect users' switch intentions in social networking sites", in *Proceedings of the 42nd Hawaii International Conference on System Sciences*, IEEE Computer Society, 2009, pp.1–11.

[6] Xu Y, Yang Y, Cheng Z, et al, "Retaining and attracting users in social networking services: an empirical investigation of cyber migration", *Journal of Strategic Information Systems*, Vol.23, No.3, 2014, pp.239–253.

[7] 卫潇:《移动支付用户的转移意愿及其影响因素研究》,苏州:苏州大学,2016年。

[8] 雷梦云:《音乐播放软件及网站的用户转换意愿影响因素研究》,北京:北京邮电大学,2016年。

本对转换意向的影响相对较大。刘飞①在 SNS 的用户转换研究中发现，转换成本负向调节满意度与转换意向之间的关系。用户在使用移动图书馆的过程中投入了一定的时间、精力，也会在其中获得经验、奖励等，这些转换成本的存在，可能会使用户降低转换意向。因此，我们假设：

H5：用户感知到的转换成本负向影响转换意向

②个人创新

阿加瓦尔（R. Agarwal）等②将信息技术领域的个人创新定义为：一个人尝试任何新的信息技术的意愿，并通过实证发现个人创新在新信息技术的兼容性和使用意图之间有调节作用。巴特切吉（A. Bhattacherjee）等③通过实证发现在信息技术背景下的个人创新在相对优势和转换意向之间有正向调节关系；在满意度与转换意向之间有负向调节关系。雷梦云④证实了个人创新对转移意愿的正向影响。卫潇⑤在移动支付用户转移意愿的研究中同样发现个人创新对转移意愿有直接影响及部分的调节作用。个人创新反映了用户尝试新技术的意愿，是用户内在的特征，对用户的态度、意图、行为有一定的影响作用。当移动图书馆的用户更乐意尝试新技术时，可能会更容易产生转换意向。根据以往相关研究，做出如下假设：

H6：用户的个人创新性正向影响转换意向

---

① Fei L, Bo X, "Do I Switch? Understanding Users' Intention to Switch between Social Network Sites", *2014 47th Hawaii International Conference on System Sciences*, IEEE, 2014, pp.551-560.

② Agarwal R, Prasad J, "A Conceptual and operational definition of personal innovativeness in the domain of information technology", *Information Systems Research*, 1998, Vol.9, No.2, pp.204-215.

③ Bhattacherjee, A, Limayem M, Cheung C M K, "User switching of information technology: a theoretical synthesis and empirical test", *Information and Management*, Vol.49, No.7, 2012, pp.327-333.

④ 雷梦云：《音乐播放软件及网站的用户转换意愿影响因素研究》，北京：北京邮电大学，2016 年。

⑤ Bhattacherjee A, "Understanding information systems continuance: an expectation-confirmation model", *Mis Quarterly*, Vol.25, No.3, 2001, pp.351-370.

（4）转换行为因素

现有的研究成果均已正式转换意向对转换行为的显著正向影响。班萨尔和雪莉·泰勒[①]探究了服务业顾客转换行为，巴特切吉等[②]调研了信息技术背景下用户转换行为，陈洋[③]调研了互联网支付用户向移动支付转换的行为，林春南等[④]进行了社交网站用户转换行为研究，均证实了转换意向能够显著影响转换行为。这说明当移动图书馆的用户产生转换意向时，很可能会进一步发生实际转换行为。因此，我们假设：

H7：用户的转换意向正向影响实际转换行为

习惯是一系列习得的具有自发性的行为。当用户产生行为意向时，由于固有习惯的存在，可能并不会真正产生相应的行为。林梅等[⑤]发现习惯能调节使用意向和使用行为之间的关系，同时满意度、过去的行为频率及使用的全面性都是习惯形成的关键。巴特切吉等[⑥]证实了用户的习惯能够负向影响实际转换行为。当用户使用移动图书馆成为一种习惯时，这种习惯可能会阻碍用户的实际转换行为。因此，我们假设：

H8：用户习惯负向影响实际转换行为

[①] Bansal H, Taylor S, "The service provider switching model (spsm): a model of consumer switching behavior in the services industry", *Journal of Service Research*, Vol.2, No.2, 1999, pp.200-218.

[②] Bhattacherjee, A, Limayem M, Cheung C M K, "User switching of information technology: a theoretical synthesis and empirical test", *Information and Management*, Vol.49, No.7, 2012, pp.327-333.

[③] 陈洋：《基于移动支付服务价值的互联网支付用户渠道转移行为研究》，镇江：江苏大学，2016年。

[④] Lin C, Wang H, "Understanding users' switching intentions and switching behavior on social networking sites", *Aslib Journal of Information Management*, Vol.69, No.2, 2017, pp.201-214.

[⑤] Limayem M, Hirt S G, Cheung C M K, "How habit limits the predictive power of intention: the case of information systems continuance", Vol.31, No.4, 2007, pp.705-737.

[⑥] Bhattacherjee, A, Limayem M, Cheung C M K, "User switching of information technology: a theoretical synthesis and empirical test", *Information and Management*, Vol.49, No.7, 2012, pp.327-333.

6.2.3 用户转换行为模型构建

通过对移动图书馆用户转换行为影响因素的分析，构建移动图书馆用户转换行为假设模型，如下图 6.2 所示。其中，影响转换意向的推力因素包含满意度和忠诚度；拉力因素包含替代品吸引力和主观规范；锚定因素包含转换成本和个人创新。转换意向和使用习惯对转换行为产生影响。在满意度因素中，主要从用户感知到的系统质量、信息质量和服务质量三方面来衡量。

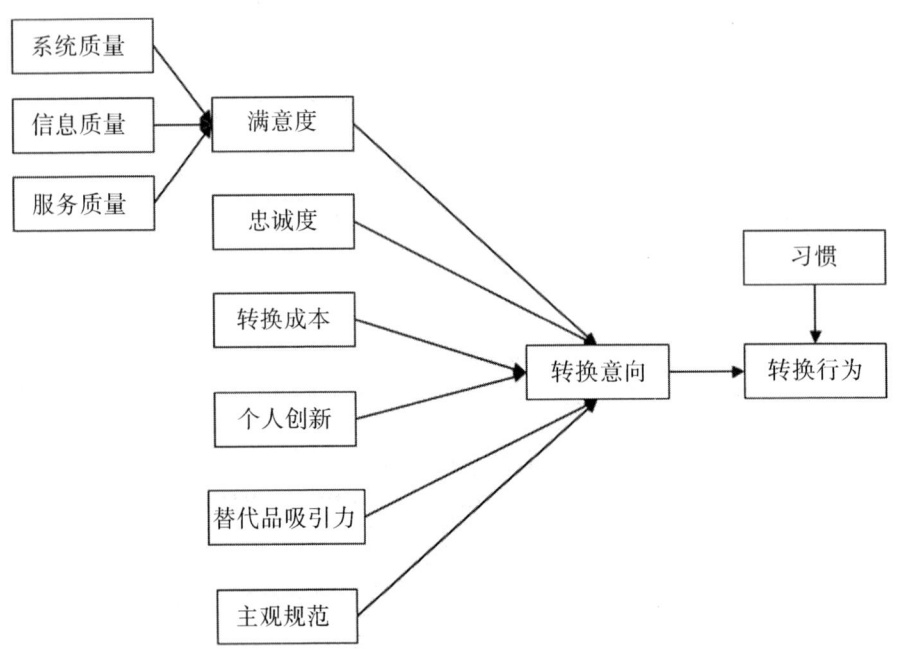

图 6.2 移动图书馆用户转换行为假设模型

6.3 移动图书馆用户转换行为实证研究

本调研采用网络问卷调查法来进行数据的收集。首先，借鉴已有的研究成果编制调查问卷。其次，将初步形成的调查问卷与老师和同学进行小组讨论，根据讨论结果对问卷进行修改，尽量避免问卷中出现歧义、不易理解等问题。然后，在小范围内进行问卷的预调研，并对数据进行信度与效度的检验；根据检验结果及用户反馈再次对问卷进行修改，形成正式问卷。最后，进行调查问卷的正式发放。一方面通过高校 QQ 群、微信群等，向全国高校的移动图书馆用户发放。另一方面由笔者在重庆大学校内随机邀请高校师生填写网络问卷，预计发放 300 份问卷。

调查问卷主要包含两个部分：第一部分是对用户基本信息的调研，包含身份、性别、年龄、学科背景、目前最常使用的移动图书馆类型和功能等。第二部分是对用户转换行为的调研，根据推力因素、拉力因素和锚定因素等方面的各变量，每个变量设置 2~3 测量项。本问卷采用李克特 5 级量表，选项按照"完全不同意""不太同意""一般""比较同意""完全同意"分别对应 1、2、3、4、5 分（见附录 4）。

6.3.1 问卷设计

（1）推力因素

①信息质量、系统质量、服务质量

系统质量是指技术方面的，信息处理系统本身的质量，衡量指标有适应性、可用性、可靠性、响应时间、有用性等；信息质量是指语义上的，信息系统输出内容的质量，衡量指标有信息的完整性、易于理解、个性化、相关性和安全性等；服务质量是指服务提供者，所提供服务的质量，衡量指标有服务提供方的担保、共鸣和响应[1]。由此，移动图书馆的系统质量衡量系统的稳定性、适应性和响应性；移动图书馆的信息质量衡量其提供信息的全面性、相关性、新颖性、易于理解；移动图书馆的服务质量衡量图书馆工作人员对用户的响应、是否能为用户提供专业化、个性化服务，具体测量量表见表6.1。

表6.1 信息质量、系统质量、服务质量测量量表

变量	序号	测量项
系统质量 （System quality）	SQ1	移动图书馆的系统运行稳定、流畅，我能够正常访问和使用
	SQ2	我对移动图书馆的功能设计感到满意
	SQ3	移动图书馆的界面设计符合我的喜好（颜色、布局等）
信息质量 （Information quality）	IQ1	移动图书馆平台提供的信息资源内容丰富、种类全面
	IQ2	移动图书馆提供的信息符合我的需求
	IQ3	移动图书馆提供的信息能够及时更新，具有新颖性和时效性
服务质量 （Service quality）	SVQ1	移动图书馆提供使用指南、服务提示、联系馆员等帮助服务
	SVQ2	通过移动图书馆的帮助服务，我能够快速、有效地解决使用中遇到的问题

---

[1] William H D, Ephraim E M, "The delone and mclean model of information systems success: a ten-year update", *Journal of Management Information Systems*, Vol.19, No.4, 2003, pp.9-30.

②满意度

移动图书馆用户满意度是用户在使用移动图书馆之后对其做出的整体性评估。陈娟等[1]探究了移动数字阅读 APP 背景下的用户退出意愿，发现用户对系统质量、信息质量和服务质量三方面的不满意会导致用户产生退出意愿。奥利弗（R. L. Oliver）[2]通过实证调研，发现期望不确认显著影响满意度，并且在满意度的各个影响因素中占比很大。因此，通过以下问项来测量移动图书馆是否满足了用户的期望及用户使用移动图书馆过程中的愉悦度和满意度。具体测量量表见表6.2。

表 6.2 满意度测量量表

变量	编号	测量项
满意度 （Satisfaction）	SA1	当前移动图书馆满足了我对它的期望（对功能，信息类型、内容，系统服务等需求）
	SA2	总的来说，使用当前移动图书馆令我感觉很愉悦
	SA3	总的来说，我对当前的移动图书馆感到非常满意

③忠诚度

赵海平等[3]认为忠诚度是指用户使用 APP 时表现出来的倾向性，这种倾向性使得用户可以谅解 APP 所表现出来的微小不足并且继续使用。因此，移动图书馆的用户忠诚度表现为用户对当前使用的移动图书馆的倾向性。通过以下问项来测量用户在使用移动图书馆的过程中对其出现微小不足的态度、用户继续使用和向他人推荐移动图书馆的倾向。具体

---

[1] 陈娟、邓胜利：《移动数字阅读 APP 用户退出意愿的影响因素研究》，载《情报科学》，2017 年第 3 期，第 128—133、151 页。

[2] Oliver R L, "A cognitive model of the antecedents and consequences of satisfaction decisions", Vol.17, No.4, 1980, pp.460-469.

[3] Hsieh J, Hsieh Y, Chiu H, et al, "Post-adoption switching behavior for online service substitutes: a perspective of the push-pull-mooring framework", *Computers in Human Behavior*, No.5, 2012, pp.1912-1920.

测量量表见表6.3。

表6.3 忠诚度测量量表

变量	编号	测量项
忠诚度 （Loyalty）	LOY1	我能够体谅移动图书馆出现微小不足（如启动速度慢、偶尔卡顿等）
	LOY2	只要当前移动图书馆继续提供服务，我会一直使用它
	LOY3	我愿意向周围朋友、同学推荐使用当前的移动图书馆

（2）拉力因素

①替代品吸引力

郭顺利等[1]将图书馆的其他新媒体服务方式、功能和新媒体技术应用看作是替代品。在影响用户流失的原因调查中，核心服务失败是占比最多的影响因素[2]。当前移动图书馆的核心服务有馆藏检索、个人账户信息查询、图书推荐、数字资源获取[3]。因此，移动图书馆的替代品包括除以当前使用的移动图书馆之外的可以提供馆藏检索、个人账户信息查询、图书推荐和资源获取等信息服务的产品。替代品吸引力测量项主要是从系统质量、信息质量和服务质量三个方面进行设置。具体测量量表见表6.4。

---

[1] 郭顺利、张向先、相甍甍：《高校图书馆微信公众平台用户流失行为模型及其影响因素分析》，载《图书情报工作》，2017年第2期，第57—66页。

[2] Keaveney S M, "Customer switching behavior in service industries: an exploratory study", *Journal of Marketing*, Vol.59, No.2, 1995, pp.71-82.

[3] 许天才、潘雨亭、张洁：《国内高校移动图书馆功能设置与服务质量研究》，载《国家图书馆学刊》，2018年第5期，第65—76页。

表 6.4 替代品吸引力测量量表

变量	编号	测量题项
替代品吸引力（Alternative attractiveness）	AA1	新的移动信息服务提供的信息质量更高，更加符合我的信息需求
	AA2	新的移动信息服务平台运行更稳定，功能设计、界面设计更符合我的需求
	AA3	新的移动信息服务提供更加贴心的帮助服务

②主观规范

主观规范是指个人感知到的其他人认为自己应该或者不应该参与到某一特定行为中来，主观规范可以直接预测个人的行为意图①。在服务行业顾客转换行为研究中发现，主观规范显著影响用户的转换态度，通过转换态度间接影响转换意向②。在对移动即时通信软件的研究中，发现主观规范对转换意向有显著直接影响，并且是对用户产生拉力效应的最强因子③。对于移动图书馆的用户来说，他们也会受到同学、老师、朋友等身边人的影响。具体测量量表见表 6.5。

---

① Sun Y, Liu D, Chen S, et al, "Understanding users' switching behavior of mobile instant messaging applications: an empirical study from the perspective of push-pull-mooring framework", *Computers in Human Behavior*, Vol.75, 2017, pp.727-738.

② Bansal H, Taylor S, "The service provider switching model (spsm): a model of consumer switching behavior in the services industry", *Journal of Service Research*, Vol.2, No.2, 1999, pp.200-218.

③ Sun Y, Liu D, Chen S, et al, "Understanding users' switching behavior of mobile instant messaging applications: an empirical study from the perspective of push-pull-mooring framework", *Computers in Human Behavior*, Vol.75, 2017, pp.727-738.

表6.5 主观规范测量量表

变量	编号	测量题项
主观规范 (Subjective norm)	SN1	那些对我的行为能够产生影响的人（同学、老师、专家、朋友、家人等）推荐我使用新的APP
	SN2	那些对我来说重要的人（同学、老师、朋友、家人等）推荐我使用新的移动服务

（3）锚定因素

①个人创新

用户的个人创新性能够体现其对于新的信息技术的态度，如对新产品的敏感度、对新产品尝鲜的积极性以及是否喜爱体验新产品。在信息技术背景下，个人创新能够正向调节感知相对优势和转换意向之间的关系，同时负向调节满意度与转换意向之间的关系。[①] 在移动支付用户转换研究中发现，个人创新性能够调节推力因素和转换意向之间的关系[②]。可以通过测量移动图书馆用户对关注和尝试新鲜APP的态度来了解个人创新，具体测量量表见表6.6。

表6.6 个人创新测量量表

变量	编号	测量题项
个人创新 (Personal innovation)	PI1	当我听说一种新的APP时，我愿意去体验一下它
	PI2	在周围人当中，我通常是第一个去尝试新鲜APP的人
	PI3	我喜欢去体验新的APP

---

① Bhattacherjee A, Limayem, M, Cheung C M K, "User switching of information technology: A theoretical synthesis and empirical test", *Information and Management*, Vol.49, No.7, 2012, pp.327-333.

② 卫潇:《移动支付用户的转移意愿及其影响因素研究》，苏州：苏州大学，2016年。

②转换成本

在前人的研究中,一方面,转换成本的存在显著负向影响了用户的转换意向;另一方面,转换成本能够显著影响转换障碍,从而促进用户的持续使用行为[①]。在本研究中,移动图书馆的转换成本包含用户使用替代品可能要付出的时间和努力,在原来的移动图书馆中获得的积分、等级、学习笔记等成果及建立的好友关系、社群关系等。具体测量量表见表6.7。

表6.7 转换成本测量量表

变量	编号	测量题项
转换成本 (Switching cost)	SC1	使用新的移动信息服务需要下载、注册以及了解各项功能,这会花费我很多时间和努力
	SC2	使用新的移动信息服务会让我损失掉原来移动图书馆中的积分、等级、学习笔记等成果
	SC3	使用新的移动信息服务会让我失去原来移动图书馆中建立的关系,如好友、读书群等

(4) 因变量及其他影响因素

①习惯

习惯是对特定线索自动反映并达到既定目标或状态的序列学习活动,通常表现为固化的思维或行为方式,具有自发性、稳定性和高效性[②]。用户对当前移动图书馆的习惯很可能会使其自然而然地继续使用,从而阻碍实际转换行为的发生。具体测量量表见表6.8。

---

① Zhang K Z, Cheung C M, Lee M K, et al, "Understanding the blog service switching in Hong kong: an empirical investigation", 2008.

② 陈明红、漆贤军、刘莹:《移动图书馆持续使用意向及习惯的调节作用》,载《情报科学》,2016年第6期,第125—132页。

表 6.8　习惯测量量表

变量	编号	测量题项
习惯 （Habit）	HA1	使用当前移动图书馆获取信息，对我来说是件很自然的事
	HA2	需要移动信息服务时，我会不假思索地选择使用当前移动图书馆
	HA3	使用当前移动图书馆来获取信息服务对我来说已经成了习惯

②用户转换意向及行为

在有关用户转换行为的研究中，用户转换意向是发生实际转换行为的重要影响因素。转换意向测量用户近期是否存在放弃使用当前移动图书馆或转换使用其他移动图书馆的想法；转换行为测量用户使用当前移动图书馆和替代品的频率及时间。借鉴已有的研究成果，编制如下用户转换意向和转换行为测量量表。具体测量量表见表 6.9。

表 6.9　转换意向和转换行为测量量表

变量	编号	测量题项
转换意向 （Switching intention）	SI1	我最近有意向去尝试新的移动信息服务
	SI2	我很有可能放弃使用当前的移动图书馆
	SI3	我很有可能更换当前使用的移动图书馆类型
转换行为 （Actual behavior）	AB1	在日常生活中，相比于当前移动图书馆，我使用新的移动信息服务的频率更高
	AB2	在日常生活中，相比于当前移动图书馆，我使用新的移动信息服务的时间更多

6.3.2　问卷发放与回收

在预问卷发放前邀请了 10 位移动图书馆的用户填写问卷，并在完成测试后询问其对测量项表述是否有疑问。根据被试者的反馈意见，首先对问卷的"个人基本信息"模块进行了归并和删减，以减轻被试者的答题负担；其次对问项的编号、顺序及表述进行了修改，使其更易被理解。

预问卷的发放采用线下邀请同学扫描二维码填写问卷的方式进行。在学校内随机向同学们询问是否愿意配合调研，若得到肯定回复再向其发放问卷二维码。最后共收集到 60 份问卷，去除掉选择"从未使用过"移动图书馆的问卷，筛选出有效问卷共 52 份，有效率 86.66%。利用 SPSS 22.0 数据进行信度与效度的检验。信度检验采用 Cronbach's Alpha 系数，整体问项大于 0.8；然后对数据进行探索性因子分析，结果均符合后续研究所需达到的要求。由此可以看出问卷信度和效度较好，修改后可进行大范围发放。正式问卷内容详见附录 4。调研手段主要是通过问卷星进行网络调查（调研时间：2019 年 3 月—5 月）。

6.3.3 实证结果分析

(1) 描述性统计

正式调研中利用网络发放和实地随机邀请高校用户两种方法，同时进行问卷收集，最终共收回问卷 250 份，去除选择"从未使用过"的用户及所有问项均重复作答同一选项的问卷，共得到有效问卷 205 份，有效率 82%。在收回的有效问卷中有 34.15% 是男性用户，65.85% 是女性用户。调研用户的年龄主要分布在 18~30 岁。调研用户的身份包含教职工和大学生，其中占比最多的是研究生，为 51.22%，其次是本科生占比为 40.00%。在调研用户的学科背景中，占比最多的是工程与技术学科为 36.59%，其次是社会学科为 34.15%，见表 6.10。在本次调研中，用户当前最常使用的移动图书馆类型按照占比由高到低依次为：图书馆微信公众平台、图书馆手机网页版、图书馆 APP 和图书馆小程序。

表 6.10 被调查用户的基本信息

	类别	人数	比例
性别	男	70	34.15%
	女	135	65.85%
	合计	205	100%
年龄	18~24 岁	133	64.88%
	25~30 岁	62	30.24%
	31~35 岁	4	1.95%
	36 岁及以上	6	2.93%
	合计	205	100%
身份	教职工	11	5.37%
	博士	6	2.93%
	硕士	105	51.22%
	本科	82	40.00%
	大专	1	0.49%
	合计	205	100%
学科	自然学科	10	4.88%
	人文与艺术学科	32	15.61%
	社会学科	70	34.15%
	工程与技术学科	75	36.59%
	其他	18	8.78%
	合计	205	100%
使用类型	图书馆 APP	37	18.05%
	图书馆微信公众平台	104	50.73%
	图书馆小程序	5	2.44%
	图书馆手机网页版	59	28.78%
	合计	205	100%

当前国内高校移动图书馆提供的功能大体可以分为信息查询、信息通知、移动阅读、音频、视频学习等。在用户最常使用的功能中，信息查询占比最大为57.98%；其次为信息通知，占比22.87%；移动阅读占比15.96%。仅有2.66%的用户最常使用的功能是音频、视频学习，还有0.53%的用户选择了其他，如图6.3所示。

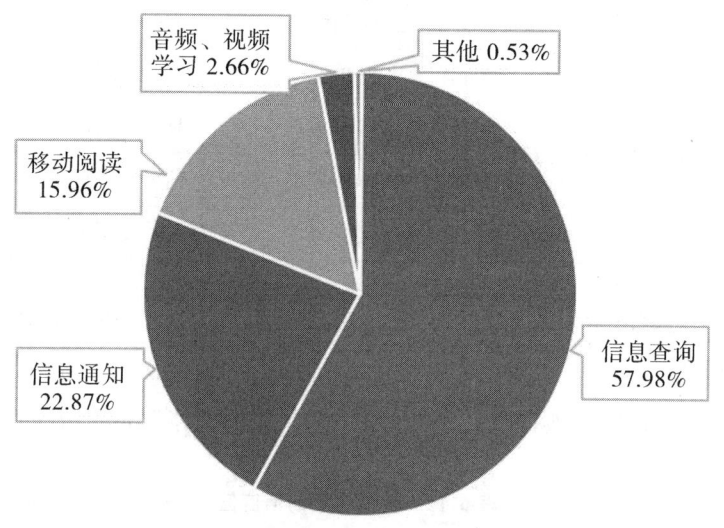

图6.3　移动图书馆用户最常使用的功能

（2）信度分析

信度分析（Reliability Analysis）又称可靠性分析，旨在检验评价量表的稳定性和可靠性。信度测量的是评价工具（量表）本身是否稳定，与测量结果无关。一般而言，当两次测量中得到的结果越接近时，说明误差越小，量表的信度越高。

信度分析常见的方法有重测信度法、折半信度法和Cronbach's Alpha系数法。其中，Cronbach's Alpha系数法是目前最常用的信度分析方法，检测量表中项目得分间的一致性，属于内在一致性，适用于态度、意见式量表。

考虑到移动图书馆用户转换行为问卷测量的是用户的使用态度，以下将选择最常用的Cronbach's Alpha系数法进行量表的信度分析，包括对所有问项的总体信度检验和各维度的信度检验。Cronbach's Alpha 系数在 0~1 之间，越接近 1 说明量表的内部一致性越好，量表越稳定。其判别标准见表 6.11。

表 6.11 Cronbach's Alpha 系数判别标准

检测类别	值的范围	内部一致信度
Cronbach's Alpha 系数	大于 0.8	信度非常好
	0.7~0.8	具有相当信度
	0.6~0.7	信度可以接受
	不超过 0.6	信度不足

首先对整体量表进行信度分析，信度值见表 6.12。本量表共包含 33 个观察变量，对 205 份有效数据进行 Cronbach's Alpha 检验，得到 α 系数为 0.844，基于标准化项目的 α 系数为 0.849。说明整体量表的信度非常好。

表 6.12 整体量表的信度值

信度分析		
Cronbach's Alpha	基于标准化项目的 Cronbach's Alpha	问项数
0.844	0.849	33

移动图书馆用户转换行为量表中共包含 12 个潜在变量，每个潜在变量有 2~3 个测量题项，以下分别对 12 个潜在变量进行信度分析。由表 6.13 可以看出，各潜在变量的 Cronbach's Alpha 值在 0.826~0.950 之间。说明量表的信度系数非常好。

表 6.13 各分系数变量的题项数和 Cronbach's Alpha 值

变量	Cronbach's Alpha 值	问项数
系统质量	0.850	3

(续表)

变量	Cronbach's Alpha 值	问项数
信息质量	0.826	3
服务质量	0.899	2
满意度	0.926	3
变量	Cronbach's Alpha 值	问项数
忠诚度	0.845	3
习惯	0.863	3
个人创新	0.911	3
转换成本	0.883	3
主观规范	0.950	2
替代品吸引力	0.914	3
转换意向	0.873	3
转换行为	0.928	2

(3) 效度分析

效度分析主要是检验量表的有效性，即检验量表中的题项、量表是否能够有效地反映量表中的各个潜变量，主要包含收敛效度和区分效度。收敛效度（Convergent Validity）是指量表中各潜在变量的内部一致性，其参考指标包括因素负荷量、潜在变量的组合信度以及平均方差抽取量。其判别标准为：因素负荷量大于0.7，组合信度大于0.7，平均方差抽取量大于0.5。区分效度（Discriminant Validity）是指量表中各个潜在变量之间的区别程度。判别方法则是比较各潜变量 AVE 的平方根和该潜变量与其他变量的相关系数。

组合信度（Composite reliability，CR）也称为建构信度（Construct reliability），表示潜在变量的信度系数，反映了该潜在变量的内部一致性。通过 CR 可以判断一个模型的内在质量，当 CR>0.60 时，表示该模型的内在质量理想。CR 的求解需要利用观察变量的标准化因素负荷量（indicator loading）和误差变异量（indicator error variances）。其公式如下：

$$\rho_c = \frac{(\Sigma\lambda)^2}{[(\Sigma\lambda)^2 + \Sigma(\theta)]}$$

其中 λ 为标准化因素载荷，θ 为观察变量的误差变异量，即测量误差。

在 SPSS Amos 22.0 中只能够得到标准化因素负荷量，而无法得到误差变异量，因此需要通过公式求解，误差变异量=1-标准化因素负荷量的平方。

平均方差抽取量（Average variance extracted，AVE）是指潜在变量可以解释其指标变量的变异量的比值。因此 AVE 越大，说明测量误差越小。一般来说 AVE 须大于 0.5。其公式如下：

$$\rho_c = \frac{(\Sigma\lambda^2)}{[(\Sigma\lambda^2) + \Sigma(\theta)]}$$

其中 λ 为标准化因素载荷，θ 为观察变量的误差变异量，即测量误差。

利用 SPSS Amos 22.0 得到各变量的标准化因素负荷量，见表 6.14。从表中可以看出，各观察变量的标准化因素负荷量在 0.681~0.961 之间，均大于判别标准 0.7；各潜变量的 CR 值为 0.8282~0.9498 之间，均大于判别标准 0.6；各潜变量的 AVE 值为 0.6172~0.9045 之间，大于判别标准 0.5。通过以上指标的判断，可以看出量表具有较好的收敛效度。

表 6.14 转换行为效度分析

变量	测量项	因素负荷量	CR	AVE
系统质量	SQ1	0.681	0.8593	0.6746
	SQ2	0.949	—	—
	SQ3	0.812	—	—
信息质量	IQ1	0.755	0.8282	0.6172
	IQ2	0.848	—	—
	IQ3	0.750	—	—
服务质量	SVQ1	0.876	0.902	0.8217
	SVQ2	0.936	—	—
满意度	SA1	0.894	0.9267	0.8082
	SA2	0.905	—	—
	SA3	0.898	—	—

（续表）

变量	测量项	因素负荷量	CR	AVE
忠诚度	LOY1	0.732	0.8497	0.6545
	LOY2	0.871	—	—
	LOY3	0.818	—	—
习惯	HA1	0.758	0.8659	0.6835
	HA2	0.850	—	—
	HA3	0.868	—	—
个人创新	PI1	0.842	0.9134	0.7791
	PI2	0.843	—	—
	PI3	0.958	—	—
转换成本	SC1	0.742	0.8994	0.7301
	SC2	0.935	—	—
	SC3	0.875	—	—
替代品吸引力	AA1	0.838	0.9162	0.785
	AA2	0.919	—	—
	AA3	0.899	—	—
主观规范	SN1	0.943	0.9498	0.9045
	SN2	0.959	—	—
转换意向	SI1	0.798	0.8775	0.7054
	SI2	0.817	—	—
	SI3	0.901	—	—
转换行为	AB1	0.901	0.9291	0.8677
	AB2	0.961	—	—

构建 12 个潜在变量的相关系数矩阵，并比较各潜在变量的 AVE 平方根与其他变量的相关性绝对值大小。从表 6.15 可以看出，各变量的 AVE 平方根均大于变量之间的相关系数绝对值。这说明量表中的变量之间具有较好的区分度，整体量表具有较高的区别效度。

表 6.15 AVE 平方根和相关系数矩阵

	SQ	IQ	SVQ	SA	LOY	HA	PI	SC	AA	SN	SI	AB
SQ	0.821											
IQ	0.433	0.786										
SVQ	0.334	0.507	0.906									
SA	0.619	0.733	0.506	0.899								
LOY	0.436	0.469	0.397	0.502	0.809							
HA	0.315	0.432	0.218	0.447	0.417	0.827						
PI	0.021	0.131	0.039	0.151	0.151	0.096	0.883					
SC	0.091	0.101	0.080	0.128	0.123	0.265	−0.153	0.854				
AA	−0.041	0.087	−0.050	0.087	0.034	0.159	0.152	0.021	0.886			
SN	−0.011	0.086	0.083	0.064	0.074	−0.038	0.147	0.109	0.231	0.951		
SI	−0.195	−0.115	−0.055	−0.169	−0.201	−0.087	0.247	−0.277	0.530	0.110	0.840	
AB	−0.190	−0.045	−0.048	−0.133	−0.166	−0.202	0.154	−0.237	0.303	0.070	0.748	0.932

(4) 探索性因子分析

接下来利用 SPSS Statistics 22.0 进行探索性因子分析，旨在探究量表中的测量项是否能够较好地被提取到各自的潜变量中。本文因子分析将分两部分进行，第一部分为满意度的因子分析；第二部分为转换意向及转换行为的因子分析。

在进行因子分析之前需要进行 KMO 和 Bartlett 球形检验以判断是否适合做因子分析。KMO 检验变量间的相关性和偏相关性，取值在 0~1 之间，越接近 1 说明变量间相关性越强，越适合做因子分析。一般情况下 KMO 在 0.7 以上最好，当 KMO 不足 0.5 时，说明变量间相关性不足，不适合做因子分析。Bartlett 球形检验的零假设相关系数矩阵是一个单位阵，即相关系数矩阵的对角线元素均为 1，而非对角线上的元素均为零。Sig 表示球形检验的 P 值，当 Sig<0.05 时，拒绝零假设，即相关系数矩阵不是单位阵，各变量间存在相关关系，数据适合做因子分析。KMO 的判别标准见表 6.16。

表 6.16 KMO 的判别标准

检测类别	值的范围	因子分析适合情况
KMO 值	大于 0.9	非常适合
	0.8~0.9	很适合
	0.7~0.8	适合
	0.6~0.7	勉强适合
	0.5~0.6	不太适合
	小于 0.5	不适合

①满意度因子分析

在假设模型中,满意度共有三个外因潜变量:系统质量、信息质量、服务质量,共 8 个观察变量。对满意度进行 KMO 和 Bartlett 球形检验。由表 6.17 的分析结果可以看出:KMO = 0.751 > 0.7,Bartlett 球形检验的近似卡方值为 846.154,自由度为 28,显著性为 0.000,小于 0.01,即在 0.01 的水平上显著。说明数据集之间具有较好的相关性,适合做因子分析。

表 6.17 KMO 和 Bartlett 球形检验

取样足够度的 Kaiser-Meyer-Olkin 度量		0.751
Bartlett 球形检验	近似卡方	846.154
	df	28
	Sig.	0.000

首先,对满意度的各观察变量进行因子分析,抽取特征值大于 1 的因子,采用最大方差法进行正交旋转,同时设置系数显示格式为:取消绝对值不足 0.50 的小系数。得到结果见表 6.18,8 个观察变量最终提取出 3 个公因子,变量累计解释的总方差为 80.151%。这说明提取的 3 个公因子累计可以解释原始数据 80.151% 的信息,因子提取效果较好。

最大方差法采用正交旋转方法,使每个观察变量在尽可能少的公因子上有较高的因子载荷。通过取消绝对值不足 0.5 的小系数,可以保证每个观察变量只在某一个公因子上的载荷大于 0.5,在其他公因子上的载荷小于 0.5。对 8 个观察变量进行正交旋转,所有的观察变量均较好地集中在一个公因子上,说明量表的结构效度较好。根据因子提取及旋转结果,将 3 个公因子分别命名为系统质量、信息质量和服务质量。结果见表 6.19。

表 6.18 变量累计解释总方差

成分	初始特征值			提取平方和载入			旋转平方和载入		
	合计	方差的(%)	累积(%)	合计	方差的(%)	累积(%)	合计	方差的(%)	累积(%)
1	3.704	46.294	46.294	3.704	46.294	46.294	2.340	29.245	29.245
2	1.596	19.945	66.240	1.596	19.945	66.240	2.249	28.106	57.352
3	1.113	13.911	80.151	1.113	13.911	80.151	1.824	22.799	80.151
4	0.469	5.865	86.015						
5	0.429	5.363	91.379						
6	0.307	3.835	95.213						
7	0.213	2.666	97.880						
8	0.170	2.120	100.000						

表 6.19 主成分旋转矩阵

	成分		
	1	2	3
SQ1	0.830		
SQ2	0.896		
SQ3	0.847		
IQ1		0.871	
IQ2		0.832	
IQ3		0.779	
SVQ1			0.915
SVQ2			0.914

(2) 用户转换行为因子分析

接下来以同样的方法对用户转换行为的各观察变量进行因子分析。首先，对各变量进行 KMO 和 Bartlett 球形检验。结果见表 6.20，KMO=0.747>0.7，Bartlett 球形检验的近似卡方值为 3424.082，自由度为 253，显著性为 0.000，小于 0.01，即在 0.01 的水平上显著。说明数据集之间具有较好的相关性，适合做因子分析。

表 6.20 KMO 和 Bartlett 球形检验

取样足够度的 Kaiser-Meyer-Olkin 度量		0.747
Bartlett 球形检验	近似卡方	3424.082
	df	253
	Sig.	0.000

通过因子分析被抽取出 8 个公因子，累计总方差解释率为 84.443%。采用最大方差法正交旋转得到结果，见表 6.21、6.22。每个观察变量只在其中一个公因子上载荷大于 0.5，在其他公因子上载荷小于 0.5。

表 6.21 变量累计解释总方差

成分	初始特征值			提取平方和载入			旋转平方和载入		
	合计	方差的(%)	累积(%)	合计	方差的(%)	累积(%)	合计	方差的(%)	累积(%)
1	4.905	21.328	21.328	4.905	21.328	21.328	2.727	11.856	11.856
2	4.423	19.230	40.558	4.423	19.230	40.558	2.630	11.436	23.292
3	2.703	11.753	52.311	2.703	11.753	52.311	2.618	11.384	34.676
4	2.037	8.857	61.168	2.037	8.857	61.168	2.486	10.807	45.483
5	1.708	7.426	68.594	1.708	7.426	68.594	2.401	10.439	55.922
6	1.381	6.003	74.596	1.381	6.003	74.596	2.350	10.216	66.138
7	1.242	5.398	79.995	1.242	5.398	79.995	2.262	9.836	75.974
8	1.023	4.448	84.443	1.023	4.448	84.443	1.948	8.469	84.443
9	0.463	2.013	86.455						
10	0.435	1.892	88.347						
11	0.370	1.608	89.955						
12	0.334	1.454	91.410						
13	0.291	1.265	92.674						

(续表)

成分	初始特征值			提取平方和载入			旋转平方和载入		
	合计	方差的(%)	累积(%)	合计	方差的(%)	累积(%)	合计	方差的(%)	累积(%)
14	0.246	1.068	93.742						
15	0.240	1.043	94.786						
16	0.230	1.002	95.787						
17	0.197	0.858	96.645						
18	0.174	0.757	97.402						
19	0.149	0.647	98.049						
20	0.138	0.599	98.648						
21	0.128	0.556	99.204						
22	0.116	0.503	99.706						
23	0.068	0.294	100.000						

表 6.22　主成分旋转矩阵

	成分							
	1	2	3	4	5	6	7	8
SA1			0.884					
SA2			0.890					
SA3			0.884					
LOY1						0.831		
LOY2						0.879		
LOY3						0.782		
HA1					0.810			
HA2					0.860			
HA3					0.870			
PI1		0.876						
PI2		0.900						
PI3		0.932						
SN1								0.957
SN2								0.958
SC1				0.820				
SC2				0.921				
SC3				0.906				
AA1	0.875							
AA2	0.910							
AA3	0.887							
SI1							0.696	
SI2							0.872	
SI3							0.883	

通过对满意度和转换行为的因子分析可以看出，同一潜变量的测量问项集中在同一公因子上载荷大于 0.50，在其他公因子上载荷小于 0.50，以下分别对具体变量进行探索性因子分析。

①系统质量

系统质量变量共包含 3 个观察变量。首先进行 KMO 和 Bartlett 球形检验，见表 6.23，得到结果 KMO = 0.675>0.6，近似卡方值为 294.335，自由度为 3，显著性概率 = 0.000<0.05，说明该潜变量的观察变量之间具有较强的相关性，适合进行下一步的因子分析。在主成分分析中，公因子方差显示了本次分析中从每个观察变量抽取的信息。从表 6.24 可以看出 3 个原始变量分别被主成分解释了 68.2%、85.9% 和 77.2% 的信息。通过最大方差法，抽取得到一个主成分，累计解释原始变量的总方差达到 77.102%，见表 6.25。同时，系统质量的 3 个观察变量在公因子上载荷值在 0.826~0.927 之间，均大于 0.7，见表 6.26，说明系统质量变量具有较好的结构效度。

表 6.23　KMO 和 Bartlett 球形检验

取样足够度的 Kaiser-Meyer-Olkin 度量		0.675
Bartlett 球形检验	近似卡方	294.335
	df	3
	Sig.	0.000

表 6.24　公因子方差

原始变量	初始	提取
SQ1	1.000	0.682
SQ2	1.000	0.859
SQ3	1.000	0.772

表 6.25 系统质量累计解释总方差

成分	初始特征值			提取平方和载入		
	合计	方差的(%)	累积(%)	合计	方差的(%)	累积(%)
1	2.313	77.102	77.102	2.313	77.102	77.102
2	0.474	15.815	92.917			
3	0.212	7.083	100.000			

表 6.26 主成分矩阵

原始变量	成分
	1
SQ1	0.826
SQ2	0.927
SQ3	0.879

②信息质量

信息质量变量共包含 3 个观察变量。首先进行 KMO 和 Bartlett 球形检验，见表 6.27，得到结果 KMO = 0.714>0.7，近似卡方值为 227.518，自由度为 3，显著性概率 = 0.000<0.05，说明该潜变量的观察变量之间具有较强的相关性，适合进行下一步的因子分析。通过主成分分析和最大方差法，见表 6.28，3 个原始变量分别有 74.1%、78.1% 和 70.7% 的信息被解释，得到一个主成分，累积解释总方差达到 74.316%，见表 6.29。同时，信息质量的 3 个观察变量在公因子上载荷值在 0.841~0.884 之间，均大于 0.7，见表 6.30，说明信息质量变量具有较好的结构效度。

表 6.27　KMO 和 Bartlett 球形检验

取样足够度的 Kaiser-Meyer-Olkin 度量		0.714
Bartlett 球形检验	近似卡方	227.518
	df	3
	Sig.	0.000

表 6.28　公因子方差

原始变量	初始	提取
IQ1	1.000	0.741
IQ2	1.000	0.781
IQ3	1.000	0.707

表 6.29　变量累计解释总方差

成分	初始特征值			提取平方和载入		
	合计	方差的(%)	累积(%)	合计	方差的(%)	累积(%)
1	2.229	74.316	74.316	2.229	74.316	74.316
2	0.439	14.625	88.941			
3	0.332	11.059	100.000			

表 6.30　主成分矩阵

原始变量	成分
	1
IQ1	0.861
IQ2	0.884
IQ3	0.841

③服务质量

服务质量变量共包含 2 个观察变量。首先进行 KMO 和 Bartlett 球形检验,见表 6.31,得到结果 KMO = 0.5,近似卡方值为 225.250,自由度为 1,显著性概率=0.000<0.05,说明该潜变量的观察变量之间具有相关性,可以进行因子分析。通过主成分分析和最大方差法,见表 6.32,2 个原始变量均有 91% 的信息被解释,得到一个主成分,累积解释总方差达到 90.964%,见表 6.33。同时,服务质量的 1 个观察变量在公因子上载荷值均为 95.4%,大于 0.7,见表 6.34,说明服务质量变量具有较好的结构效度。

表 6.31　KMO 和 Bartlett 球形检验

取样足够度的 Kaiser-Meyer-Olkin 度量		0.500
Bartlett 球形检验	近似卡方	225.250
	df	1
	Sig.	0.000

表 6.32　公因子方差

原始变量	初始	提取
SVQ1	1.000	0.910
SVQ2	1.000	0.910

表 6.33　变量累计解释总方差

成分	初始特征值			提取平方和载入		
	合计	方差的(%)	累积(%)	合计	方差的(%)	累积(%)
1	1.819	90.964	90.964	1.819	90.964	90.964
2	0.181	9.036	100.000			

表 6.34　主成分矩阵

原始变量	成分
	1
SVQ1	0.954
SVQ2	0.954

④满意度

满意度变量共包含 3 个观察变量。首先进行 KMO 和 Bartlett 球形检验，见表 6.35，得到结果 KMO = 0.765 > 0.7，近似卡方值为 473.377，自由度为 3，显著性概率 = 0.000 < 0.05，说明该潜变量的观察变量之间具有相关性，适合进行因子分析。通过主成分分析和最大方差法，见表 6.36，3 个原始变量分别有 86.7%、87.7% 和 87.2% 的信息被解释，最终得到一个主成分，累积解释总方差达到 87.208%，见表 6.37。同时，满意度的 3 个观察变量在公因子上载荷值分别为 93.1%、93.6%、93.4%，均大于 0.7，见表 6.38。说明满意度变量具有较好的结构效度。

表 6.35　KMO 和 Bartlett 球形检验

取样足够度的 Kaiser-Meyer-Olkin 度量		0.765
Bartlett 球形检验	近似卡方	473.377
	df	3
	Sig.	0.000

表 6.36　公因子方差

原始变量	初始	提取
SA1	1.000	0.867
SA2	1.000	0.877
SA3	1.000	0.872

表 6.37 变量累计解释总方差

成分	初始特征值			提取平方和载入		
	合计	方差的(%)	累积(%)	合计	方差的(%)	累积(%)
1	2.616	87.208	87.208	2.616	87.208	87.208
2	0.199	6.641	93.849			
3	0.185	6.151	100.000			

表 6.38 主成分矩阵

原始变量	成分
	1
SA1	0.931
SA2	0.936
SA3	0.934

⑤忠诚度

忠诚度变量共包含 3 个观察变量，首先，进行 KMO 和 Bartlett 球形检验，见表 6.39，得到 KMO=0.708>0.7，近似卡方值为 264.862，自由度为 3，显著性概率=0.000<0.05，说明该潜变量的观察变量之间具有相关性，适合进行因子分析。通过主成分分析和最大方差法，忠诚度的 3 个原始变量分别有 71.1%、82.2% 和 76.2% 的信息被解释，见表 6.40。最终得到一个公因子，累计解释总方差达到 76.5%，见表 6.41。3 个原始变量在公因子上的载荷值分别为 84.3%、90.7% 和 87.3%，均大于 0.7，见表 6.42，说明忠诚度变量具有较好的结构效度。

表 6.39 KMO 和 Bartlett 球形检验

取样足够度的 Kaiser-Meyer-Olkin 度量		0.708
Bartlett 球形检验	近似卡方	264.862
	df	3
	Sig.	0.000

表 6.40　公因子方差

原始变量	初始	提取
LOY1	1.000	0.711
LOY2	1.000	0.822
LOY3	1.000	0.762

表 6.41　变量累计解释总方差

成分	初始特征值			提取平方和载入		
	合计	方差的(%)	累积(%)	合计	方差的(%)	累积(%)
1	2.295	76.500	76.500	2.295	76.500	76.500
2	0.434	14.479	90.979			
3	0.271	9.021	100.000			

表 6.42　主成分矩阵

原始变量	成分
	1
LOY1	0.843
LOY2	0.907
LOY3	0.873

⑥习惯

习惯变量共包含 3 个观察变量，首先，进行 KMO 和 Bartlett 球形检验，见表 6.43，得到 KMO=0.726>0.7，近似卡方值为 293.944，自由度为 3，显著性概率=0.000<0.05，说明该潜变量的观察变量之间具有相关性，适合进行因子分析。通过主成分分析和最大方差法，习惯变量的 3 个原始变量分别有 73.8%、80.2% 和 81.8% 的信息被解释，见表 6.44。最终得到一

个公因子，累计解释总方差达到 78.608%，见表 6.45。3 个原始变量在公因子上的载荷值分别为 85.9%、89.6%、90.5%，均大于 0.7，见表 6.46。说明习惯变量具有较好的结构效度。

表 6.43　KMO 和 Bartlett 球形检验

取样足够度的 Kaiser-Meyer-Olkin 度量		0.726
Bartlett 球形检验	近似卡方	293.944
	df	3
	Sig.	0.000

表 6.44　公因子方差

原始变量	初始	提取
HA1	1.000	0.738
HA2	1.000	0.802
HA3	1.000	0.818

表 6.45　变量累计解释总方差

成分	初始特征值			提取平方和载入		
	合计	方差的(%)	累积(%)	合计	方差的(%)	累积(%)
1	2.358	78.608	78.608	2.358	78.608	78.608
2	0.383	12.775	91.383			
3	0.259	8.617	100.000			

表 6.46　主成分矩阵

原始变量	成分
	1
HA1	0.859
HA2	0.896
HA3	0.905

⑦个人创新

个人创新变量共包含3个观察变量,首先,进行 KMO 和 Bartlett 球形检验,见表6.47,得到 KMO = 0.726>0.7,近似卡方值为431.235,自由度为3,显著性概率 = 0.000<0.05,说明该潜变量的观察变量之间具有相关性,适合进行因子分析。通过主成分分析和最大方差法,个人创新变量的3个原始变量分别有82.2%、82.5%和89.9%的信息被解释,见表6.48。最终得到一个公因子,累计解释总方差达到84.863%,见表6.49。3个原始变量在公因子上的载荷值分别为90.7%、90.8%、94.8%,均大于0.7,见表6.50。说明个人创新变量具有较好的结构效度。

表6.47 KMO 和 Bartlett 球形检验

取样足够度的 Kaiser-Meyer-Olkin 度量		0.726
Bartlett 球形检验	近似卡方	431.235
	df	3
	Sig.	0.000

表6.48 公因子方差

原始变量	初始	提取
PI1	1.000	0.822
PI2	1.000	0.825
PI3	1.000	0.899

表6.49 变量累计解释总方差

成分	初始特征值			提取平方和载入		
	合计	方差的(%)	累积(%)	合计	方差的(%)	累积(%)
1	2.546	84.863	84.863	2.546	84.863	84.863
2	0.298	9.930	94.793			
3	0.156	5.207	100.000			

表 6.50　主成分矩阵

原始变量	成分
	1
PI1	0.907
PI2	0.908
PI3	0.948

⑧主观规范

主观规范变量共包含 2 个观察变量。首先，进行 KMO 和 Bartlett 球形检验，见表 6.51，得到结果 KMO=0.5，近似卡方=344.491，自由度为 1，显著性=0.000<0.05，说明该潜变量的观察变量之间具有相关性，可以进行因子分析。在本次分析中，主观规范变量的 2 个原始变量均有 95.2%的信息被解释，见表 6.52。采用最大方差法进行主成分分析，最终得到一个公因子，累计解释总方差达到 95.209%，见表 6.53。2 个原始变量在公因子上的载荷值均为 97.6%，均大于 0.7，见表 6.54。说明主观规范变量具有较好的结构效度。

表 6.51　KMO 和 Bartlett 球形检验

取样足够度的 Kaiser-Meyer-Olkin 度量		0.500
Bartlett 球形检验	近似卡方	344.491
	df	1
	Sig.	0.000

表 6.52　公因子方差

原始变量	初始	提取
SN1	1.000	0.952
SN2	1.000	0.952

表 6.53 变量累计解释总方差

成分	初始特征值			提取平方和载入		
	合计	方差的(%)	累积(%)	合计	方差的(%)	累积(%)
1	1.904	95.209	95.209	1.904	95.209	95.209
2	0.096	4.791	100.000			

表 6.54 主成分矩阵

原始变量	成分
	1
SN1	0.976
SN2	0.976

⑨转换成本

转换成本变量共包含 3 个观察变量。首先，进行 KMO 和 Bartlett 球形检验，见表 6.55，得到结果 KMO=0.709>0.7，近似卡方=364.489，自由度为 3，显著性=0.000<0.05，说明该潜变量的观察变量之间具有较好的相关性，适合进行因子分析。在本次分析中，主观规范变量的 3 个原始变量分别有 73.3%、87.2% 和 83.4% 的信息被解释，见表 6.56。采用最大方差法进行主成分分析，最终得到一个公因子，累计解释总方差达到 81.271%，见表 6.57。3 个原始变量在公因子上的载荷值分别为 85.6%、93.4% 和 91.3%，均大于 0.7，见表 6.58，说明转换成本变量具有较好的结构效度。

表 6.55 KMO 和 Bartlett 球形检验

取样足够度的 Kaiser-Meyer-Olkin 度量		0.709
Bartlett 球形检验	近似卡方	364.489
	df	3
	Sig.	0.000

表 6.56　公因子方差

原始变量	初始	提取
SC1	1.000	0.733
SC2	1.000	0.872
SC3	1.000	0.834

表 6.57　变量累计解释总方差

成分	初始特征值			提取平方和载入		
	合计	方差的(%)	累积(%)	合计	方差的(%)	累积(%)
1	2.438	81.271	81.271	2.438	81.271	81.271
2	0.387	12.912	94.183			
3	0.175	5.817	100.000			

表 6.58　主成分矩阵

原始变量	成分
	1
SC1	0.856
SC2	0.934
SC3	0.913

⑩替代品吸引力

替代品吸引力变量共包含 3 个观察变量。首先，进行 KMO 和 Bartlett 球形检验，见表 6.59，得到结果 KMO = 0.748>0.7，近似卡方 = 436.062，自由度为 3，显著性 = 0.000<0.05，说明该潜变量的观察变量之间具有较好的相关性，适合进行因子分析。在本次分析中，替代品吸引力变量的 3 个原始变量分别有 82.1%、88.3%和 85.9%的信息被解释，见表 6.60。采

用最大方差法进行主成分分析,最终得到一个公因子,累计解释总方差达到 85.468%,见表 6.61。3 个原始变量在公因子上的载荷值分别为 90.6%、94.0% 和 92.7%,均大于 0.7,见表 6.62。说明替代品吸引力变量具有较好的结构效度。

表 6.59 KMO 和 Bartlett 球形检验

取样足够度的 Kaiser-Meyer-Olkin 度量		0.748
Bartlett 球形检验	近似卡方	436.062
	df	3
	Sig.	0.000

表 6.60 公因子方差

原始变量	初始	提取
AA1	1.000	0.821
AA2	1.000	0.883
AA3	1.000	0.859

表 6.61 变量累计解释总方差

成分	初始特征值			提取平方和载入		
	合计	方差的(%)	累积(%)	合计	方差的(%)	累积(%)
1	2.564	85.468	85.468	2.564	85.468	85.468
2	0.267	8.899	94.367			
3	0.169	5.633	100.000			

表 6.62　主成分矩阵

原始变量	成分
	1
AA1	0.906
AA2	0.940
AA3	0.927

⑪转换意向

转换意向变量共包含 3 个观察变量。首先，进行 KMO 和 Bartlett 的球形检验，见表 6.63，得到结果 KMO=0.712>0.7，近似卡方=323.181，自由度为 3，显著性=0.000<0.05，说明该潜变量的观察变量之间具有较好的相关性，适合进行因子分析。在本次分析中，转换意向变量的 3 个原始变量分别有 74.5%、79.1% 和 85.7% 的信息被解释，见表 6.64。采用最大方差法进行主成分分析，最终得到一个公因子，累计解释总方差达到 79.772%，见表 6.65。3 个原始变量在公因子上的载荷值分别为 86.3%、88.9% 和 92.6%，均大于 0.7，见表 6.66。说明转换意向变量具有较好的结构效度。

表 6.63　KMO 和 Bartlett 球形检验

取样足够度的 Kaiser-Meyer-Olkin 度量		0.712
Bartlett 球形检验	近似卡方	323.181
	df	3
	Sig.	0.000

表 6.64 公因子方差

原始变量	初始	提取
SI1	1.000	0.745
SI2	1.000	0.791
SI3	1.000	0.857

表 6.65 变量累计解释总方差

成分	初始特征值			提取平方和载入		
	合计	方差的(%)	累积(%)	合计	方差的(%)	累积(%)
1	2.393	79.772	79.772	2.393	79.772	79.772
2	0.391	13.017	92.789			
3	0.216	7.211	100.000			

表 6.66 主成分矩阵

原始变量	成分
	1
SI1	0.863
SI2	0.889
SI3	0.926

(5) 结构方程分析

结构方程模型（Structural Equation Modeling，SEM）结合了因子分析和路径分析方法，能够同时检验模型中的显性变量、潜在变量及误差变量之间的关系。结构方程模型可以采用 SPSS Amos、Lisrel 等软件分析。本研究将使用 SPSS Amos 22.0 进行结构方程分析。结构方程模型的分析包含两部分：一部分为满意度结构方程分析；另一部分为用户转换行为模型分析。

首先，在 Amos 中构建满意度假设模型。该假设模型包含 1 个内生潜变量即满意度，3 个外生潜变量，包括系统质量、信息质量和服务质量，11 个观察变量。在 Amos 软件中画出各个变量及其相关路径，同时设置各变量的残差项，如图 6.4 所示。

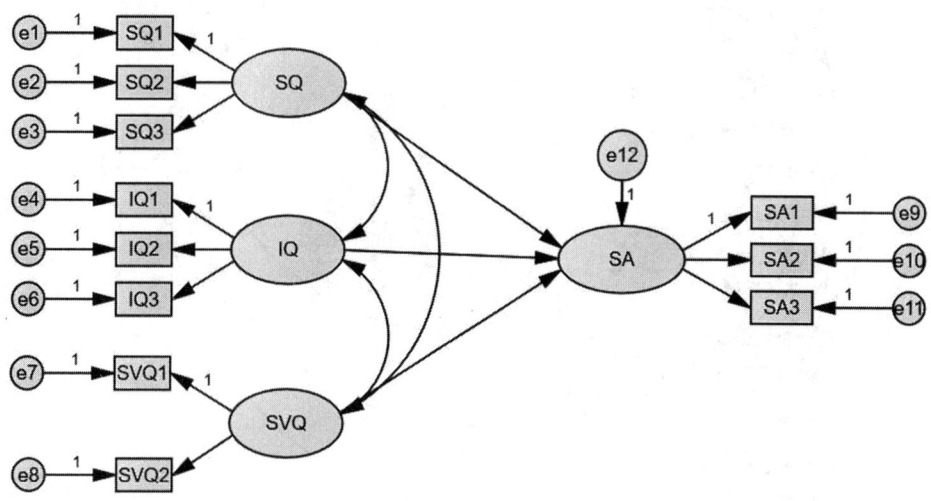

图 6.4　移动图书馆满意度结构方程模型

接下来，在 SPSS Amos 22.0 中构建用户转换行为模型。该假设模型包含 2 个内生潜变量即转换意向和转换行为，7 个外生潜变量，包括满意度、忠诚度、个人创新、转换成本、替代品吸引力、主观规范和习惯，25 个观察变量。在 SPSS Amos 22.0 软件中画出各个变量及其相关路径，同时设置各变量的残差项如图 6.5 所示。

将调研数据导入，采用极大似然法进行分析。得到回归系数见表 6.67。Estimate 为模型参数估计值；S.E.（the standard error of estimate）为估计值标准误；C.R.（critical ratio）为临界比，是 Estimate 与 S.E. 的比值，相当于 t 检验值。临界比绝对值大于 1.96 时，参数估计值达到 0.05 显著水平；临界比大于 2.58 时，参数估计值达到 0.01 显著水平。

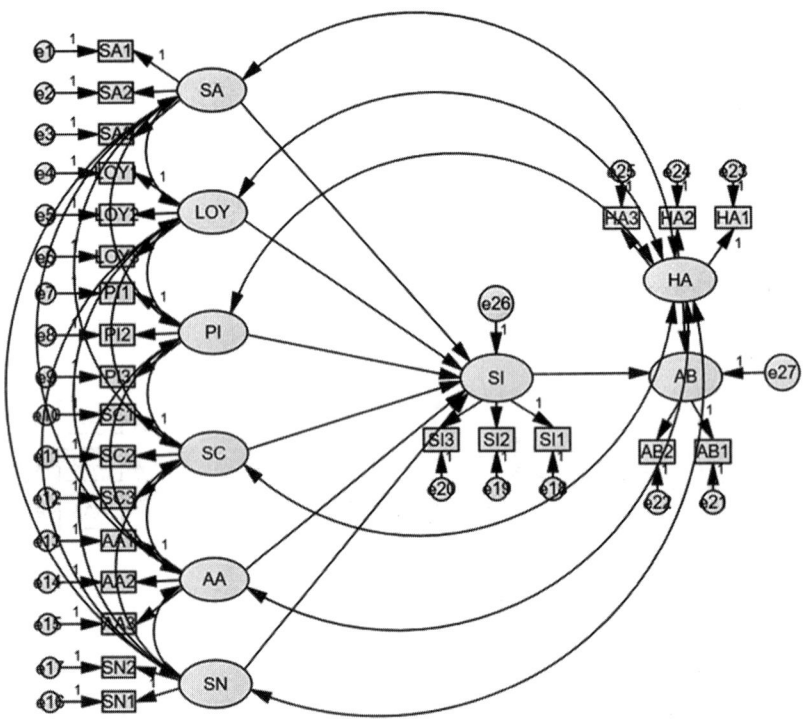

图 6.5 移动图书馆用户转换行为结构方程模型

表 6.67 模型参数估计结果

变量影响	估计值	估计值标准误差（S.E.）	临界比（C.R.）	显著性概率（P）	标签（Label）
满意度←系统质量	0.445	0.082	5.439	***	par_7
满意度←信息质量	0.661	0.099	6.659	***	par_8
满意度←服务质量	0.101	0.050	2.024	0.043	par_9
转换意向←满意度	-0.121	0.072	-1.686	0.092	par_21
转换意向←忠诚度	-0.247	0.080	-3.088	0.002	par_14
转换意向←个人创新	0.144	0.059	2.445	0.014	par_15
转换意向←转换成本	-0.256	0.073	-3.501	***	par_16

(续表)

变量影响	估计值	估计值标准误差(S.E.)	临界比(C.R.)	显著性概率(P)	标签(Label)
转换意向←替代品吸引力	0.520	0.075	6.936	***	par_17
转换意向←主观规范	0.005	0.058	0.088	0.930	par_20
转换行为←转换意向	0.874	0.088	9.938	***	par_18
转换行为←习惯	−0.184	0.074	−2.472	0.013	par_19

模型参数估计结果显示，系统质量、信息质量均在 $p<0.01$ 的水平下显著正向影响满意度，服务质量在 $p<0.05$ 的水平下显著正向影响满意度。转换成本和替代品吸引力在 $p<0.01$ 的水平下显著正向影响转换意向，忠诚度、个人创新在 $p<0.05$ 的水平下显著影响转换意向。转换意向在 $p<0.01$ 的水平下显著影响转换行为，习惯在 $p<0.05$ 的水平下显著影响转换行为。满意度和主观规范对转换意向的 P 值均超过标准 0.05，未能对转换意向产生显著影响。

根据表 6.68 可以看出本章提出 9 个假设除 H1b、H4 之外均得到支持。

表 6.68 假设检验结果

假设	假设内容	结论
H1a	移动图书馆的系统质量、信息质量和服务质量正向影响用户满意度	支持
H1b	用户对当前移动图书馆的满意度负向影响转换意向	不支持
H2	用户对当前移动图书馆的忠诚度负向影响转换意向	支持
H3	用户感知到的替代品吸引力正向影响转换意向	支持
H4	主观规范正向影响转换意向	不支持
H5	用户感知到的转换成本负向影响转换意向	支持
H6	用户的个人创新性正向影响转换意向	支持

（续表）

假设	假设内容	结论
H7	转换意向正向影响转换行为	支持
H8	用户习惯负向影响转换行为	支持

H1a假设得到支持，移动图书馆的系统质量、信息质量和服务质量对用户满意度有显著正向影响。但在后续的分析中发现，H1b假设未得到支持，即推力因素中的满意度并未对转换意向产生显著影响。H2假设得到支持，忠诚度对转换意向有显著负向影响。说明用户对当前使用的移动图书馆的忠诚度越高，越不容易产生转换意向；反之，用户对当前使用的移动图书馆忠诚度越低，越容易产生转换意向。在锚定因素中，H5、H6假设得到支持，转换成本对转换意向产生显著负向影响，个人创新对转换意向有显著正向影响。说明当用户感知到放弃使用当前移动图书馆需要付出的成本越高，越不容易产生转换意向。当用户自身具有较高的创新性时，会更容易产生使用新的移动图书馆的意向。在拉力因素中，H3假设得到支持，替代品吸引力对转换意向具有显著正向影响；H4假设未得到支持，主观规范对转换意向无显著影响。若替代品比当前使用的移动图书馆表现更优，更能满足用户需求，会促使用户产生转换意向。同时，H7假设得到支持，转换意向正向影响实际转换行为。除以上因素之外，本模型还验证了用户对当前移动图书馆的使用习惯会阻碍用户的实际转换行为，H8假设得到支持。当用户产生转换意向时，并不一定会发生实际的转换行为，这是因为用户使用当前产品已经成为一种习惯。这种习惯在一定程度上阻碍了转换行为的发生。

移动图书馆用户转换行为模型检验结果，如图6.6所示。根据标准化回归系数，对转换意向影响最大的为替代品吸引力，其次为转换成本和忠诚度，个人创新对转换意向的影响最小；对转换行为影响最大的为转换意向，其次为习惯。满意度和主观规范对转换意向无显著影响。在满意度影响因素中，根据标准化回归系数，信息质量对满意度的影响最大，其次是系统质量和服务质量。

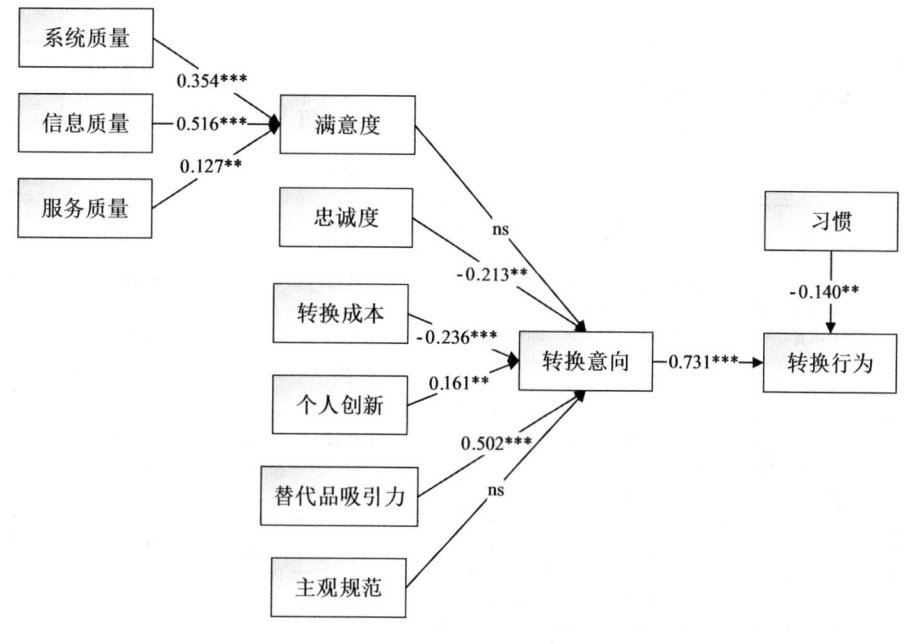

图 6.6 模型检验结果

注：＊＊＊表示 P<0.001，＊＊表示在 P<0.05，ns 表示不显著。

(6) 模型拟合检验与修正

常用的模型拟合检验中常用的指标有卡方值（χ^2）、自由度（df）、卡方自由度比值、RMR、RMSEA、GFI、NFI、IFI、TLI、CFI 等。移动图书馆用户转换模型的拟合度指标见表 6.69。对于满意度模型，除 RMSEA 在可以接受范围内，其余指标拟合度均很好。对于用户转换行为模型，除了 RMR、RMSEA、GFI 和 NFI 四个在可以接受的范围之内，其余指标拟合效果均很好。因此，移动图书馆用户转换行为模型的拟合效果可以接受。

表 6.69 模型拟合优度

指标名称	评价标准		满意度模型实际拟合值	用户转换行为模型实际拟合值
	可以接受	好		
χ^2	/		60.162（$p=0.012$）	419.339（$p=0.000$）

（续表）

指标名称	评价标准		满意度模型实际拟合值	用户转换行为模型实际拟合值
	可以接受	好		
df	/		38	246
χ^2/df	<3.0		1.583	1.705
RMR	0.05—0.1	<0.05	0.033	0.043
RMSEA	0.05—0.1	<0.05	0.053	0.059
GFI	0.7—0.9	>0.9	0.949	0.863
NFI	0.7—0.9	>0.9	0.961	0.894
IFI	0.7—0.9	>0.9	0.985	0.953
TLI	0.7—0.9	>0.9	0.978	0.942
CFI	0.7—0.9	>0.9	0.985	0.953

根据路径分析及模型拟合检验结果，对移动图书馆用户转换行为模型进行修正。原模型中的用户满意度以及主观规范均未对转换意向产生显著影响，因此将两条路径删除，修正后的移动图书馆用户转换行为模型，如图 6.7 所示。

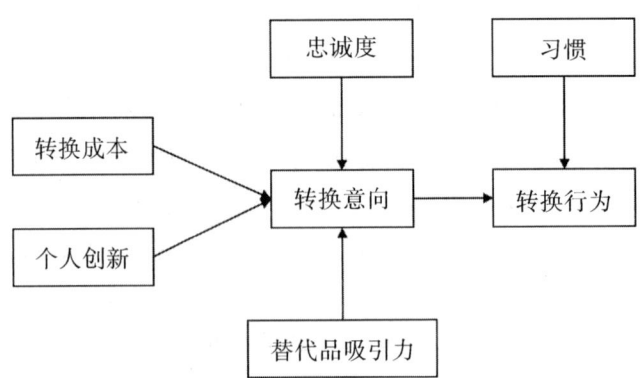

图 6.7　修正后的移动图书馆用户转换行为模型

6.3.4 研究结论

基于 PPM 理论并结合了前人的研究基础,探究了高校移动图书馆用户转换行为,采用网络问卷调查法针对高校用户进行了实证调研。利用 SPSS Statistics 22.0 和 SPSS Amos 22.0 进行数据分析,最后从推力因素、拉力因素和锚定因素三方面验证了影响用户转换行为的因素。得到以下结果。

(1) 系统质量、信息质量和服务质量正向影响用户满意度

移动图书馆平台作为信息系统的一种,其系统质量,包含系统运行、功能设置及界面美观度都会对用户的满意度产生影响。移动图书馆是为用户提供图书馆信息资源的平台,因此其信息质量,包含信息的丰富性、相关性、新颖性等都影响着用户满意度。同时,高校移动图书馆的用户群体大部分为在校学生,一方面随着新生的入学移动图书馆会定期增加新用户,移动图书馆需要帮助新用户快速熟悉平台的功能和使用,另一方面用户在使用过程中难免会遇到一些问题。因此,移动图书馆是否提供系统帮助,用户能否根据移动图书馆的帮助真正解决遇到的问题,也对用户满意度产生一定影响。对于新开通的移动服务,图书馆需要加强用户培训与使用指导,同时及时解决用户使用移动服务过程中遇到的各类问题,可以有效提升移动服务的用户满意度。

(2) 忠诚度对转换意向有显著负向影响

用户对当前所用移动图书馆的忠诚度会负向影响转换意向。忠诚度表现了用户的一种使用偏好。用户的忠诚度越高,则更倾向于继续使用当前移动图书馆,也更加能够理解和包容在使用移动图书馆过程中出现的微小失误,不容易产生转换意向。同时,忠诚用户也更有可能将当前使用的移动图书馆推荐给其他人。因此,提升移动图书馆的用户忠诚度有利于减少用户流失和提高用户使用率。构建丰富的移动图书馆服务体系,不断吸引用户使用图书馆的新服务,同时保持服务的稳定性,有助于显著提升用户的忠诚度，减少用户流失。

（3）转换成本对转换意向有显著负向影响

移动图书馆的转换成本负向影响转换意向，这与前人在其他用户转换行为的研究结果一致。用户从当前移动图书馆转换到新的移动平台，或者放弃使用当前移动图书馆平台时，会失去很多已投入在当前移动图书馆平台的时间、精力以及在当前移动图书馆平台积累的经验、获得的奖励等。因此，即便有推力因素和拉力因素的作用，当用户感知到的转换成本越高时，越不容易产生转换意向。反之，当用户感知到的转换成本很低，越容易产生转换意向。因此，提高移动图书馆的转换成本，有利于留住现有用户，减少用户流失。

（4）个人创新对转换意向有显著正向影响

个人创新属于用户自身因素，反映了用户对待新的信息系统的态度。一个具有较高个人创新性的用户，更加关注新产品的出现并且尝试使用新产品。因此更容易发现比当前移动图书馆更好的替代品，进而更容易产生转换意向。相反地，当用户的个人创新性较低时，对新产品的关注度较低，且尝试新产品的可能性也较低，则会较少产生转换意向。

（5）替代品吸引力对转换意向有显著正向影响

替代品吸引力对转换意向有正向影响，与前人研究结果相同。在本次调研中，替代品吸引力是导致用户产生转换意向的最强因素。这说明优质的替代品更容易使用户产生转换意向。因此，不断完善和提升移动图书馆的服务质量，为用户创造最佳体验是减少用户流失和吸引新用户的重要方法。

（6）转换意向对转换行为有显著正向影响

转换意向能够对转换行为产生显著影响，与前人的研究成果一致。在本文的研究背景下，转换意向对实际转换行为有强烈的正向影响。这意味着当用户在各种推力因素、拉力因素及锚定因素的作用下，最终产生转换意向后，很有可能会进一步产生实际转换行为，如使用替代品的频率更高，每次使用替代品的时间更久等。

（7）习惯对转换行为有显著负向影响

用户对当前移动图书馆的习惯对转换行为产生负向影响。习惯是一种习得性以完成某一任务为目的而进行的无意识的反应。当用户已经习惯使用某种移动图书馆平台，在他需要信息服务时，会自然而然地选择该产品来满足自己的需求。因此，即便用户产生转换意向，这种习惯的存在仍会阻碍转换行为的实现。因此，移动图书馆平台可以通过培养用户习惯以改善用户流失现象。

第7章 移动图书馆服务质量提升研究

随着移动图书馆服务的不断普及，用户在享受移动服务带来便利的同时，对于移动服务的质量提出了更高的要求。本章在全面梳理移动图书馆服务模式和服务功能的基础上，深入分析当前移动服务存在的问题。基于前面移动图书馆用户体验的理论研究与实证研究，提出移动图书馆服务质量提升对策。

7.1 移动图书馆服务模式梳理

"双一流"高校图书馆是国内图书馆的优秀代表，在移动图书馆服务的建设与实践上，反映了国内移动图书馆服务的较高水平，具有一定的代表性。笔者选取42所"双一流"高校图书馆为研究对象（调研时间：2020年2月—3月），主要调研客户端应用、移动网站、微信图书馆等三种移动服务模式的开展情况。由于目前高校图书馆很少采用独立的短信息服务模式，所以此次调研不包含短信息服务。具体调研流程为：通过访问高校图书馆主页，获取移动图书馆的服务介绍与访问链接；通过智能手机下载、安装客户端应用，并访问其移动网站；微信平台调研时，对于未能在主页发现微信图书馆信息的,则在微信搜索框中以"高校名+图书馆"为关键词进行搜索。对于通过上述方式无法获取相应信息的,则认为其相应服务模式的移动服务缺失。

此次调研采用的手机操作系统为苹果 IOS 11.2.2,手机浏览器为 QQ 浏览器安卓版(二维码扫码访问),微信版本为微信 WeChat 7.0.10,手机移动网络为中国联通 4G 网络,电脑操作系统为微软 64 位 Windows10,电脑浏览器为 360 安全浏览器。

调研结果显示,42 所"双一流"高校均开展了移动图书馆服务,详情见表 7.1。微信图书馆成为各大高校开展移动服务的主要形式之一,普及率为 100%。其中,上海交通大学、中国农业大学等 40 所"双一流"高校在数字图书馆首页展示微信图书馆二维码或链接,以便用户能够进行直接快速的访问。

表 7.1　42 所"双一流"高校移动图书馆服务模式统计

移动图书馆形式	移动网站	客户端应用	微信图书馆
图书馆数量(所)	20	30	42
占比	47.62%	71.43%	100%

7.1.1　移动网站

移动网站是图书馆较早开展的移动图书馆服务模式之一。移动网站主要采用 HTTP 协议来搭建适配 PC 版的移动网页,HTML5 标准、CSS3 技术等的应用可以帮助图书馆用更少的开发程序,来实现更多的服务功能。HTTP 是目前广泛使用的互联网协议,并以 HTML 为标记语言。现代互联网通常采用 HTML 来记录信息内容,并且 HTML 网页不受平台限制,可以在电脑、手机等设备上广泛应用。调研结果显示,在 42 所"双一流"高校图书馆中,22 所图书馆暂未提供移动网站链接,14 所图书馆和超星公司、汇文公司等合作提供标准模块化服务，6所图书馆提供个性化移动网站。移动网站的两种形式分别为移动网页版和全适配PC版。

(1) 移动网页版

普通移动网站通常是将电脑端的数字图书馆直接转移到移动终端网页上面，但由于未进行相应技术处理，页面显示无法实现自适应。调研结果显示，移动网页版主要有两种实现形式，一是和商业公司合作提供模板化移动服务，二是提供区别于PC端的手机网页。对于官网中没有给出访问指导，且手机浏览器搜索结果为不能自适应手机页面的网页，视为该高校暂未提供移动网站服务。从调研结果来看，14所"双一流"高校图书馆和超星公司等合作提供模板化的移动图书馆服务。模板化服务产品可以减轻自身开发和维护方面的技术压力，但由于页面内容和功能完全一致，如图7.1所示，无法体现本校特色，难以培养用户归属感，不利于提高用户体验。

部分高校图书馆（如大连理工大学图书馆、西北工业大学图书馆等）提供区别于PC端的个性化自适应移动网页版图书馆服务，如图7.2所示。这类移动图书馆在保证功能的同时又充分体现高校自身特色，且符合移动终端设备的访问要求，用户体验感更好。

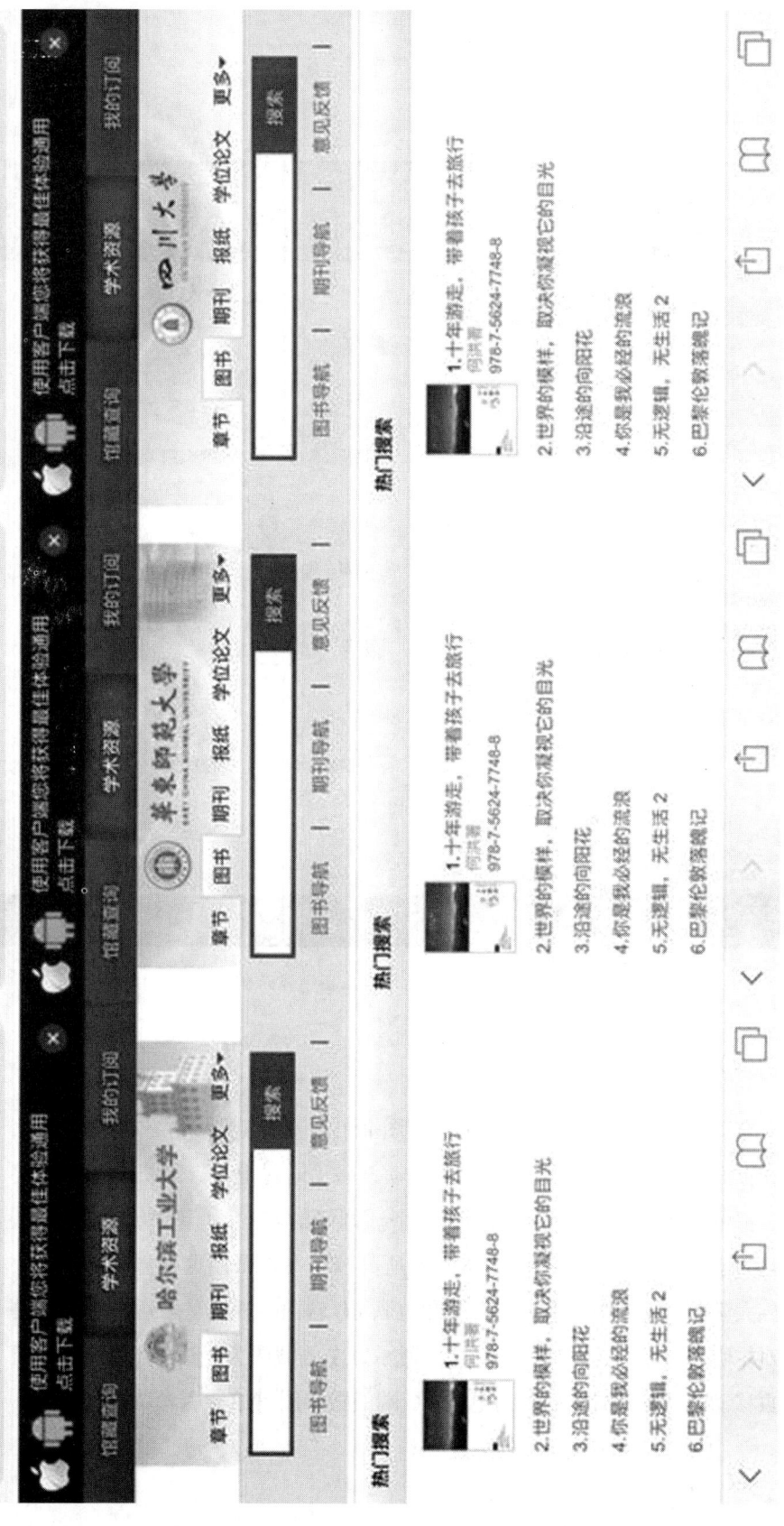

图7.1 模板化移动网页版图书馆示例

图 7.2　个性化移动网页版图书馆示例

(2) 全适配 PC 版

全适配 PC 版则是将电脑端的数字图书馆整体转移到移动终端的网页上，并在页面的显示上完全匹配不同的移动设备，通过电脑、手机、平板等终端，都可以享受同样的移动图书馆服务。调研的 42 所"双一流"高校中，复旦大学、中山大学、重庆大学等 16 所高校图书馆采用这种方式。以中央民族大学图书馆为例，手机网页版和电脑 PC 端内容一致，为适应手机屏幕而对排版和布局稍作调整，如图 7.3 所示。左侧截图为全适配 PC 版的手机网页移动图书馆，右侧截图为电脑 PC 端的数字图书馆，两者背景图相同、

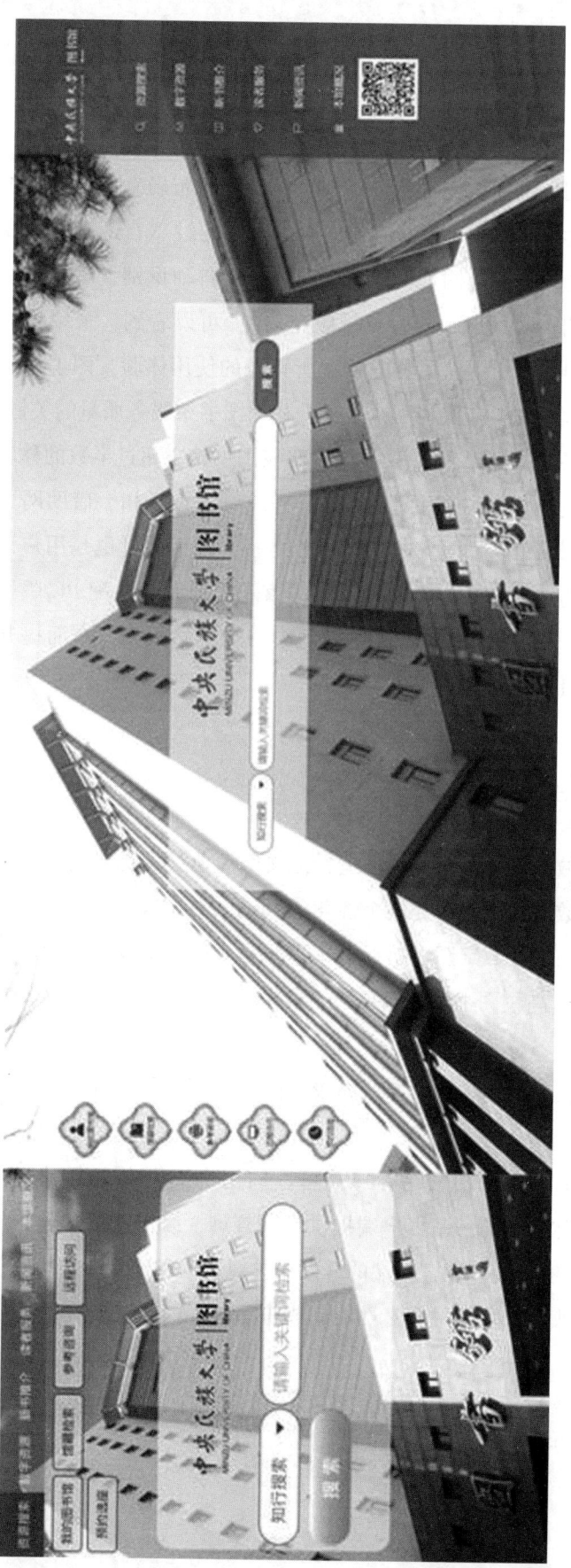

图7.3 中央民族大学图书馆手机端访问(左)与电脑端访问(右)对比

检索入口相同、主要功能也完全一致，仅仅页面布局有所调整。由于手机和电脑屏幕的尺寸不同、形状有差，所以需要通过"自适应网页设计"来解决这一问题。自适应网页设计是指网页可以自动识别设备窗口的屏幕宽度，并自动调整网页展示内容及排版布局①。可以看到，采用自适应网页不仅方便用户在手机上获得和电脑端所具备的使用体验，图书馆还可以实现网页的一次开发、多次利用，是提升移动图书馆服务质量的关键举措。

调研结果显示，42所"双一流"高校图书馆中超过半数的移动图书馆没有采用全适配PC版的网页，使得服务质量大打折扣。借助网页开展移动图书馆是图书馆移动服务的关键环节之一，网页质量也是用户评价移动图书馆服务的重要指标，今后移动图书馆需要加大全适配PC版移动网站的投入力度，采用HTML5等搭建移动图书馆网站框架，全面提升移动网站的服务质量。

7.1.2 客户端

国内多数高校图书馆采用超星、汇文等商业公司提供的模板化云服务客户端，少数高校图书馆提供个性化的移动图书馆客户端。根据调研，12所高校图书馆未在数字图书馆首页中提及是否开通移动图书馆客户端；25所"双一流"高校图书馆和超星公司合作提供模板化客户端（如超星移动图书馆客户端、移动图书馆学习通等）；中南大学、大连理工大学、吉林大学、东南大学、浙江大学5所高校的图书馆开发了个性化的移动图书馆客户端。

一款优秀的移动图书馆客户端可以向用户提供丰富而强大的服务功能，例如吉林大学图书馆客户端提供馆藏查询、续借、通知公告、数据库导航等近20项功能。但客户端的开发维护对技术和经费要求较高，需要综合考量平台兼容、资源融合、性能集成等问题，因此主动开发个性化APP

---

① 洪勇军：《面向移动终端的屏幕自适应网页设计》，载《微型机与应用》，2014年第3期，第65—66、69页。

客户端的高校图书馆较少。从调研结果也可以看出,更多的高校选择商业公司提供的模板云服务产品以达到降低开发成本的目的,这在一定程度上也因此导致客户端形式单一,缺乏特色,用户满意度不高。

7.1.3 微信图书馆

微信图书馆的主要形式有微信公众号和小程序,其中公众号又分为微信服务号和微信订阅号。服务号侧重功能服务,可自定义并编辑功能菜单,订阅号则侧重图片、文章等信息推送。微信小程序作为不需要下载和安装的应用程序,具有操作灵活、响应快速、使用方便的优点①。从开发和维护成本上来说,微信小程序最高,微信订阅号最低,但综合来看均低于移动图书馆客户端。根据调研,42所"双一流"高校图书馆均已开通微信图书馆,其中20所图书馆开通微信服务号,28所图书馆开通微信订阅号,有6所图书馆既开通了服务号也开通了订阅号,见表7.2,有11所图书馆提供微信小程序服务。

表 7.2 同时开通服务号和订阅号的"双一流"高校图书馆

序号	高校	服务号名称	服务号一级功能	订阅号名称	订阅号一级功能
1	哈尔滨工业大学	哈工大图书馆	1 我的 lib 2 云资源 3 服务	哈工大图书馆订阅号	1 介绍
2	复旦大学	复旦图书馆服务号	1 书刊查询 2 微主页	复旦大学图书馆	1 服务 2 看历史 3 百年馆庆

---

① 刘红卫:《微信小程序应用探析》,载《无线互联科技》,2016年第23期,第11—12、40页。

（续表）

序号	高校	服务号名称	服务号一级功能	订阅号名称	订阅号一级功能
3	同济大学	同济大学图书馆	1 我的书 2 我的服务 3 信息资源	同济大学图书馆信息服务	1 服务 2 资源 3 发现
4	南京大学	南京大学图书馆服务号	1 服务门户 2 其他 3 活动资讯	南京大学图书馆	1 我 2 其他 3 活动资讯
5	中国海洋大学	中国海洋大学图书馆服务号	1 读者中心 2 查询中心 3 常见问题	中国海洋大学图书馆	1 我的图书馆 2 云阅读 3 常用服务
6	湖南大学	湖南大学图书馆服务号	1 我的 2 查询 3 服务	湖南大学图书馆	1 微服务大厅 2 馆内动态 3 资源服务

(1) 服务号

微信服务号以单独对话框的形式出现在微信聊天列表中，更侧重提供服务功能而弱化信息推送，每个月仅能推送 4 条群发消息。调研结果显示，14 所"双一流"高校图书馆仅开通微信服务号，移动图书馆微信服务号中详细的一级功能和二级功能见表 7.3。

表 7.3 仅开通微信服务号的 14 所"双一流"高校图书馆及一、二级功能

序号	服务号名称	一级功能	二级功能
1	北京大学图书馆	个人中心	绑定/解绑、再借/续借、预约列表
		馆藏资源	馆藏搜索、扫 ISBN 查馆藏、知识视界、新东方微课堂、读在燕园
		热门活动	吉祥物征集、闭馆音乐投票、闭馆音乐欣赏

(续表)

序号	服务号名称	一级功能	二级功能
2	中国人民大学图书馆	特色服务	我要找书、图书馆公告、杂志精选、微服务online
		个人中心	研修室预约、座位预约/查询、我的座位（暂停）、借阅历史、借阅/续借
		常用服务	绑定/解绑、开馆时间、客户端
3	北航图书馆	图书信息	图书检索、热门借阅
		我的图书馆	绑定账号信息、已借图书信息、预约委托信息、扫码续借、座位预约
		图书馆动态	通知公告、资源动态、自助文印、图书馆使用指南、中国云图书馆三沙馆
4	中央民族大学图书馆服务号	服务门户	无
		服务指南	本馆概况、入馆须知、开馆时间、馆长致辞、联系方式
		其他	荐购扫码
5	大连理工大学图书馆	资源服务	图书检索、资源发现、图书推荐、直接荐购、扫码荐购
		@我的	绑定解绑、已借续借、预约委托信息、扫码续借、我的朗读
		常用服务	读者培训、研究间预约、通知公告、联系方式、更多
6	华中科技大学图书馆	资源	书目搜索、扫码查书、电子资源、微信帮助
		服务	座位预约、本馆新闻、新生培训、物联医学馆
		我	我的朗读、借阅记录、账户绑定
7	中南大学图书馆	资源查找	馆藏查询、中文搜索、外文搜索、数据库导航、QQ阅读（试用）
		读者服务	通知公告、新生入馆教育、座位管理系统、联系我们、问题反馈
		个人空间	无

（续表）

序号	服务号名称	一级功能	二级功能
8	四川大学图书馆	馆藏资源	查询与预约、移动图书馆、好书推荐、按书名查询
		个人中心	集能量、绑定或解绑、我的借阅、讲座预约、川大验证码
		其他服务	开通校外访问、照片墙、摇一摇、毕业对账单
9	电子科技大学图书馆	服务大厅	馆藏信息查询、单人/团队研修室、考研座位预约、空间与服务预约
		个人中心	个人借阅查询、我的朗读
		服务指南	本馆简介、账号绑定说明
10	重庆大学图书馆	资源信息	弘深搜索、书刊检索、云资源、书评中心、资源推荐
		智慧图书馆	当前借阅、我的预约、博看朗读亭、当前欠费、预约研修室
		信息快递	通知公告、学术头条、咨询馆员、推荐购书、读者指南
11	西安交通大学图书馆	我	我的借阅信息、我的流通通知、在线答题、我的图书馆状态、绑定/解绑一卡通证号
		思源搜索	馆藏书目、学术发现、中文搜索、图书荐购、空间预约
		圕快讯	图书馆全景VR、最新消息座位预约、借阅规则、常见问题
12	西北农林科技大学图书馆	我的图书馆	馆藏查询、已借/续借、图书馆藏分布、常见问题、解绑一卡通
		资源搜索	学术资源、数据库总览、公开课、移动图书馆、在线书城
		服务动态	本馆公告、图书馆概况、排行榜、阅创空间、联系我们

(续表)

序号	服务号名称	一级功能	二级功能
13	新疆大学图书馆	我	开卡@我、我的信息、我的借阅、我的图书馆、开馆时间
		读者服务	读者荐购、书目检索、数据库检索、常见密码问题
		新生指南	新生寄语、新生入馆教育考试、图书馆自助机使用介绍
14	中国农业大学	服务门户	无
		读者中心	我的电子证、空间服务（测试中）、在线书城、公开课、专业视频
		其他	扫码续借、扫码荐购、测试

从微信服务号一级功能菜单的设置主题来看，高校图书馆主要设置资讯、服务、搜索等功能主题。对微信服务号二级功能进行梳理，发现微信图书馆主要功能通常围绕图书馆相关资讯、借/还书等用户个人服务、馆藏资源查询及电子资源移动访问这三类展开，与一级功能的资讯、服务、搜索主题相对应。除此之外，还有博看朗读、扫码查书、读者荐购等延伸功能。功能基本涵盖图书馆常用的全部功能，能够满足用户日常使用需求。虽然微信服务号提供的功能和服务较为全面，但不够重视移动图书馆和用户之间的交流互动。调研中，仅中央民族大学图书馆、大连理工大学图书馆、中南大学图书馆、重庆大学图书馆和西北农林科技大学图书馆5所"双一流"高校图书馆微信服务号提供在线咨询、联系我们、问题反馈等社交类功能，占比仅为26.31%。如果不能发挥微信平台自身的社交功能，那么将丧失依托微信平台搭建移动图书馆的最大红利。

（2）订阅号

微信订阅号展示在微信专门的订阅号列表中，主要作用为信息推送，每个订阅号每天可以发布1条群发消息，且每条群发消息下可以附加多条文章链接。微信订阅号开通门槛极低，被调研的42所"双一流"高校图书馆中，超过半数开通移动图书馆微信订阅号。由于微信订阅号功能更加侧重信息推送，那么衡量移动图书馆微信订阅号服务质量的关键指标则是订阅号推送频率和推送内容。

由于 2020 年 2 月—3 月正值寒假与新冠疫情期间，部分图书馆的微信更新较少，为了更为准确反映高校图书馆微信订阅号的运营情况，笔者采用前期调研成果（数据获取时间为 2018 年 12 月 23 日，当时的统计结果有 22 所图书馆开通微信订阅号），统计 15 天内账号的日均推送量、停更天数以及推送的文章总篇数。日均推送量和推送文章总篇数可以直接反映订阅号维护情况，而账号停更天数则侧面反映订阅号维护程度，通常停更天数较多说明账号维护不够及时，因此，可以将三项指标结合描述高校移动图书馆微信订阅号的内容维护更新及活跃程度。调研中，北京理工大学图书馆微信订阅号最近一条推送日期为 9 月 26 日，连续三个月没有更新，且 2018 年全年仅发布 3 条推送，平台维护情况不佳。其余 21 所"双一流"高校图书馆微信订阅号的具体维护情况见表 7.4。

表 7.4 "双一流"高校图书馆微信订阅号维护情况

序号	高校图书馆微信订阅号	日均推送文章篇数（篇/日）	未发布推送天数（天）	推送文章总篇数（篇）
1	清华大学图书馆	2.40	3	36
2	北京师范大学图书馆	0.87	6	13
3	南开大学图书馆	0.80	6	12
4	天津大学图书馆	2.60	0	39
5	吉林大学图书馆	0.40	10	6
6	上海交通大学图书馆	0.60	6	9
7	华东师范大学图书馆	1.47	6	22
8	东南大学图书馆	1.20	4	18
9	浙江大学图书馆	1.27	2	19
10	中国科学技术大学图书馆	0.67	5	10

(续表)

序号	高校图书馆微信订阅号	日均推送文章篇数（篇/日）	未发布推送天数（天）	推送文章总篇数（篇）
11	厦门大学图书馆	0.93	6	14
12	山东大学图书馆	2.07	1	31
13	武汉大学图书馆	1.27	1	19
14	中山大学图书馆	2.20	0	33
15	华南理工大学图书馆	0.33	11	5
16	西北工业大学图书馆	0.20	12	3
17	兰州大学图书馆	1.53	2	23
18	国防科技大学图书馆	1.20	5	18
19	东北大学图书馆	0.87	9	13
20	郑州大学图书馆	0.53	8	8
21	云南大学图书馆	0.53	9	8
	均值	1.14	5.33	17.10

注： 将数据与均值进行对比，标记出低于平均水平的数据，并对三项数据均低于平均水平的高校图书馆进行标记。

半数"双一流"高校图书馆微信订阅号推送发布情况均低于平均水平，缺乏对图书馆资讯的及时发布。当然推送频率和篇数过高难以保证文章质量，也会影响用户体验。图书馆应当根据本馆情况，适时发布高质量的文章推送，以增强服务质量，提高移动服务的影响力。

（3）小程序

2016年11月3日，微信团队正式宣布微信公众平台小程序开放公测①。小程序属于典型的轻应用，有着APP客户端不可比拟的轻内存、快

---

① 微信公众平台，微信公众平台小程序开放公测[EB/OL]．[2018-12-21]．https://www.sohu.com/a/118082580_431930。

响应的优点，无疑会对图书馆的自媒体服务模式、渠道和内容产生较大影响[①]。笔者曾在2018年6月对42所"双一流"高校图书馆微信小程序开展情况进行调研，当时仅北京大学图书馆一家发布小程序。截止到2019年2月，已有11所"双一流"高校图书馆发布本校图书馆微信小程序，见表7.5，由此可见微信小程序在高校图书馆的发展速度极快。

表7.5 提供微信小程序功能的11所"双一流"高校图书馆

序号	高校图书馆	小程序名称	主要功能
1	北京大学图书馆	北京大学图书馆	搜索图书、绑定用户、借阅状态、我的预约、我的收藏
2	中央民族大学图书馆	中央民族大学图书馆	图书馆介绍、馆藏分布、入馆须知、联系我们、地图导航
3	上海交通大学图书馆	上海交通大学图书馆座位系统	预约、关于、我的
4	厦门大学图书馆	XMU Scholars	学术成果查询、高被引论文查询
5	中国海洋大学图书馆	走进中国海洋大学图书馆	读者手册、小视频、开馆时间、馆舍布局、常见问题
6	武汉大学图书馆	武汉大学图书馆	馆藏资源搜索、座位预约、借阅/续借、通知公告、移动数据库、我的
7	中南大学图书馆	中南大学图书馆数字阅读平台	搜索图书、听书、视频、书架、我的
8	天津大学图书馆	天津大学图书馆数字阅读	搜索图书、听书、视频、书架、我的
9	湖南大学图书馆	湖南大学图书馆	搜索图书、听书、视频、书架、我的

---

① 王天泥：《当图书馆遇上微信小程序》，载《图书与情报》，2016年第6期，第83—86页。

(续表)

序号	高校图书馆	小程序名称	主要功能
10	东北大学图书馆	新语听书	为图书馆提供经典听书服务
11	云南大学图书馆	书舒爱书、新语听书	朗读角—让朗读回归生活为图书馆提供经典听书服务

可以说，微信小程序将改变整个互联网生态，但是目前来看微信小程序只能作为图书馆移动服务的重要补充，难以替换微信公众号的服务功能。小程序的"小"决定了其涵盖的功能并不完善，限制了图书馆所追求的精准化定制、个性化服务实现，因此一个健康的图书馆微信服务生态，既需要小程序以拓宽服务渠道，但更需要注重公众号等原有服务方式的功能。另外，当前图书馆的小程序存在功能访问入口不清晰的问题，调研发现，部分图书馆提供的小程序功能不能通过"高校名称+图书馆"的方式在小程序标签下搜索，缺乏搜索的关联性，部分图书馆的微信小程序不能通过公众号底部"相关小程序"菜单进行访问，这也导致用户难以发现功能入口，限制了小程序的推广使用。

7.1.4 其他

微博是基于用户关系的信息分享、传播、获取平台，是一款分享简短实时信息的广播式社交媒体。越来越多的图书馆在微博平台开通官方微博账号，用来发布图书馆相关资讯并与用户进行实时互动交流[1]。根据对42所"双一流"高校图书馆微博开通情况的调研，目前34所图书馆已开通官方微博账号。微博作为信息发布和实时沟通平台，并不具有借还书、预约、在线浏览等移动图书馆基本功能，仅作为资讯发布和交流互动。作为信息发布工具，一方面，微博具有信息传播广泛、及时的特点，图书馆可

---

[1] 黄梅林：《图书馆微博的功能优势与角色定位》，载《图书馆界》，2013年第2期，第4—7页。

以充分利用官方微博账号发布图书馆相关新闻资讯，方便用户快速便捷的获取信息。另一方面，微博平台具有其他形式移动图书馆所不具备的交流互动性，这种交流互动不仅局限在用户和图书馆之间，也存在于用户和用户之间。微博应当充分借助这一特性，积极通过微博平台了解用户需求、解答用户疑问，发挥微博的沟通社交功能，以便图书馆更好倾听用户需求的声音，从而有针对性改善和提高图书馆服务质量。

现如今，今日头条、抖音、快手等新媒体领域蓬勃发展，各大媒体平台纷纷借助新媒体领域发展的态势，积极开通官方抖音账号等。抖音、快手这类短视频新媒体的主要功能便是在官方账号中发布短视频，用户可以进行点赞、评论、转发和分享等操作。今日头条作为综合性信息发布的新媒体平台，可以发布文章、视频、微头条三类资讯，用户同样可以对账户发布内容进行点赞、评论、转发和分享。但图书馆在新媒体平台领域的响应并不积极，绝大多数图书馆并未开通新媒体账号，或是开通了账号却没有有效维护。例如，复旦大学图书馆仅开通抖音账号，却并没有进行任何账号维护；首都图书馆的快手官方账号也仅仅开通并没有任何内容发布。从已开通的图书馆新媒体账号来看，鲜少有图书馆开通官方快手账号；抖音账号开通率也极低，其中典型的图书馆账号有吉林农业大学图书馆和国家图书馆；图书馆中开通今日头条账号的比例较高，浙江大学图书馆、兰州大学图书馆、上海交通大学图书馆等均开通今日头条账号。

通常短视频的发布需要综合视频创意、剪辑、配乐等多种技巧，技术要求较高，账户维护成本较大，需要发布足够多高质量的短视频才能收获用户。况且，新媒体平台与微博平台的信息发布功能重合，但又不具备微博平台的实时沟通性，因此难以获得图书馆青睐。虽然今日头条、抖音、快手等新媒体平台扩展了移动图书馆的服务路径，但作为刚崭露头角的新形式，图书馆还需要时间去适应。

7.2 移动服务模式改进建议

当前移动图书馆服务模式呈现多样化趋势，但也存在有待改进的问题。首先，要树立弃全求精的观点。根据调研，20所"双一流"高校图书馆同时提供客户端应用、移动网站和微信平台三种服务模式，然而能够将这三种服务模式均发展成为被读者认可的高校图书馆几乎没有。在服务模式的选择上，这种片面追求大而全的发展思路，不但不利于图书馆移动服务的发展，反而可能在浪费大量人力物力资源后，严重阻碍移动图书馆的可持续发展。对于经费不是十分充裕的中小型图书馆，建议选择并重点发展微信图书馆这种服务模式。其次，保持不同服务模式之间服务一致性。不少图书馆的客户端应用和移动网站采用商业公司的成熟产品，与图书馆门户网站的服务和功能差异较大，往往给用户造成困扰。随互联网和移动终端设备的进步，特别是智能手机的普及、流量资费的下调和WIFI技术的成熟，将移动网站与数字图书馆门户网站保持一致已成为摆脱困境的最佳解决策略，最大程度保持不同服务模式之间的服务和功能的一致性。采用RWD技术对图书馆门户网站进行改造，保持移动端网页与数字门户的一致性，并很好地实现移动端图书馆网页的自适应性，不但可以降低读者在移动端对图书馆功能使用学习的成本，更可以有效提升读者在移动端的使用体验。最后，进一步健全移动服务推广模式。调研中，经常出现访问指导不全面、链接不清晰、二维码无法显示等问题，这将直接影响移动图书馆的推广效果。图书馆往往热衷于建设移动图书馆项目，但是对于后续的宣传和推广往往不够有力，普遍存在"重建设、轻宣传"的现象。需要进一步健全移动服务推广模式，将移动服务纳入图书馆整体推广工作中去，重视移动平台与门户网站之间、移动平台与移动平台之间、用户与图书馆之间的联系，形成各单元相互补充的、完整的移动图书馆服务体系。

7.3 移动图书馆服务功能梳理

7.3.1 信息推送与展示

(1) 信息推送

移动图书馆的首要功能是及时准确向用户传递图书馆各类信息、动态,信息推送属于移动图书馆必须开展的功能范畴。实际调研中不难发现,42 所"双一流"高校移动图书馆纷纷借助移动平台积极发布图书馆动态、资讯,方便用户随时了解图书馆的各项工作。移动图书馆信息通常具有时效性,可分为一般信息和临时信息,一般信息为图书馆活动、讲座信息、最新资源、新闻公告等常规动态,临时信息为临时闭馆、系统升级维护等紧急通知。信息推送的及时性和准确性能够确保用户不会错过关键内容,解决许多不必要的麻烦。移动图书馆信息推送又可以根据推送内容划分为新闻通知类、资源动态类、讲座活动类等,不同图书馆的分类逻辑不同,但信息推送的第一要义是方便用户快速准确地获取信息,下面将根据移动网站、移动图书馆 App 客户端、微信图书馆、微博四种模式,分别介绍移动图书馆信息推送功能。

移动网站是数字图书馆服务的延伸,移动图书馆将需要推送的内容以链接的形式展示在首页,用户根据链接标题选择感兴趣的内容阅读。且移动网站一般不受登录限制,普通用户可以在未登录的状态下进行查阅。与其他形式的服务模式相比,移动网站具有更好的开放性。信息推送内容的细致分类可以帮助用户快速定位感兴趣的内容,例如北京大学图书馆的移动网站,将信息推送分为消息类和资源类,并在首页直接显示;天津大学图书馆向用户推送通知公告、资源动态、培训与活动三类资讯;东南大学图书馆将新闻资讯和资源动态分两栏呈现,又将讲座内容单独归纳在"本馆讲座"板块中,如图 7.4 所示。

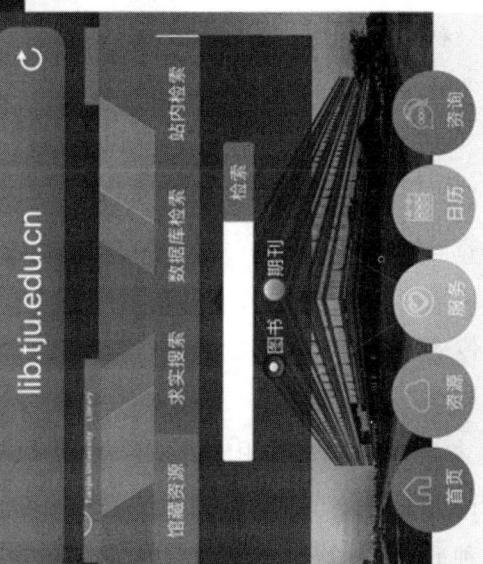

图7.4 移动网站的信息推送功能
(左: 北京大学图书馆, 中: 天津大学图书馆, 右: 东南大学图书馆)

移动图书馆 App 客户端往往需要用户登录个人账号后才能访问，使用操作更具私密性。不同图书馆客户端的功能界面有所不同，且客户端更加侧重于预约、借还书、查询、在线阅读等实际操作层面的服务功能，信息推送功能相对弱化。部分学校图书馆客户端的信息推送内容无法直接在客户端中访问，而是点击后跳转至对应的移动网站，这样增添了用户的操作步骤，难以提升服务质量。

微信图书馆依托微信这一社交媒体平台，充分发挥公众号的信息推送功能，可以向所有关注公众号的用户发布信息。用户通过微信访问图书馆微信平台，首先要基于自身微信账号的登录状态，其次，需要先关注图书馆的微信公众号，才可以接收来自公众号的群发消息。微信公众号信息发布更具主动性和精准推送特性，群发消息一定会送达用户手中，且会被标注阅读提醒，信息推送效率更高。除此之外，用户也可将公众号文章转发至个人朋友圈，或通过点击"在看"按钮将公众号文章同步至微信的"看一看"板块中，这两项操作都进一步扩大信息的传递范围。不过考虑到用户微信账户本身具有私密性，这种程度的传播也是对于个人微信好友的有限范围内传播。

微博更是以信息发布作为主要功能，微博用户习惯利用微博平台获取各类信息，微博平台对信息推送的公开范围有着较为细致的划分，分为"全公开""粉丝可见""好友圈"三种形式。"全公开"信息意味着所有用户均可查看，即便是没有关注该账号主体的微博用户，也可以对微博推送的消息进行转发、评论、点赞、分享操作；"粉丝可见"则只有关注图书馆微博账号的用户才可以浏览，不能转发和分享只能评论和点赞推送信息；账号之间互相关注状态视为"好友圈"，只有用户账号关注图书馆微博账号且图书馆微博账号也反过来关注了该用户微博，才可以在此范围内查看发布内容，同样不能转发和分享只能评论和点赞。微博可以根据信息推送的保密级别，选择不同程度的开放层级，更有利于保护图书馆隐私信息。微博平台最大的便捷之处在于，用户和图书馆之间可以通过微博平台实时交流互动，如果用户对发布的信息有任何不明白的地方都可以直接在信息下方有针对性的提问，这样方便快捷的在线沟通方式更易获取用户好评。

（2）个人中心

"个人中心"有时候也被称为"我的图书馆"，通常包括阅读记录、当前借阅、预约记录、我的收藏等个人化内容，这也是移动图书馆服务的一项必备功能，本次调研的 42 所"双一流"高校图书馆分别在客户端、移动网站、微信图书馆等平台为用户提供个人中心服务，功能开展率极高。用户状态信息需要在登录状态下才能查看，受不同平台属性的影响，下面同样对移动网站、移动图书馆 APP 客户端和微信图书馆三种模式分别进行阐述。

用户状态信息属于用户私人内容，需要登录个人账户才可查看，而移动网站受终端屏幕尺寸影响，难以呈现和 PC 端数字图书馆完全一致的显示效果，这一问题导致用户不能直接找到登录页面。实际操作中发现，同济大学图书馆以"我的图书馆"命名登录页面，但功能导航位于网页下部；西安交通大学图书馆首页也未能在明显位置找到登录入口，需要用户通过底部"快速导航"中的"个人借阅查询"等操作才可链接到登录页面，给用户访问功能造成不便，二者网页截图如图 7.5 所示。此外，由于手机网页通常不能保存账户密码，每次退出后都需要重新登录，也给用户操作带来不便。

移动图书馆 App 客户端默认保存并记忆用户登录状态，查询时无须反复登录，而移动网站和微信小程序都需要在单次使用时重新输入账号密码登录，相比较而言移动客户端在这一方面更具便利性。客户端界面有宫格导航和标签导航等形式，例如，浙江大学移动图书馆 App 客户端采用宫格导航的形式，如图 7.6 所示，将所有移动图书馆功能图标用一个个方块罗列排布在同一界面中，类似微软 Windows Phone 风格的 Metro UI 式操作界面。可以看到右下角黄色的"我的图书馆"图标，但在未登录状态下无法查看具体情况，除此之外还有人形图标，点开后在界面右侧推出的菜单中

图 7.5　同济大学图书馆移动网站（左）和西安交通大学图书馆移动网站（右）

包含我的收藏、扫描历史、检索历史、浏览历史等功能。这两项功能都可认为是用户状态信息中所包含的二级功能，图书馆将其分别罗列在两项功能模块内，也从侧面反应用户状态信息功能界限不明，缺乏严格的功能定义，图书馆可以根据自己的实际情况界定具体的功能内容。

图 7.6　浙江大学移动图书馆 APP 客户端

东南大学移动图书馆客户端则采用标签导航的界面框架模式，如图 7.7 所示。移动图书馆的"资源""书签""资讯"和"我的"四个主要功能标签位于客户端界面最底部，方便用户轻松发现各项一级功能入口，并且实现各功能标签之间的随意切换。代表用户状态信息功能的"我的"功能标签下，包含有修改密码、修改联系方式、我的消息、借阅查询等 10 余项具体功能，同样也需要登录后才可进行具体操作。这样将用户状态信息单独呈现在一个独立的功能标签下，用户访问更加直接便捷。

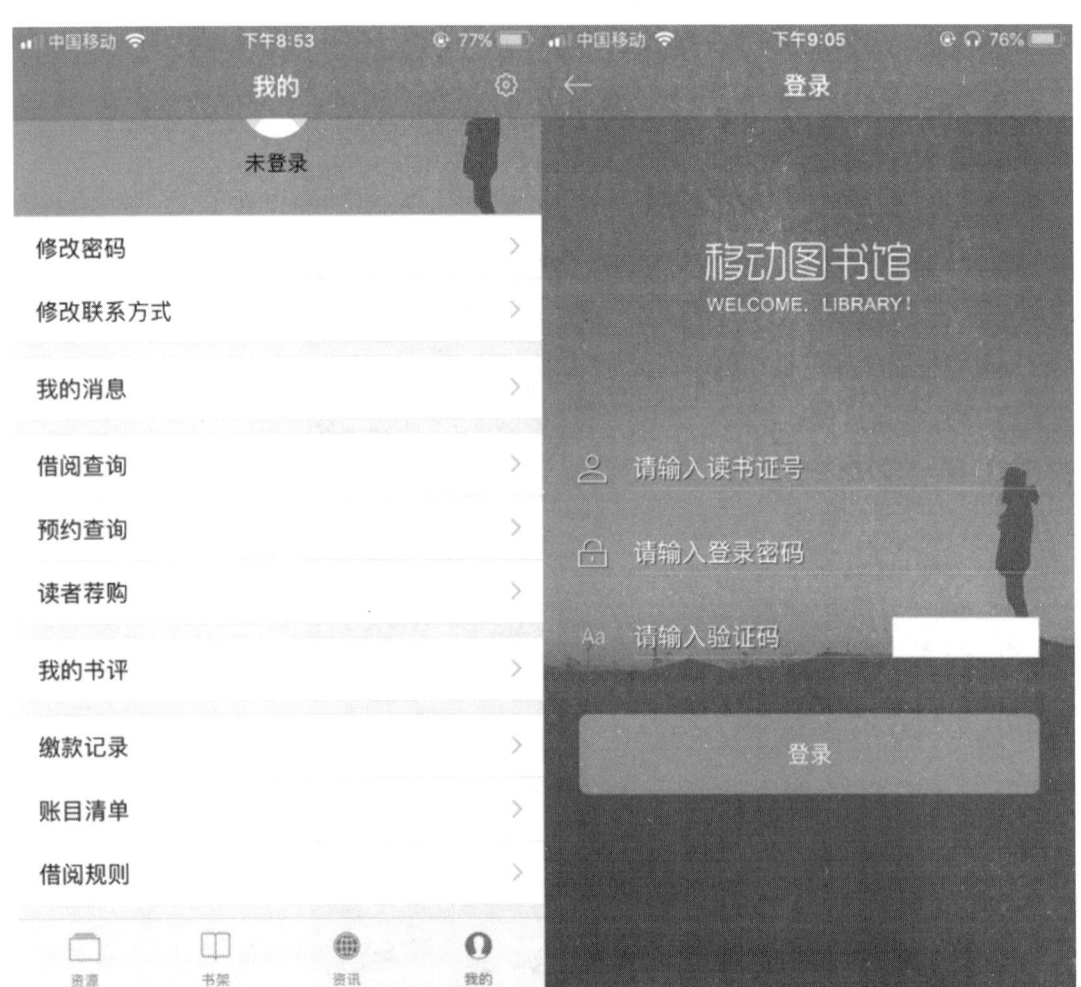

图 7.7　东南大学移动图书馆 APP 客户端

微信图书馆依托微信平台，各项功能访问需要通过移动图书馆微信公众号。由于微信公众号中的服务号更侧重功能服务，这里以微信服务号为例，见表 7.3，11 所"双一流"高校图书馆将"个人中心"明确的放置在微信服务号一级功能。功能名称多为"个人中心/空间""我的图书馆""我"等，清晰明了、易于用户查找，而中央民族大学图书馆微信服务号需要登入"服务门户"后在二级功能内访问，重庆大学图书馆的微信服务号中的"智慧图书馆"实则包含了用户状态查询，但功能名称不够明确。11 所"双一流"高校图书馆微信服务号中"个人中心"功能名称见表 7.6。

表 7.6 部分高校移动图书馆微信服务号用户状态信息功能名称

序号	微信服务号名称	用户状态信息下功能名称
1	北京大学图书馆	个人中心
2	中国人民大学图书馆	个人中心
3	北航图书馆	我的图书馆
4	大连理工大学图书馆	@我的
5	华中科技大学图书馆	我
6	中南大学图书馆	个人空间
7	四川大学图书馆	个人中心
8	电子科技大学图书馆	个人中心
9	西安交通大学图书馆	我
10	西北农林科技大学图书馆	我的图书馆
11	新疆大学图书馆	我

（3）服务指南

图书馆会将常见问题和使用手册编辑成服务指南或读者指南，长期置顶在数字图书馆和移动图书馆首页，方便用户随时查看开闭馆时间、馆舍地址、借阅规则、本馆介绍等内容。用户可以通过读者指南，可以基本掌握图书馆使用技巧，读者指南不仅以纸质形式在线下图书馆入馆处领取查看，还以电子形式在数字图书馆、移动图书馆端呈现，便于用户查看。但各图书馆的读者指南电子形式的呈现却有所不同，一般分为两种形式，一是直接以将读者指南作为一个大功能板块放在移动图书馆的一级功能中，再将读者指南下属各部分内容分为二级功能供用户查看；二是将读者指南中的内容整理为常见问题及解答的形式呈现，用户可一次性查看全部常见问题，从中获取自己所需要的信息。

从图书馆读者指南开展情况的调研结果来看，42 所"双一流"高校数字图书馆中全部可以找到读者指南入口，移动网站中读者指南的项目、内容都与数字图书馆一般无二。但读者指南功能在微信移动图书馆中的展开情况不够理想，基于微信平台的移动图书馆是用户查询信息最为便捷的平台，读者指南功能在微信移动图书馆的建设至关重要。部分图书馆的微信平台未能明确提供读者指南服务。已开展读者指南服务的高校移动图书馆，服务质量也参差不齐：有的功能入口位于二级界面不易寻找。部分微信移动图书馆将读者指南各个板块内容如开馆时间和馆藏分布等放置在不同功能模块内，用户不能一次性查看完整指南，需要耗费更多的精力去查询信息。大部分微信移动图书馆存在的普遍问题是信息不完整，读者指南涵盖的内容远远不及前两者，因此读者指南功能在微信移动图书馆的建设有待进一步提升。

7.3.2 资源服务

（1）资源检索

资源检索也是移动图书馆的又一项必备功能，用户通过访问移动图书馆服务平台，进行馆藏资源的检索。无论是数字图书馆还是移动图书馆，提供馆藏资源检索与查询是图书馆的必要核心功能，在 42 所"双一流"高校图书馆中实现了 100% 的全开通。移动图书馆资源查询使得用户可以随时随地通过手机获取资源，为用户提供极大便利，而资源查询在不同高校图书馆之间和不同模式之间具有操作差异。

移动网站通常以检索框的形式呈现在移动图书馆首页，用户通过输入关键词查询想要的资源。调研发现，移动网站的资源查询主要存在检索范围模糊、功能命名不清等问题。另外，部分图书馆（例如兰州大学图书馆和山东大学图书馆）在点击检索按钮后都会跳转并重新打开新的网页，每进行一步操作都会弹出新的网页，容易给用户使用带来一定的不便。

移动图书馆客户端资源查询功能更为优化，例如，东南大学移动图书馆客户端资源查询功能，如图 7.8 所示，检索框有"馆藏""期刊""文献""论文"的明确资源分类，也可根据题名、作者、主题等缩小检索范围，并提供扫码检索功能。用户可以根据需要选择资源类型，又可以根据题名、作者、主题等限定检索范围，进一步提高资源查询准确性，相对而言更加方便精准。

图 7.8 东南大学移动图书馆 APP 客户端资源查询功能

微信图书馆中资源检索的服务提供方式大致可以分为三类：一是部分高校采用超星公司的模板化移动图书馆网页，通过微信公众号链接至相应的网页，网页界面、检索功能完全相同，虽然功能清晰明了，但界面缺少图书馆自身特色。二是在微信公众号底部将纸本馆藏和电子文献分别罗列在两个功能标签中，例如同济大学微信图书馆分为"馆藏书刊查询"和"图书馆电子资源"两项查询功能，郑州大学图书馆微信订阅号底部的资源搜索一级功能下又进一步划分了"图书查询""启明探索""数据库导航"等二级查询功能；三是仅在微信图书馆中提供单一的资源查询，南开大学微信图书馆仅能查询馆藏图书资源，天津大学图书馆微主页只能进行书目检索，北京师范大学图书馆微信公众号的馆藏查询也只针对纸本馆藏资源。可见微信图书馆资源检索功能服务质量参差不齐，资源覆盖范围也有待加强完善。

(2) 移动阅读

移动阅读是指使用移动终端设备访问图书馆的在线资源，包括期刊文献、数据库、多媒体资源和电子书等。移动图书馆中的期刊、数据库等资源同数字图书馆保持一致，这些资源通常要求在校园网范围内使用，未在校园内部的师生可通过学校提供的 VPN 服务。除此之外，移动图书馆专门提供各项公开课、电子书等在线资源，这部分资源多是由超星公司、新东方等第三方商业公司提供，他们有着更为专业的服务提供方式，并且对于公开课、视频等多媒体资源和超星电子书而言，访问限制则没那么严格。

从服务提供形式来看，移动网站通常和数字图书馆保持一致，数据库、期刊等资源的浏览、留言需要基于校园网的网络环境和用户账号登录两大前提，对于具体的文献阅读而言，则和电脑端的使用体验相差不大。例如，访问重庆大学图书馆的移动网站，以"数字人文"为关键词进行检索，随意点击一篇期刊论文，范例中的文章被中国知网数据库收录，进一步阅读则会跳到中国知网页面，如图 7.9 所示，可以看出整个操作过程和电脑端数字图书馆基本一致。

移动图书馆客户端和微信图书馆的资源服务相类似，除了同数字图书馆一致的期刊、数据库以外，还提供各项云资源在线浏览。例如，西北农林科技大学微信图书馆提供学术资源、数据库总览、公开课、移动图书馆、在线书城等资源；重庆大学微信图书馆云资源板块提供博看、书香重大、网上报告厅、云图有声、新语听书馆、机构知识库等资源；华中科技大学图书馆微信平台提供超星热门图书、超星公开课、超星移动图书馆等 10 项电子资源，其中超星电子书、新东方数据库等资源可以在线公开访问，而超星移动图书馆、Summon 检索等则需要用户登录并通过校园网才能访问，具体的资源和访问情况见表 7.7。

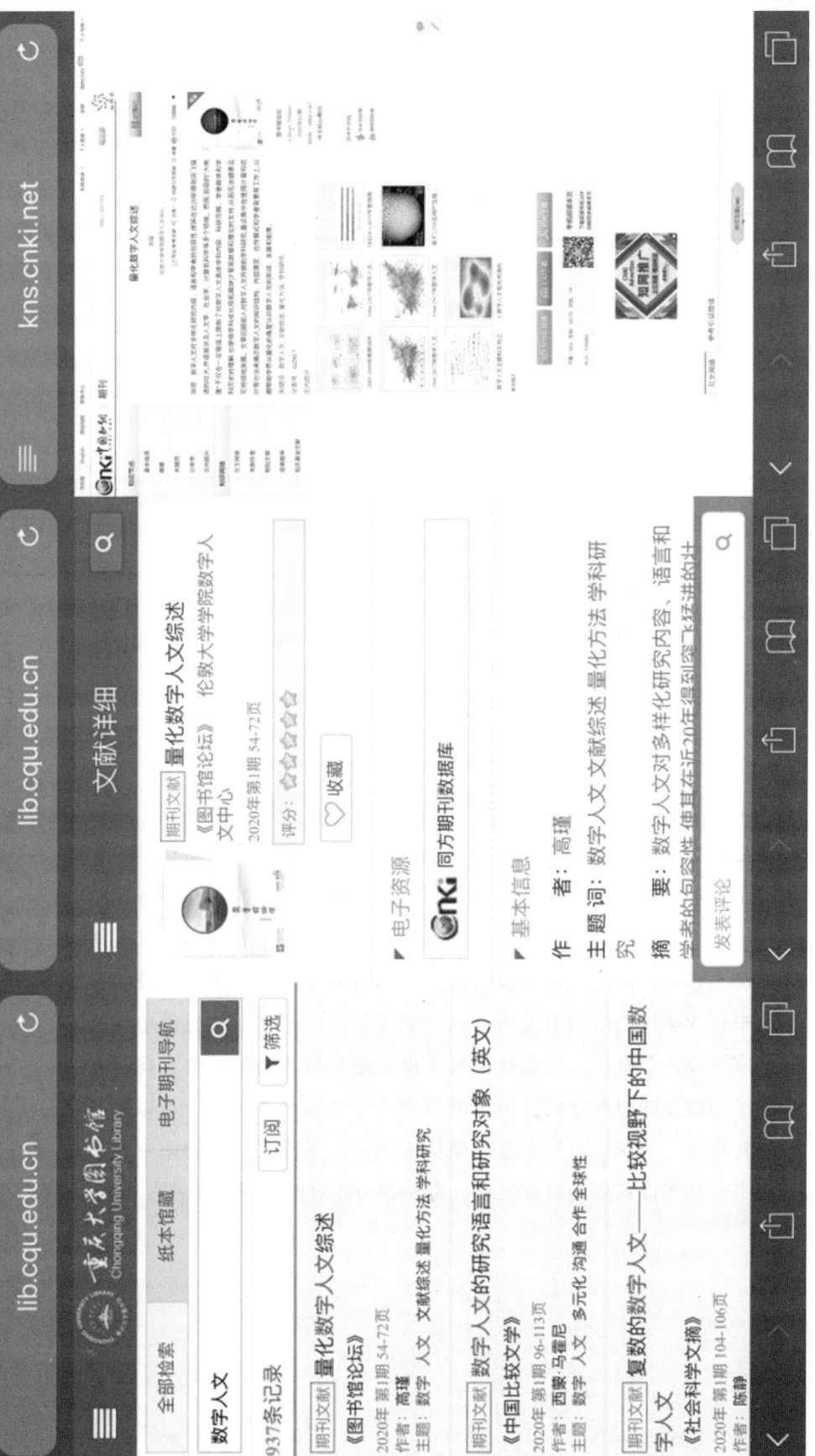

图7.9 重庆大学移动网站资源浏览操作示例

表 7.7　华中科技大学微信图书馆电子资源名称及访问情况

电子资源名称	资源类型	是否可以公开访问
超星热门图书	电子书	是
超星公开课	视频	是
超星移动图书馆	图书、期刊、报纸等	否
Summon	图书、期刊等	否
中科考试	/	链接报错，无法访问
新东方数据库	视频	是
知识视界	视频	是
UMajor 专业课	/	链接报错，无法访问
起点考试网	视频	否
起点考研网	视频	否

无论是重庆大学图书馆的博看、云南图有声、新语听书馆，还是华中科技大学图书馆的超星热门图书、新东方数据库、起点考试网，都是借助了相对成熟的第三方商业公司的文献资源。资源提供和服务提供都来自于成熟的商业公司，功能更加稳定，移动图书馆充当用户和资源之间的链接媒介。但这种服务模式对平台的考验很大，以华中科技大学微信图书馆的超星热门图书为例，此项服务是借助超星平台提供电子书阅读，实际操作中发现，无论阅读界面设置还是服务功能设置，均符合常规电子书阅读的服务方式，用户可以调节字体大小和颜色，可以根据目录跳转章节。但对比更为专业的微信读书和京东读书，移动图书馆超星电子书的功能设置还是略有欠缺，将三者功能对比梳理，详见表 7.8。

表 7.8　超星电子书、微信读书、京东读书主要功能对比

功能名称	目录	字号	颜色	书签	听书	分享	书评	笔记	全文搜索	私密阅读
超星电子书	√	√	√	×	×	×	×	×	×	×
微信读书	√	√	√	√	√	√	√	√	×	√
京东读书	√	√	√	√	√	√	√	√	√	×

从表 7.8 可以看出，超星电子书具备基本的阅读功能，但对于添加书签、听书等延伸功能并没有触及，无法记录阅读笔记和书评，也无法对阅读内容进行分享等交流互动操作。微信读书的私密阅读功能可以保护读者的阅读隐私，而京东读书可以在全文范围内进行关键字检索，这两项功能可以看作各自的服务特色。总体而言，超星电子书可以满足用户的基本阅读需要，但还是不能媲美微信读书和京东读书。类似的，公开课等视频资源也是如此，仅具备播放、暂停、音量调节等基本功能，且无法选择画面清晰度，也不具备倍速播放、截屏、录像等延伸功能，更不用提分享、评论、弹幕等交互功能，对比腾讯视频、优酷视频等成熟的视频播放软件来说，仍有较大差距。

7.3.3　在线互动

要提升移动图书馆服务质量，需要倾听用户的声音，加强图书馆与用户之间的交互性，从而了解用户的需求，提供契合用户需求的服务。在线互动是移动图书馆与用户交流沟通最直接的方式，也是用户体验移动图书馆服务最直接的途径。沟通是链接图书馆与用户的桥梁，当用户使用移动图书馆的过程中产生问题或建议的时候，能够通过在线服务直接与图书馆管理员咨询或沟通，以最快速高效的方式解决疑问和提出建议。而微博、微信等社交媒体平台正是移动图书馆提供在线服务，促进互动交流的重要依托。无论是微博还是微信都可以通过对话窗口轻松实现用户和图书馆之间的在线交流。

在线互动是移动图书馆应该开展的重要功能,但服务的实际开展情况并不乐观,正如调研结果显示,一方面,仅中央民族大学图书馆、大连理工大学图书馆、中南大学图书馆、重庆大学图书馆和西北农林科技大学5所"双一流"高校图书馆微信服务号明确提供在线咨询、联系我们、问题反馈等社交类功能,占比仅26.31%。另一方面,图书馆员难以保证社交媒体时刻在线状态,无法及时回答用户提问,丧失了在线平台的实时沟通性。由此可见高校移动图书馆并没有重视社交媒体的在线服务功能,开展率不高且服务效果不够理想。

7.3.4 特色服务

(1) 自助服务

实现自助服务已成为图书馆推进智能化、智慧化服务的重要环节,基于RFID技术开展的自助借还服务已成为更多图书馆的选择,越来越多图书馆通过RFID项目建设,推动图书馆服务的智慧化,不仅提升了读者体验,更加有效节约了人力资源。如果可以利用移动图书馆进行自助借书操作,那么服务将更具灵活性,因此,在自助借还系统基础上,图书馆也开始探索基于移动终端的设备扫码功能开展自助服务。许多图书馆都已经开通QR扫码功能,根据调研,有8所"双一流"高校在微信图书馆提供相关服务,主要应用在资源查询、图书荐购和自助借还等自助服务,详见表7.9。

表 7.9 部分高校微信图书馆和扫码功能名称对应

高校微信图书馆	扫码功能
北京大学图书馆	扫 ISBN 查馆藏
北京航空航天大学图书馆	扫码续借
中央民族大学图书馆	扫码荐购/扫码续借

(续表)

高校微信图书馆	扫码功能
大连理工大学图书馆	扫码荐购/扫码续借
哈尔滨工业大学图书馆	扫码荐购/扫码续借
南京大学图书馆	扫码荐购/扫码续借
华中科技大学图书馆	扫码查书
中国农业大学图书馆	扫码荐购/扫码续借

由此可见，QR 扫码功能已在高校移动图书馆中崭露头角，且已经开通此项功能的移动图书馆大多提供扫码续借服务，用户通过手机扫码即可实现所借书籍一键续借，省去了到馆操作的步骤。但扫码续借针对的是用户已经借到手的馆藏资源，是对于这些已经借阅书籍的二次操作，那些还没有进行借阅操作的书籍则无法使用扫码借书功能。部分图书馆进一步拓展自助借还服务，如重庆大学图书馆。通过统一认证的读者，可以使用手机扫码在微信平台实现借书功能。自助借书的使用场景是：用户在图书馆找到所需书籍，手机扫码完成借书，用户将书带走。对比传统借书场景，自助借书不仅省去了很多操作步骤，还避免了排队问题，操作更加灵活。

移动图书馆自助服务功能目前还不够丰富，提供此项服务的高校图书馆占比不高，但是作为图书馆智能化服务的重要一环，应当引起对于自助服务的重视程度。除此之外，对于手机扫码借书而言，今后图书馆还需要综合考虑一些细节问题，例如图书扫描码的消磁问题，首次使用自助借书功能过程中的用户培训问题，自助借书功能与现有图书馆借还书服务的流程整合问题等。期望移动图书馆能够进行进一步深入研究，在完善图书馆整体自助服务智能化的同时，加强用户服务满意度的提升。

（2）移动朗读亭

朗读亭是集朗读、阅读、录音为一体的物联网设备。很多图书馆都推出了朗读亭服务，很小的空间内放有麦克风、电脑、耳机、电脑等设备，类似于商场中的迷你 KTV，不同的是朗读亭是用户进行阅读，而 KTV 是唱歌,通常一个朗读亭可以容纳2~3人。用户在朗读亭内,选择自己感兴趣的文章素材,通过阅读、朗读、录音等寓教于乐的方式,更好体会文章内容,图书馆开展朗读亭服务也可以侧面起到阅读推广的作用。但线下实体朗读亭始终会受到时间、固定地点的限制,降低朗读亭的使用率。上海图书馆进行的朗读亭相关问卷调查结果显示,超过八成的用户是偶然路过时发现的朗读亭①。因此不少图书馆将移动图书馆服务与朗读亭结合起来,提供移动朗读亭服务。

目前大连理工大学图书馆、复旦大学图书馆、东南大学图书馆等12所"双一流"高校图书馆在其微信公众号提供"我的朗读"功能。微信图书馆的朗读亭功能很好地打破了空间限制,用户可以随时随地参与朗读,不受朗读亭设备限制。另外相比朗诵比赛、朗读会等活动,朗读亭功能更具私密性、自由度,用户可以自由选择朗读内容、时间、方式等,也可以选择一个人享受朗读或者跟朋友一起共同朗读。

(3) 虚拟图书馆

近年来,基于虚拟现实技术形成的虚拟图书馆已经成为具有特色的智慧化服务功能。虚拟图书馆最基础的功能是通过虚拟现实技术在线上立体展示图书馆的空间构造和资源分布,对图书馆新用户起到重要的指导作用,引导用户在不受时间、空间的限制下获取图书馆的基本信息,并自由浏览图书馆各个区域。传统的入馆培训通常会举行线下培训会或在数字图书馆有相关文字介绍,但用户没有真正到图书馆体验。虚拟图书馆可以协助图书管理员更好地开展入馆培训,有利于新用户快速掌握图书馆使用方法,如图书资料借阅流程、馆藏资源检索、数据库访问方法等。虚拟图书馆还可以融入参考咨询服务(智能机器人和人工在线服务),就能让虚拟图书馆服务功能更加智能化,也能提升图书馆与用户之间的交互性。

---

① 吴品璇、吕方婷、张衍:《朗读 VS. 阅读:朗读亭在高校阅读推广中的效果探析:以上海大学图书馆为例》,载《高校图书馆工作》,2019年第3期,第61—66页。

近年来，不少图书馆纷纷基于微信平台推出虚拟图书馆服务，方便读者随时随地了解图书馆的资源和服务。2019 年，重庆大学图书馆和北京扮客信息技术有限公司合作推出虚拟智慧图书馆服务导航系统，如图 7.10 所示，系统在完成图书馆场景复现的基础上，进一步对阅览室、书架家具等设施进行 3D 建模，为读者提供虚拟漫游、智能引导、虚拟咨询、空间搜索等服务，同时嵌入新生入馆培训系统，提供互动游戏、在线答题、任务闯关等功能。哈尔滨工业大学也在微信服务号中为用户提供全景 VR 功能，向用户全景展示哈尔滨工业大学二校区图书馆。南京大学图书馆在移动网站也为用户提供全景导航功能，详细展示南京大学图书馆的内部空间构造和分区。

从虚拟图书馆的实践情况来看，当前虚拟图书馆的建设仍然处于试行初级阶段，无论是覆盖率、视觉效果还是体验感都与其他行业中虚拟现实技术的应用有很大差距。虚拟现实技术设备、视景生成技术①和虚拟现实技术人才的缺乏可能是差距形成的原因，加之图书馆没有对已经开通的虚拟现实服务进行有效宣传，导致服务效果不尽如人意。再者，虚拟图书馆服务介绍的清晰程度决定了用户对该项功能的理解程度，从已经开通的服务情况来看，虚拟图书馆主页缺少对功能的整体介绍，用户无法了解功能全貌，这个问题也在一定程度上导致用户操作受限，虚拟图书馆没有发挥出应有的作用。

(4) 荐购服务

图书馆传统资源采购方式主要分为馆员采购，资源荐购是读者参与图书馆资源构建的重要方式，几乎每一个图书馆都有资源荐购的服务功能。传统的资源荐购的流程是读者按照模版提交图书资源信息，由馆员进行审核和采购，审核情况和采购情况将以个人消息的形式反馈给用户。读者资源荐购是图书馆直接将用户需求付诸实践的关键途径，因此在数字图书

---

① 张谦：《虚拟现实技术在高校图书馆的应用》，载《智库时代》，2019 年第 52 期，第 80—81 页。

图 7.10　重庆大学（虎溪）虚拟智慧图书馆服务系统

馆、移动网站、微信图书馆、客户端中都有该项功能。但资源荐购还是存在一定的延迟性和间接性，因为用户提交的需求不仅要经过馆员审核，还要由馆员购买，从购买到实际到货、上架均有时间差，将资源审核和采购情况反馈给用户也有时间差，这样从用户提交申请到用户真正使用资源，需要经历较长一段时间，服务响应的及时性有待提升。

为了及时满足用户的资源需求和节约用户、图书馆员的时间成本，借助移动图书馆的新型荐购服务应运而生。用户通过微信公众号平台可以直接在第三方购买平台选择想要购买的资源并提交申请，图书馆员只需要进行审核通过就可以直接在第三方购买平台下单，审核不通过也会即时反馈给用户，为用户和馆员节省大量时间。2019年10月15日，重庆大学图书馆携手京东阅读、汇云博图共同推出的汇采平台正式上线。只要是图书馆没有的馆藏，都可以通过微信图书馆的"京东买书"服务申请购买，系统根据一定的规则自动审核，书籍通过快递直接配送到用户手中，用户阅读完毕后，只需要在一个月内归还图书馆即可。移动图书馆自助购书功能一经推出便广受好评，用户可以自主选择感兴趣的读物，并能第一时间阅读此书。重庆大学图书馆是国内高校第一个打造用户线上自助购书平台的图书馆，充分整合线上线下资源，将采购的主动权真正放到用户手中，比传统图书馆采购模式更加高效精准，节省了审核时间和采购周期，受到读者的普遍好评。

7.4 服务模式与服务功能间的逻辑阐述

从功能完整性的角度来看，狭义的移动图书馆主要有短信息、客户端、移动网站和微信图书馆等服务模式，而微博、今日头条、抖音等是移动图书馆的资讯发布平台，虽然不具备借还书、预约等图书馆实际功能，但也是移动图书馆服务模式的补充。移动图书馆的基本功能不受服务模式限制，个人中心、资源检索、移动阅读、读者指南等功能均已实现全平台开通。而信息推送、在线互动等功能，从性质上来看则更依赖于社交媒体平台，基于微博和微信这两个典型的社交媒体平台，开展移动图书馆服务的优势作用由此得以彰显，如果移动图书馆充分发挥微博、微信平台的在线交互作用，合理进行信息推送，并安排图书馆员和用户在线交流，则可以极大提升移动服务质量。除此之外，虽说抖音等新媒体平台尚未在图书馆界普及，但也不失为移动图书馆服务的延伸，移动图书馆在条件允许的情况下编辑制作优秀短视频，能为图书馆宣传和阅读推广起到十分良好的积极作用。虚拟图书馆、朗读亭等功能对设备和网络要求较高，需要调动手机麦克风等功能,一般情况下通过客户端和微信图书馆访问更具稳定性。综上所述,服务模式与服务功能之间的逻辑如图 7.11 所示。

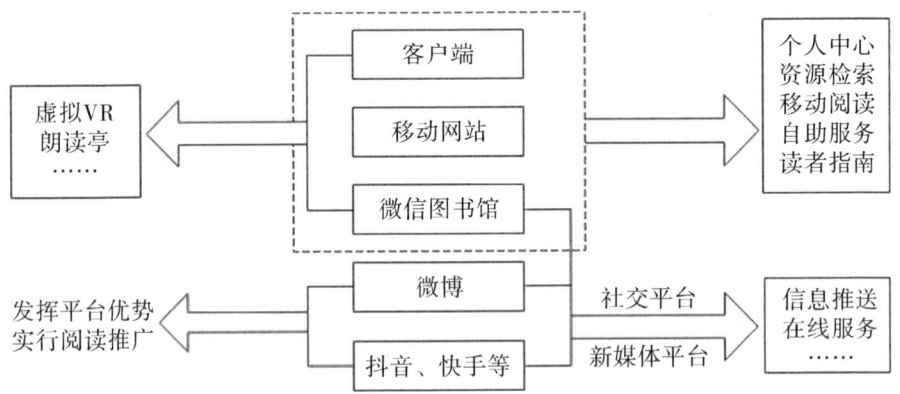

图 7.11 移动图书馆服务模式与服务功能逻辑

7.5 移动图书馆服务问题分析

尽管当前对移动图书馆建设进展显著,图书馆提供了丰富的移动服务,但从当前移动图书馆服务现状调研来看,移动图书馆服务质量、形式、内容参差不齐,不少图书馆还处于移动图书馆建设的初级阶段,主要存在如下问题。

7.5.1 服务稳定性需提升

功能体验和服务体验是服务功能质量的体现,根据第三章的用户体验结构性模型实证研究结果,功能体验正向显著影响用户体验效果,并且是用户体验效果中影响程度最大的,说明用户使用移动图书馆时最重视的是移动图书馆的服务功能是否能支持获取自己想要的资源和服务,但研究中"服务体验正向影响用户体验效果"的假设却没有得到支持,可能是因为用户对功能的重视远远超过服务内容，功能体验良好的话可以弥补服务体验欠佳的短板。图书馆在不断丰富移动服务的同时，必须注重服务的连续性和稳定性，为读者提供稳定的移动服务。

根据前面的调研发现，部分用户抱怨访问微信图书馆时会出现诸如找不到服务器、系统响应较慢、无法绑定个人账号、部分功能无法使用等问题，但笔者在测试时发现系统响应正常、所有功能都可以使用，这说明微信图书馆的运行不够顺畅，缺乏稳定的技术支撑。另外，一些用户反馈微信平台的响应不够及时，通过"咨询馆员"模块向馆员咨询或建议时得到的反馈比较迟缓，可见图书馆对于咨询交互的功能开发利用不足，没有充分利用微信平台实时性、交互性的优势，从而影响了用户对于移动图书馆使用体验的评价。

7.5.2 用户交互性能不佳

移动图书馆在用户交互建设方面存在不足，传统图书馆服务与用户互动较少，线下互动受时间空间的限制确实有一定难度，但移动图书馆为图书馆和用户之间的互动架起了一座桥梁，但图书馆受传统思维的影响，习惯性忽略用户互动性的重要性，因此并未改善用户交互性不佳的问题。虽然利用信息传递迅速的特点，在移动图书馆中进行一些公示信息推送，如讲座信息、开闭馆通知等，但都是图书馆向用户单向传递信息，难以形成与用户之间的良性互动。

微信作为一个社交软件，在加强用户沟通、促进交流，鼓励信息分享方面具有独有的优势。通过用户间的交互，可以扩大微信图书馆的社交影响力，提高用户的使用黏性。图书馆借助微信公众平台推出了诸如发表书评、阅读分享等交互功能，受到了用户的喜爱，但是用户的评价不高，说明用户对于这两项功能的使用体验不是很满意。书评是一项交互性较强的服务，重庆大学图书馆提供"书评中心"功能，可以查询馆员推荐的书评、大家的书评以及我的书评。但是只有在"书刊检索"或"我的借阅"中先查询到图书信息，才可以在该页面输入书评内容，这一功能往往很多用户都不了解，因此影响了用户对使用体验的评价。

根据用户体验结构性模型研究结果，证实交互体验正向显著影响用户体验效果，但相比功能体验影响程度却小很多，是因为当前移动图书馆提供的交互功能有限，因此用户对交互功能体验的好坏对体验效果的影响甚微，反映出移动图书馆中用户交互性并不好。从移动图书馆在线服务这一功能建设开展的情况来看，仅5所"双一流"高校图书馆开通了这一功能，但实际情况是在线服务无法保证图书馆与用户沟通的实时性，实际开展效果并不理想，因此图书馆与用户之间的交互性并不强。而用户与用户之间更是缺乏交互的平台，在这个信息传播如此迅速的时代，人与人之间的社交需求也随之飞速增长，而知识也往往是需要交流的，如豆瓣、知乎等平台为这些阅读者们提供相互交流碰撞的平台，而作为信息资源中心的图书馆却普遍缺乏这一功能，导致大量读者倾向于使用商业阅读平台而非移动图书馆，一定程度上导致图书馆资源闲置浪费。

7.5.3 移动服务创新不足

目前，移动图书馆提供的服务功能主要集中在图书馆的基础服务，例如文献检索、云阅读、个人中心，以及图书馆利用微信平台发布通知公告、活动讲座等，可以满足用户基本的信息需求，但是服务功能不够新颖，缺乏移动图书馆特有的服务，缺乏个性化体验，对用户的吸引力不足，难以形成稳定、持续的使用需求。这些基本的服务功能，只是将电脑端的功能简单转移到手机端，一定程度上为用户带来了便利，却没有形成移动图书馆独有的竞争优势，一旦用户对这些功能失去了兴趣，则会流失已有的用户群体。图书馆必须不断创新服务，构建移动图书馆的特色服务体系。如重庆大学图书馆微信平台推出的"悦读账单"功能则是一个很好的实践体验，用户通过点击悦读账单，可以自动生成过去一年内的进馆次数、借阅数据、借书类别等个性化信息，受到读者的喜爱。增加更多个性化的服务功能，有助于用户产生愉悦的使用感知，提升用户的使用体验。

尽管少数高校移动图书馆支持虚拟图书馆、自助购书等创新性服务功能，但整体来说当前移动图书馆服务功能较为简单。移动图书馆服务创新性略显不足，需多多借鉴已有的成熟商用服务平台。一些商业阅读平台，如京东读书校园版，其服务功能较为完备，不仅支持在线阅读，还支持本地资源阅读，具有阅读器的功能；不仅有专题推荐、新书推荐还有"猜你喜欢"的个性化推荐；此外，作为校园版还可查看高校中总体阅读时长、阅读时段、阅读排行榜等，利用大数据丰富移动阅读平台功能。

另外，当前移动图书馆的个性化亟待改进。根据调研，11所"双一流"高校图书馆的移动网站使用商业公司提供的统一网页模版，25所"双一流"高校图书馆运用的是商业公司提供的统一化应用程序模版，造成服务功能、服务界面、功能布局几乎完全一样，难以体现图书馆的特色，图书馆必须重视移动图书馆服务的个性化。

7.5.4　资源体系有待完善

大部分移动图书馆立而不用的根本原因是用户认可度低，此外，用户认可度低会对移动图书馆的社会影响形成负面效应，从而影响移动图书馆的推广使用。移动图书馆不仅仅只是提供资源查询、书籍预约、借阅状态等基础读者服务，还应该满足用户深度阅读和研究性学习的需求，但当前移动图书馆服务质量参差不齐，无法为用户提供全面、适宜的移动阅读服务，因此用户重复使用率低，认可度也低。数字资源建设是图书馆移动服务建设的基础，丰富的数字资源可以更好的满足用户的文献需求，为用户带来满意的使用体验。例如，重庆大学微信图书馆数字资源不够丰富，用户通过"云阅读"模块可进行图书阅读、收藏和下载，可供免费阅读的文献资源对于用户来说具有较强的吸引力，但是不少用户反馈"云阅读"模块中书籍数量太少，经常找不到所需的书籍而且更新缓慢；另外文献类型较为单一，主要针对图书类资源，而没有涉及音视频、期刊、杂志等文献资源。丰富的资源容量和多样化的文献类型可以更大程度的满足读者的使用需求，增强他们的使用意愿，有助于推动图书馆文献资源建设，提升用户体验评价。

7.5.5 宣传推广有待加强

移动图书馆为读者提供资源与各项信息服务，需要通过宣传推广使更多的读者知晓并学会利用，否则图书馆的工作只能事倍功半。调研发现，很多师生不知道图书馆推出了移动图书馆服务，例如不清楚通过微信图书馆是否可以得到想要的资源或服务；不了解微信图书馆的服务功能；不知道如何利用微信图书馆进行学习或科研。这些问题都说明图书馆的宣传推广工作做得不够，导致图书馆资源的利用率不高，图书馆提供的服务没有惠及全校师生，提高移动图书馆的用户知晓度，对于推广移动服务具有重要意义。

7.6 移动图书馆服务质量提升研究

根据前面几章的研究结果，用户体验是影响移动图书馆服务质量的重要因素，要提升服务质量，必须以用户为中心，打造以人为本、"服务、资源、管理"三位一体的管理模式，构建移动服务体系、移动资源体系和服务管理体系三大体系，全面提升用户体验和服务质量，从而达到提升移动图书馆服务质量的目的。移动图书馆服务质量提升框架如图7.12所示。

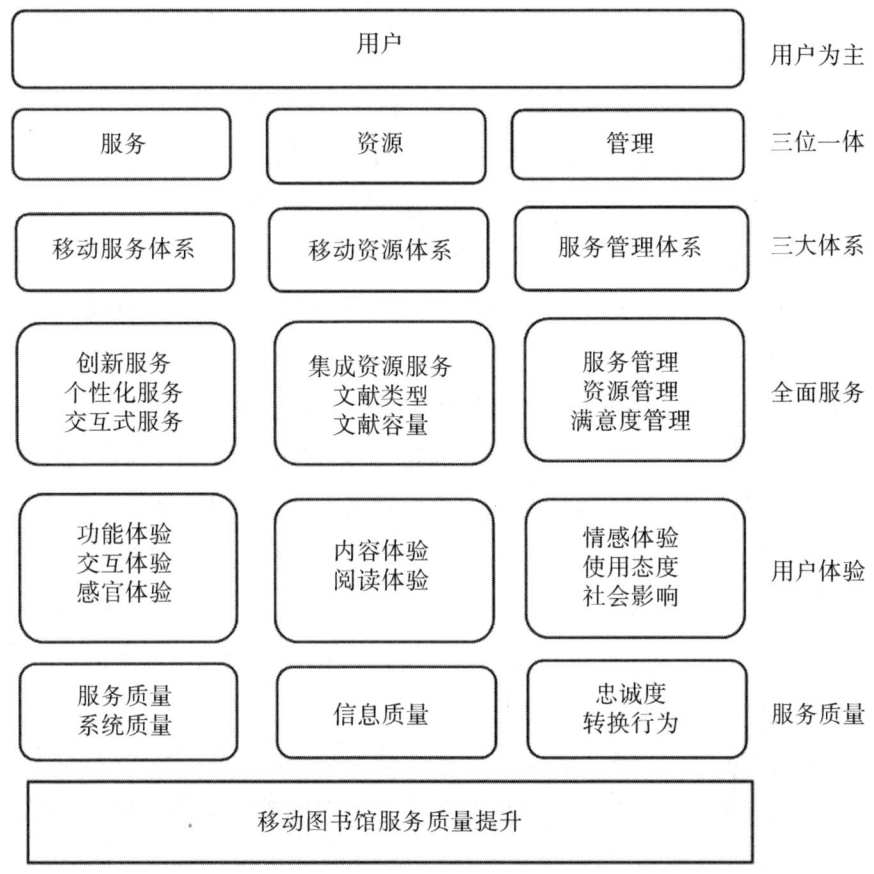

图 7.12 移动图书馆服务质量提升框架

7.6.1 打造创新的移动服务体系，提升功能体验

（1）创新移动服务内容

前面提到，尽管移动图书馆提供了丰富的资源和服务，但是很多移动服务仅仅是数字图书馆服务的简单复制，难以对用户产生持久的吸引力。图书馆应充分利用移动智能终端的特点，采用最新的移动技术，打造特色服务体系，不断创新服务内容。目前移动终端具有照相、GPS、NFC 等模块，这些模块为拓展移动服务提供了良好的硬件基础。当前移动技术应用

类服务包括 LBS 位置服务、增强现实、近场通信技术、条码扫描、二维码借阅证、停车位查询/预约等服务。NFC 又称近距离无线通信，是一种短距离的高频无线通信技术，通过在 NFC 芯片上集成感应式卡片、感应式读卡器和点对点通信的功能，能够在较短距离内与相关设备通信，达到识别和数据交换的目的。随着技术的发展和推进，NFC 将广泛应用于图书馆的手机读者证、信息推送、数据传输和移动支付等方面。

要充分利用已有技术平台的优势。微信平台就是一个开放性、拓展性非常强的平台。图书馆可以结合微信平台的特点，开发趣味性强且易于操作的服务功能，充分发挥微信作为移动软件的优势。四川大学微信图书馆提供"摇一摇"功能，读者绑定卡号后使用摇一摇，摇到书后可以免费在线试读，试读过的书会被添加到摇一摇历史中，对于没有明确阅读目标的读者来说，此功能具有一定的趣味性。武汉大学微信图书馆"我的朗读"、浙江大学微信图书馆"我的朗读"、复旦大学微信图书馆"朗读亭"、四川大学微信图书馆"我是朗读者"等功能，利用微信平台可以进行语音识别的优势，并结合当下娱乐热点，将线下的朗读环节转移到微信图书馆平台中，其具有的趣味性和新颖性可以促使更多的读者关注并使用微信图书馆，还可以在全校师生中形成较大的影响力，促进服务推广。

根据用户差异进行个性化精准推荐，打造个性化服务体系。精准推荐需要用户使用行为数据和数据挖掘技术作为支持，才可以为用户带来满意的推荐。例如可以通过用户的历史借阅记录、历史阅读和收藏记录，为用户推送可能感兴趣的图书；通过用户的专业背景和年级为用户推送相关的专业公开课；定期发送读者借阅排行榜和热门借阅；提供读书到期提醒、预约到书提醒、推荐书籍到馆提醒，图书委托借阅提醒等功能。精准化推荐功能，可以提高图书馆资源的利用率，并为用户带来良好的用户体验；个性化的提醒功能，可以避免用户错过重要信息，引起不必要的损失，对于用户来说这些都是具有吸引力的服务功能。在这个手机普及程度极高的时代，手机俨然成为人们获取信息的重要途径，在移动图书馆中为用户精准推荐契合用户需求、偏好的资源、活动、资讯等，用户能快速获取信息，及时满足用户需求，因此在移动图书馆中个性化推荐的应用更有意义。

（2）优化服务系统环境

优化系统环境不仅能提升用户的情感体验和感官体验，还能提升移动图书馆的系统服务质量。移动图书馆可以从以下三个方面来优化系统环境，第一，优化系统运行流畅度和响应及时性，良好稳定的系统运行环境是用户使用移动图书馆的基本保障，也是最容易影响用户体验的因素之一。第二，优化功能模块设计，合理设置功能板块，保证导航的清晰性和术语的准确性，能够确保用户在使用移动图书馆的过程中迅速准确地获取想要的资源和服务。第三，优化页面设计，页面布局和色彩搭配是移动图书馆给用户的第一印象，美观的页面设计能给用户带来良好的视觉效果体验，从而促进用户感官体验。通过结构模型和评价指标体系的研究结果可以看出，用户体验效果受用户功能体验的影响程度次之，服务功能是用户选择使用移动图书馆时首要考虑的因素，也是影响用户体验很重要的因素，提高服务功能对于用户体验评价具有重要的意义。

进一步优化移动服务的业务流程，提升用户感知有用性。通过移动图书馆平台简化、优化读者办理部分业务的流程，提高移动服务的用户感知有用性，为用户带来良好的情感体验。目前，多数微信图书馆平台都具有读者账号信息查询的功能，可以查看读者所借图书、图书预约、图书收藏等，还可以将更多线下的服务功能转移到微信平台中，例如图书续借、馆外流通、通借通还等。一般情况下，馆外流通与通借通还申请需读者登录图书馆主页才可以操作，借助微信平台可以更快速、方便地完成，为读者带来了便利。另外，除了基本的读者借阅信息外，还可以将学科服务、预约讲座、预约软硬件资源等服务申请流程转移到微信平台中，方便读者利用手机进行预约申请、查看进展、取消预约等。

增强个人定制功能，提升用户感官体验。个人定制模块化功能是指移动图书馆不仅要提供与PC端数字图书馆一致的全面服务功能，更要将功能模块化供用户选择自身所需，也就是要支持用户的个性自定义。不是每位用户都需要全部功能，也不是全部用户都需要一样的功能。首先，移动图书馆的服务功能要足够全面，要让用户从 PC 端数字图书馆转向使用移动图书馆时不会产生太大的落差感，若用户常用或需要使用的功能在移动图书馆并没有，那么用户就很难选择再次使用移动图书馆。因此，移动图书馆需要尽量保留 PC 端数字图书馆的全部功能，如果不能完全保留，也需要保留基本、常用的功能。其次，移动图书馆功能需具有特色，才能更加吸引用户，提高移动图书馆的重复使用率。移动图书馆和 PC 端图书馆的服务功能基本一致，但如果移动图书馆将各个功能模块化并支持用户自定义的话，用户有更多自主选择的空间，可以将自己常用、感兴趣的功能模块自行组织起来，增大可操作性，也实现了用户的个性化服务。腾讯视频、喜马拉雅等多媒体平台手机移动端支持个性化频道定制，用户可以根据自身兴趣关注频道，更加便捷访问自己想要关注的内容。移动图书馆功能的合理设置管理、模块化个性定制，有效提升移动图书馆服务效率、促进移动图书馆服务更加人性化，也促进用户从传统图书馆、PC 端数字图书馆向移动图书馆转换使用。

（3）提升系统的交互性

当前移动图书馆交互功能仅限于咨询馆员、发表书评和图书荐购等，交互功能偏少，难以满足用户交互需求，导致移动图书馆中用户交互性差。良好的交互性能增加用户的参与感，从而提高用户的认可度。通过结构模型和评价指标体系的研究结果可以看出，交互体验对于用户体验效果也具有显著的正向影响作用。当前微信图书馆普及率极高，需要提升系统平台的交互性。微信作为一款社交软件平台，交互性是其基本属性，不同用户通过微信沟通、交流达到传播信息的目的。图书馆依托微信公众平台为用户提供资源和服务，应充分利用微信交互性的特点，增强用户与馆员之间、用户与用户、用户与系统之间的互动，扩大微信图书馆的影响力，通过提高用户的交互体验。

首先，加强用户与馆员之间的交互。用户与图书馆员的交互主要体现在咨询建议、推荐购书、联系我们等服务功能上。目前微信图书馆咨询建议功能主要分为常见问题解答、自动回复读者问题、专业馆员负责解答读者问题等。微信图书馆后台会将用户咨询频率较高的问题汇集起来或者根据用户的问题类型，将问题归类，总结为常见问题列表，方便用户快速找到问题解决方案，但是如果用户询问的问题不在常见问题列表中，得到反馈的时间就会出现延迟，影响用户的使用体验；另外，有的图书馆借助机器人自动回复读者问题，例如清华大学微信图书馆利用机器人小图负责解答读者问题，方便用户及时得到回复，也可以节省图书馆的人力资源成本。这两种方式都具有快速、高效、及时的优点，但是遇到后台数据库没有收录的解决方案时，就显得无能为力，因此有的图书馆通过馆员人工回复问题，利用短信或者邮件对读者进行反馈，这种方式适用于对时效性要求不高的问题。总之，图书馆应根据实际情况，采用一种或者多种方式为用户提供交互服务，满足用户需求，提高用户的交互体验。

其次，加强用户之间的交互。通过加强用户之间的交互，提高用户在微信图书馆平台中的活跃度，增强用户的使用黏性，可以通过提供阅读分享、发表书评等方式，并采用一定的激励手段，促使读者养成图书分享的习惯。图书馆也可以通过微信提供一个用户间交流互动的平台，不同用户在平台中可以畅所欲言，可以对他人评论进行回复，可以对评论进行点赞、转发等操作，使用户在使用的过程中感到具有趣味性和吸引力。例如四川大学微信图书馆提供的"照片墙""2018心愿墙""毕业情书""我是朗读者"等交互功能，使不同用户可以在平台中分享照片，交流心得以及紧跟时下热点开通"我是朗读者"等功能模块，加强用户之间的交互，提高微信图书馆的竞争优势，具有新颖性和创新性。微信读书、京东读书等商业阅读平台为增大用户黏性，交互性就很强，如微信读书通过问答PK、读书小队、一答到底等活动，赢取书币无限卡的方式不仅以奖励激励用户，还满足了用户的社交需求，增加用户与用户之间的交互。另外，用户在移动图书馆这样的信息平台的交互有利于知识的交流碰撞，同一本书、同一篇文献，不同的读者有不同的看法，这些读者就自己的看法在移动图书馆平台上相互交流，很有可能碰撞出不一样的火花。

最后，加强系统与用户之间的交互性。善用推送功能，增加推送信息的趣味性与针对性。微信图书馆推送的信息主要集中于通知公告、培训讲座、活动比赛等文字类消息，并且推送的时间不固定，用户可能会错过感兴趣的信息。因此图书馆在推送信息时可以设置固定的时间推送，避免用户错过，而且推送的信息不应局限于文字、图片类信息，也可以推送视频、音频、动画等多媒体信息，提高信息内容的趣味性。除了定时推送图书馆基本服务外，微信图书馆也可以紧跟当下热点推送相关的文章，便于用户快速了解热点背后的知识，利用热点扩大微信图书馆在读者群体中的影响力，提高微信图书馆信息的时效性，提高微信图书馆访问量。另一方面，提高推送信息的针对性。由于高校图书馆师生具有不同的专业背景，不同的教育水平，信息需求也会有所区别，因此微信图书馆应针对不同的用户分门别类地提供服务，提高信息的针对性，这在一定程度上会加重图书馆的负担，需要图书馆提供可靠的技术支撑与专业的人员保障。

7.6.2 构建完备的移动资源体系，提升内容体验

（1）丰富移动阅读资源

移动阅读资源是信息质量的重要指标。根据移动图书馆结构模型和评价指标体系的研究结果，用户体验效果受用户情感体验的影响程度最大，用户选择使用移动图书馆的目的就在于其可以满足自身的信息需求和服务体验，在使用过程中带来愉悦的使用体验。高校图书馆作为教学和科研服务的学术性机构，服务对象是全校所有的学生、教师和科研人员，满足读者信息需求则是其服务的宗旨，因此高校图书馆应提供更为全面的文献资源满足读者的信息需求。

首先，要提高移动服务平台的资源容量。丰富的资源容量可以为用户带来良好的情感体验，如果用户通过移动图书馆平台可以找到想要的资源，那么就会提高该平台的使用率，反之则会放弃使用移动图书馆。一方面图书馆可以将馆藏资源数字化并与移动服务平台进行对接，这样用户就

可以在平台中阅读电子图书或期刊，但需注意数字化过程中的版权保护问题；另一方面图书馆可以选择与第三方阅读平台进行合作，通过合作使用户可以在该平台中免费阅读和获取大量的文献资源，然后由图书馆为资源买单。例如重庆大学图书馆通过与京东读书合作，扩大了图书馆已有的电子文献资源总量，促进了"书香重大"的建设，受到了师生的普遍支持与好评[1]。

另外，要不断丰富移动平台的资源类型。目前移动图书馆的文献资源体系主要涉及的文献类型是电子图书和视频，这与数字图书馆所覆盖的丰富的文献资源类型相比，还有一定差距。总体来看，现有的移动资源体系所覆盖的文献资源类型较为单一，难以满足读者多层次的文献阅读需求。近几年，微信图书馆的移动资源类型呈现日益丰富的趋势，这是非常可喜的。例如四川大学微信图书馆平台提供的文献资源类型包括图书、期刊、报纸、学位论文、网页和图片，用户可以通过名称和作者进行检索；西南大学微信图书馆平台的"云阅读"模块内包括超星期刊、好书推荐、公开课、杂志精选和热门图书等功能，并且只要用户关注了图书馆公众号，无需登录就可以免费阅读和观看视频，为校内师生以及校外用户带来了很大的便利，促进了资源共享。但是移动客户端、移动网站等拥有的移动资源类型依然较少，这需要图书馆、资源商加强合作，打造云环境下的移动资源体系。

（2）改进移动阅读体验

近年来随着移动互联网的飞速发展，阅读方式逐步向数字化、碎片化、移动化转型，2017 移动互联网蓝皮书指出，运用专有设备为载体进行的移动阅读已超过传统基于桌面电脑的数字阅读，成为大众获取知识和分享信息的主要阅读方式。在"内容为王"的时代，移动图书馆凭借着优质的阅读资源，可以牢牢抓住移动用户的心。如果能够进一步改进阅读体

---

[1] 重庆大学新闻网，重庆大学牵手京东读书推出全新电子图书服务模式，http://news.cqu.edu.cn/newsv2/show-14-11397-1.html。

验，将有效提升用户体验，提升用户对移动图书馆服务的认同感和满意度。

首先，要进一步优化移动阅读技术。当前移动图书馆提供的移动阅读服务与市场上主流的移动阅读平台存在不小的差距，普遍来看，阅读功能有限，阅读模式单一，用户体验不够理想。应该进一步优化移动阅读技术，满足用户愉快阅读的需求。移动阅读建设也要相应关注阅读格式的排版，移动阅读版式尽量与纸质排版相结合，因为目前大部分阅读者还是习惯纸质排版的内容。其次，提升移动阅读的交互性。丰富移动阅读服务功能，为读者提供笔记、划线、字典、阅读记录等实用功能，同时提供分享、摘录等互动功能，提升系统的交互性。最后，重视移动阅读读者隐私保护。要重点优化读者个人信息的加密技术，制定相应的隐私保护策略，严格按照国际标准对阅读者隐私进行技术保护。

7.6.3 建设高效的服务管理体系，提升情感体验

（1）优化移动服务模式

移动图书馆服务模式主要有短信息、移动网站、客户端和微信图书馆等，另外还有微博和新媒体平台（如抖音、快手、今日头条等）等。通过对42所"双一流"高校移动图书馆的服务模式进行调研发现，62%的高校移动图书馆都有三种以上的服务途径，详细调研结果如图7.13所示。多样化的服务模式可以为用户提供更多的选择空间，用户可以根据自己的习惯和偏好使用移动图书馆服务，这本不是一件坏事，但图书馆人力物力毕竟有限，难以全面支持所有服务模式，因此与其分散人力物力建设多个移动图书馆服务平台，不如根据图书馆自身情况，将一种服务途径作为主要建设对象，做好移动服务的规划、建设和推广，集中力量做好一两种服务模式，而其他模式作为辅助服务途径。对于中小型图书馆而言，综合技术门槛、开发成本、维护成本等因素，建议采取微信图书馆作为主要的服务模式。

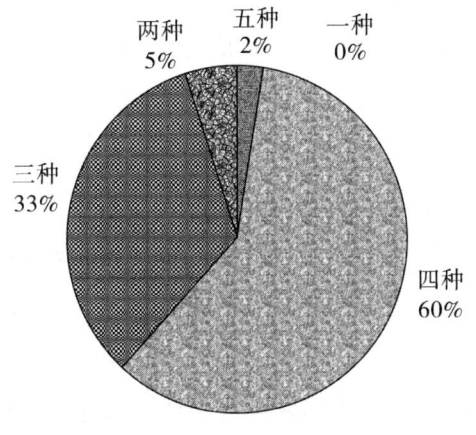

图 7.13　42 所"双一流"高校移动图书馆服务模式调研

微信图书馆已经成为普及率最高的移动服务模式。依托微信平台开展移动图书馆服务，不但有着比客户端更低的开发成本，比移动网站更快的访问速度，而且有利于移动图书馆服务的后续推广，因为微信平台有海量的活跃用户。微信本身就是高校学生日常广泛使用的一款移动应用，全面支持 IOS、安卓等多种系统，天然支持跨平台、跨终端。高校图书馆可以充分发挥微信平台的各项优势，提供集成社交服务、移动服务、消息推送于一体的移动服务体系。通过微信一对一交流的功能，与用户有效交流互动；利用公众号的功能菜单，结合本馆情况，为用户提供移动图书馆服务；提高推文内容质量，稳定推文发布频率，持续吸引用户关注。在此基础上，高校图书馆还可以利用微信平台的可扩展性，进一步丰富移动图书馆服务。例如，不少高校图书馆都利用微信"扫一扫"开展扫码荐购的功能，也有很多高校图书馆基于微信多媒体功能开展"博看朗读"等音视频服务。除此之外，可以根据智能手机的位置服务功能，与当前的座位预约、全景 VR 等服务相结合，提供基于位置的图书馆空间服务。还可以利用微信快捷支付功能，增加在线购书、在线支付欠款等服务，使微信图书馆更加贴近用户的日常。

另外，微信小程序已经开启全新的互联网生态①，成为不少图书馆的新选择。与传统的客户端相比，小程序开发简单、维护方便、使用流畅、功能强大。同时，小程序具有微信平台的全部优势，势必成为移动图书馆服务的重要补充。已经开通微信小程序的"双一流"高校图书馆均有着明确的功能定位，例如，上海交通大学图书馆小程序主要为座位预约系统，帮助用户及时掌握图书馆座位使用情况；厦门大学图书馆小程序主要为文献检索系统，为厦门大学学者提供已发表成果信息。微信小程序一经推出便实现快速发展，包含美食、外卖、视频、游戏、购物在内的各个领域均已占领小程序市场。高校图书馆应该对小程序掀起的互联网浪潮引起高度重视，并迅速抓住小程序所带来的移动图书馆发展新契机，主动开发移动图书馆微信小程序，进一步丰富移动图书馆的服务模式和服务功能。

（2）注重平台二次开发

通过结构模型和评价指标体系的研究结果可以看出，感官体验不同程度上也会影响用户体验效果。前面提到，不少图书馆选择超星移动图书馆等成熟的云服务平台，面临服务界面、功能服务几乎完全一样的尴尬，影响用户体验。建议图书馆与公司合作加强二次开发，满足图书馆个性化服务需求。图书馆可以定制化移动客户端，使用图书馆的LOGO，选择相应的功能模块和各项功能模块显示的顺序，可进行移动图书馆客户端的个性化发布，使得每家图书馆都可以生成具有图书馆特色的客户端应用，打造图书馆的移动服务品牌。

同时，充分利用微信平台良好的开放性，注重微信平台的二次开发。对于用户来说，接触微信图书馆最先感知的就是平台的界面、色彩等感官体验，因此改善感官体验，对平台进行二次开发有助于吸引新用户，提高用户使用欲望。

首先，图书馆开发公众平台时应根据实际情况、面向的用户群体以及

---

① 杨启、张丽萍：《从互联网生态看微信小程序的发展》，载《新闻论坛》，2017年第2期，第2—24页。

提供服务功能的特点慎重选择公众号的类型，一旦确定公众号类型后不易进行修改；另外公众号的名称也应谨慎决定，申请通过后则不能更改，名称的选择要有利于图书馆的宣传推广，便于用户查找和识别。除了名称之外，在微信图书馆头像的设置、背景颜色的选取等方面，也应注意美观性，既符合大众的审美标准，又便于用户识别，加强用户的使用印象。一般情况下，图书馆都采用校徽、馆徽或者学校标志性建筑作为微信平台的头像，这也是目前微信图书馆普遍的头像设计。这样进行设计可以使图书馆区别于其他非官方公众号，让用户感到更多的信任感。

其次，在导航栏目和功能模块的设计方面，应具有合理性和逻辑性，符合用户的使用习惯，减少术语的歧义，提高系统的易用性，便于用户快速找到所需的信息和服务。目前，多数高校图书馆在设计微信平台功能模块时是按照资源信息、服务内容以及个人信息三个板块进行设计，基本可以满足用户获取资源和服务的需求，但是在具体模块中导航栏目的设置中可能会存在歧义。图书馆在设置导航栏目时应重视用户体验，对用户需求和使用习惯进行广泛调研，以提高微信图书馆的有用性和易用性。

最后，对于初次关注微信图书馆的用户，多数系统平台仅是向用户推送感谢关注的消息回复，但是缺少对平台服务的基本介绍，这使得新用户对于微信图书馆无从着手，不清楚如何才能快速找到想要的资源和服务。因此对于微信图书馆来说，应在用户首次关注时向其推送平台功能概述及使用操作指南，便于用户快速熟悉使用流程，获得满意的使用体验。

(3) 增强移动用户黏性

用户黏性表现为用户对移动图书馆的重复使用率、依赖性和忠诚度，要增强移动图书馆的用户黏性，可以利用用户黏性度来划分用户群体，针对不同的用户群体采取不同的措施来提高用户黏性[1]。用户黏性度可以通

---

[1] 毕荣：《改善高校图书馆网站建设提高"用户黏性度"》，载《科技信息》，2010 年第 28 期，第 640—641 页。

过访问量、点击率、重复使用率等数据进行衡量。根据用户黏性度可将用户划分为潜在用户、新用户和老用户，同时可以利用用户转换行为理论来增强不同用户群体黏性。在移动图书馆用户转换行为研究中证实转换成本显著负向影响转换意愿，转换意愿显著正向影响转换行为。移动图书馆可以利用这一结论通过控制用户转换成本来促进或抑制用户的转换行为，从而加强用户黏性。

针对潜在用户，移动图书馆可以通过同步传统图书馆和数字图书馆的资源、功能、个人数据如积分、借阅记录、浏览下载记录等，尽可能减少他们从使用传统图书馆和数字图书馆转向移动图书馆的转换成本，同时以移动图书馆便捷、及时、特色的服务吸引潜在用户，促进用户从传统图书馆和数字图书馆转向使用移动图书馆。针对新用户，移动图书馆可以通过有价值的信息内容、便捷的访问操作等差异化服务优势来提高用户的重复使用率和访问深度，从而留住新用户，并促进新用户向老用户的转换。针对老用户则需要提高其忠诚度和认可度，通过增强移动图书馆的互动功能、个性化服务等提高用户的转换成本，降低用户转换意愿，提高用户忠诚度。移动图书馆还要不断进步，保持服务好口碑，提高用户认可度，才能口口相传，进而吸引潜在用户，全面增强用户黏性。此外，用户黏性度还可以作为移动图书馆服务的评价指标，除用户体验之外，从另一个用户角度对移动图书馆服务质量进行评价，为全面提升移动图书馆服务质量提供参考依据。

（4）加强服务宣传推广

移动图书馆用户体验要素、结构性模型和评价指标体系研究中都证实社会影响对用户体验起着促进作用，社会影响包括同学、朋友的推荐，专家、老师的推荐和图书馆自身的宣传对用户使用意愿的影响。虽然在以上研究中三个方面的社会影响程度不同，但不可否认的是社会影响是提升移动图书馆用户体验的关键要素，因此移动图书馆应在建设优化服务功能、服务内容的同时强化宣传推广，提高移动图书馆知名度，扩大社会影响，提升用户体验，从而全方位提升服务质量。

当前移动图书馆推广方式最普遍的是高校数字图书馆首页中给出的移动图书馆访问指导，这也是用户获取移动图书馆访问方式最直接的路径。42 所"双一流"高校均在数字图书馆首页给出二维码、链接等形式的移动图书馆访问指导。但同时也发现存在访问指导不全面、链接不清晰、二维码无法显示等问题，这将直接影响移动图书馆的推广效果，因此移动图书馆在依托数字图书馆、线下图书馆等平台进行宣传推广时，应严格表明各类移动图书馆详细信息及简要功能介绍等。哈尔滨工业大学图书馆不仅在数字图书馆首页给出移动图书馆访问二维码，还在二维码下方给出清晰的文字标识，使用户一目了然。

依托数字图书馆的移动图书馆链接、二维码展示宣传实际上并未达到主动推广效果，当用户看见移动图书馆的链接或二维码的时候很少会主动关注下载使用，因为用户并不知道移动图书馆和数字图书馆、传统图书馆有什么实质性差别，没有任何吸引用户的地方，因此移动图书馆需要更为专业化、规范化的宣传推广。第一，移动图书馆的详细介绍和操作指南是移动图书馆规范宣传推广的基础。详细介绍包括访问途径、功能介绍、特色介绍，要让用户清晰了解移动图书馆与数字图书馆、传统图书馆的区别，以及通过移动图书馆能够享受到哪些更为便捷的服务。简言之，就是要让用户知道移动图书馆的优势。编撰与发行移动图书馆操作指南也是经常使用，而且富有成效的推广方式。第二，制定合理的移动图书馆宣传推广方案。依托传统图书馆，将移动图书馆的详细介绍和操作指南嵌入读者指南中，同时在数字图书馆和线下图书馆进行嵌入式宣传推广。例如在新生的入馆教育中、嵌入式的课程服务中、图书馆举办的活动比赛中，向读者介绍移动图书馆服务，也可以在图书馆入口处设置展板对移动图书馆的资源和服务进行推广等。与学校院系合作，从学院到专业、班级再到每位师生进行深入宣传，确保让每位师生了解移动图书馆并指导用户使用。第三，创新推广思路，丰富推广途径。可以借鉴微信小程序"微信运动"的服务模式，每周推送或者每月推送读者的进馆次数、借书册数、阅读时长等数据，并生成书友排名，每位读者可以查看自己及书友的排名，对于排名靠前的读者进行奖励，通过这种激励方式可以提高微信图书馆的关注率,扩大微信图书馆在读者群体中的影响力,通过口碑营销起到宣传推广的作用。另外,还可以通过其他平台对移动图书馆进行宣传,例如图书馆的门户网站、学校微信官方平台、学校几大主流的自媒体平台等,利用其他平台较高流量对移动图书馆进行介绍推广。因此,图书馆应借鉴营销学的思想,善于推广自身拥有的资源和服务,加大宣传力度,通过多种方式和渠道扩大用户群体规模。第四,良好的激励机制可以大大提高用户积极性,提高移动图书馆的重复使用率。如采用积分制,登录移动图书馆、使用某项功能可领取积分,积分可以用于换取礼品,每月展示积分排行榜等。总之,图书馆应借助可以利用的资源,多方位、多形式、多渠道的对移动图书馆进行宣传推广,从而最大程度发挥移动服务的价值。

7.7 移动图书馆未来发展趋势

信息传播、移动通信、互联网和计算机等新技术的更新换代,不断改变着人们的生活,移动图书馆在这些技术下萌生,未来也必将在新技术的发展中寻找新的契机不断完善和提升服务质量,实现价值的飞跃。

7.7.1 5G

第五代移动通信技术 5G 时代的到来,让网络信息容量和信息传播速度都更上一个台阶,也是传输大容量数据的技术条件。5G 技术不仅能支持高校图书馆向智慧图书馆的升级转变,提升智慧图书馆数字化、网络化、智能化的特性[1],还能促进图书馆之间资源的共建共享,在京津冀地区高

---

[1] 刘恩泽、罗彬:《5G 时代高校智慧图书馆变革探究》,载《图书馆学刊》,2020 年第 1 期,第 9—12 页。

校图书馆共享资源建设中就利用 5G 技术拓宽资源传输通道①。除此之外，5G 技术的日益发展和广泛普及，也为移动图书馆的服务质量提升提供了技术保障。实施为移动图书馆丰富资源形式、推广模式的大数据和云计算服务技术，开展为增强移动图书馆与用户交互性的短视频、直播等新媒体交互形式，实现有望进一步提升移动图书馆服务质量的 VR、AR 等现代技术，都需要 5G 高速率、低时延、大连接的特性为其提供重要技术支持。

7.7.2　大数据

大数据是指海量的数据，具有数据规模庞大、多样性、低价值密度和流动速度快的特点，大数据技术通过对大数据进行挖掘处理得到具有战略性价值的信息②。大数据技术在商业领域的应用已经非常成熟，不管是电子商务平台、社交媒体平台还是新闻资讯平台，甚至于数据库商平台，都可以根据用户的行为大数据进行智能推荐，其中在电子商务平台的体现最为明显。事实上，图书馆界也已经开始对大数据进行研究和应用，清华大学就利用大数据技术进行数据集成和数据价值的挖掘，基于时间轴进行学科趋势分析并预测未来发展方向，建立以学者为中心的知识关联网络③。国家图书馆开展了以大数据技术为基础构建读者与资源画像模型的项目，利用大数据分析定位读者群体和资源群体④。重庆大学图书馆推出的"猜你喜欢"功能在用户登录情况下根据用户的检索记录、浏览记录等大数据为用户进行智能推荐。基于大数据在图书馆领域的理论与实践研究，移动

---

①　张行、谷娜：《京津冀高校图书馆资源建设共享研究》，载《图书馆学刊》，2020 年第 1 期，第 35—41 页。

②　陶雪娇、胡晓峰、刘洋：《大数据研究综述》，载《系统仿真学报》，2013 年第 S1 期，第 142—146 页。

③　邓景康：《大数据环境下清华大学图书馆的实践》，载《中国新闻出版报》，2013 年 8 月 29 日，第 005 版。

④　杨帆：《画像分析为基础的图书馆大数据实践：以国家图书馆大数据项目为例》，载《图书馆论坛》，2019 年第 2 期，第 58—64 页。

图书馆可以从中受到启发，利用大数据随时随地记录、获取用户行为大数据、资源利用大数据等，运用大数据技术深度挖掘读者的习惯和偏好，准确预测用户的喜好，刻画读者画像，实现精准阅读推广，并依托移动图书馆平台实现精准推送。

7.7.3 云计算

云计算技术是给用户提供像水电气一样的按需计算服务，将网络上的服务资源虚拟化，由专业人员负责整个服务资源的调度、管理、维护等工作[①]。云计算技术的发展打破了以往图书馆人力、设备的限制，只需要购买云计算服务就可以对采集来的大数据进行完善管理，从而有更多的精力用于大数据的挖掘和应用上。图书馆租用云计算服务，构建基于云计算的管理服务平台，不仅有助于提高图书馆工作效率，更能让馆员从基础管理维护中解脱出来，去从事更具价值、创新性的工作。图书馆在建设移动图书馆的时候可参考这样的做法，将移动图书馆的基础设施管理、技术支持维护等承包给云计算服务公司，自身着重于移动图书馆的服务质量提升。不仅如此，云计算服务使得从前无法整合的多结构资源数据都变得易存易取，除了传统的文献资源，图片、音频、视频等多媒体资源也可通过移动图书馆被用户获取，丰富多彩的资源对用户来说更具有吸引力。重庆大学"+馆藏"多媒体平台就以图片、音频、视频作为主要建设内容，并支持用户自主上传资源，大大增加用户参与感和体验感。

7.7.4 新媒体

中国互联网络信息中心（CNNIC）发布的第 44 次《中国互联网络发

---

① 李乔、郑啸：《云计算研究现状综述》，载《计算机科学》，2011 年第 4 期，第 32—37 页。

展状况统计报告》①中指出，我国短视频用户规模达到 6.48 亿，占整体网民规模的 75.8%，我国网络直播用户规模达 4.33 亿，占整体网民规模的 50.7%。当前一半以上网络用户都在观看短视频、直播，特别是小视频观看人数更是占到了七成。通过《2019 年短视频/直播行业人才发展报告》②也可以看出近年来短视频的竞争热度已经超过直播，成为新兴的多媒体形式。短视频之所以近年来如此受热捧，一是因为短视频时间短、内容丰富的特点契合当下用户碎片化阅读娱乐的习惯，在信息飞速传播的今天，用户更倾向于以最高的效率获取更多的信息，而短视频恰好能满足这一需求；二是因为短视频、直播这样的形式极大地促进了用户之间的交流互动，播主利用视频间接面对面的形式，与观看者拉近距离，即时互动更增添亲近感。同时用户与用户之间也可以通过点赞、评论、分享视频等行为相互交流，用户的社交需求也得以满足。

短视频、直播等新媒体形式的蓬勃发展为移动图书馆提升与用户之间的互动性提供了新思路。传统图书馆所举办的讲座、培训、活动沙龙等线下活动可以通过直播的形式在移动图书馆同步，让受到时间、地域限制的用户通过移动图书馆也可以参与其中，并通过线上评论参与互动。移动图书馆还可以通过直播读书体验、新书开箱、活动体验等形式来进行图书资源和图书馆的推广。短视频能够帮助移动图书馆丰富信息推动发布途径。移动图书馆可以利用短视频进行资源推荐，如制作"一分钟读完一本经典著作"系列，用精简的短视频展示资源特色，引发读者兴趣；移动图书馆还可以利用短视频发布活动宣传、阅读报告等。但是利用短视频进行资源推荐、阅读推广、消息推送需要保证短视频的更新频率、内容质量，这样才能有效保证提升图书馆与用户的交流互动。因此，短视频的构思、制作、坚持更新是移动图书馆需要克服的一大困难。此外，短视频的广泛传

---

① 网络视听生态圈，CNNIC 第 44 次报告：网络视频（含短视频）、网络直播、网络音乐，https://m.sohu.com/a/337651316_728306。

② 和讯网，2019 年短视频/直播行业人才发展报告，http://m.10jqka.com.cn/20191231/c616393131.shtml。

播所带来的知识产权问题、短视频评论合法合规管理也是移动图书馆所面临的另一难关，有待进一步研究和实践。

7.7.5 虚拟现实

虚拟现实技术（Virtual Reality，VR）是利用计算机生成一种虚拟环境，通过多种传感设备，模仿人的视觉、听觉、触觉和嗅觉，使用户沉浸在该环境中，并能与该环境直接进行自然交互的技术[1]。重庆邮电大学[2]就利用VR技术向广大用户全方位呈现了重庆邮电大学校园风光，用户还可以在VR全景中进行留言。移动图书馆可以参考这样的做法，利用VR技术向用户展示实体图书馆的整体空间构造和资源分布，让用户如临其境，可以协助用户查找图书、业务办理等。移动图书馆除了将VR技术用于图书馆展示，还可以提供智能导航、智慧引导、虚拟教学等服务。增强现实（Augmented Reality，AR），是在虚拟现实的基础上发展起来的新技术，也被称之为混合现实。北京故宫博物院运用AR识图让用户在手机上就可以全方位观看三维立体文物，并配有语音讲解和文字介绍[3]。移动图书馆也可以效仿这一做法，利用AR技术展示馆藏古籍、珍藏资源等，事实上图书馆因怕古籍藏品在阅览过程中受到损坏，因此对读者阅览作出多种限制，并且缺乏讲解介绍，生涩的古籍通常都藏而不用。但通过AR技术展示出来的古籍资源不仅不会损坏古籍珍宝，还可以提高古籍利用率，增添移动图书馆服务特色。

---

① 程瑜怀：《VR及AR技术在空间设计教学中的运用研究》，载《数位时尚（新视觉艺术）》，2013年第4期，第88—89页。

② 重邮小帮手，【360°VR重邮】没错，就是VR！带你全方位欣赏美丽的重庆邮电大学，https://mp.weixin.qq.com/s/n1332tvW-XGMKpuLk_hawQ。

③ 陈枫、王峰：《VR/AR技术在虚拟博物馆游览系统中的应用研究：以故宫博物院为例》，载《大众文艺》，2020年第4期，第61—62页。

7.8 研究局限与研究展望

7.8.1 研究局限

本文在研究模型、研究方法、研究过程的分析检验中力求可靠、严谨，尽可能地减少研究结果与实际情况的偏差，但是仍存在以下两点局限。

首先，研究方法的局限。本文主要采用的研究方法为问卷调查、用户访谈等，存在样本数量较少与样本代表性不足的局限性。问卷调查的结果主观随意性太大，很大程度上受被调查者当时情绪和心理状态的影响。尽管对问卷信度与效度进行检验，最大可能的保证结果的有效性和可靠性，但研究结果与实际情况仍存在一些偏差，后续研究应尝试多种研究方法，系统全面准确地收集用户对使用体验的评价数据。另外，受限于研究条件，本文研究主要是针对微信图书馆服务，其他移动服务模式涉及较少，且调研对象集中于重庆大学的师生，后续研究应扩大调研范围，努力提升用户体验评价结果的适用性。

其次，研究模型的局限。本文在用户体验和用户行为的理论模型基础上，通过自上而下的方式构建理论模型，并对模型进行检验与修正。模型变量的选取主要是基于先前的研究结果，采用了 Meta 分析方法，存在变量不够全面的问题，不能涵盖所有影响用户体验评价的因素，这是研究方法所带来的局限。后续研究可以引入质性研究方法，自下而上的构建模型，通过与实验参与者深入访谈，将访谈内容进行多级编码，提取影响用户体验评价的因素，并根据分析结果构建理论模型，然后再进行实证检验。

7.8.2 研究展望

图书馆用户体验的研究一直是学界的研究热点，移动图书馆作为一项新服务其用户体验与感受受到图书馆界的广泛关注。在移动图书馆用户体验研究方面，仍需不断拓展和深入研究。首先，需要采用多种研究方法构建更为全面的理论模型，提高模型的适用性与普遍性，同时考虑不同服务模式之间的体验差异。其次，在调查样本的选取上可以引入个体差异研究，探讨不同学科背景、不同教育水平的用户在移动图书馆使用行为方面具有的差异性，从而提出更具针对性的措施和建议。最后，需要进一步将理论研究与实践相结合，考虑用户的实际使用感受，注重移动图书馆用户使用意愿以及用户持续使用意愿的研究，注重用户体验提升研究，探究影响用户发生转换行为的要素，了解用户转换行为发生机制，针对性提出改进策略提升移动图书馆服务水平，帮助移动图书馆有针对性地减少用户流失和培养忠诚用户，进而指导图书馆移动服务建设，为读者带来更满意的资源和服务。

附　录

A.1　微信图书馆用户体验评价问卷调查

亲爱的老师/同学：

　　您好！

　　为进一步改进图书馆的服务质量，提高图书馆服务水平，从而更好地为全校师生服务，特别征求您对微信图书馆使用体验的评价和意见。请您抽出几分钟宝贵时间填写本问卷，问卷结果不会公开，请您放心填写，感谢您的支持与配合！

第一部分　个人基本信息

(1) 您的性别：

　　A. 男　　　　　　　　　　B. 女

(2) 您的身份：

　　A. 本科生　　　　　　　　B. 硕士研究生

　　C. 博士研究生　　　　　　D. 教师

(3) 学科背景：
　　A. 自然学科　　　　　　　B. 人文与艺术学科
　　C. 社会学科　　　　　　　D. 工程与技术学科
　　E. 其他_____
(4) 您是否关注了重庆大学图书馆微信公众号？
　　A. 是的　　　　　　　　　B. 没有（跳转至第 6 题）
(5) 您经常使用图书馆微信公众号吗？
　　A. 偶尔　　　B. 较少　　　C. 经常

第二部分　重庆大学微信图书馆用户体验评价

您可以根据描述，选择最为合适的选项，从左至右依次为"完全不同意""不太同意""一般""比较同意""完全同意"，请根据您的实际情况在对应的选项框里挑√。

题号	问题	完全不同意	不太同意	一般	比较同意	完全同意
1	我认为微信图书馆界面设计美观					
2	我认为微信图书馆界面色彩搭配舒服					
3	我认为微信图书馆界面功能模块划分合理					
4	我认为微信图书馆界面术语准确无歧义					
5	我认为微信图书馆提供了多种我与馆员沟通的渠道（例如电话、邮件、微信留言等）					
6	我认为微信图书馆提供了用户间交互分享信息的平台（例如发表评论、推荐评论、书刊分享等）					
7	我认为微信图书馆的操作流程简单					
8	我认为微信图书馆提供了丰富、全面的信息资源（例如电子图书、电子期刊等）					

(续表)

题号	问题	完全不同意	不太同意	一般	比较同意	完全同意
9	我认为通过微信图书馆检索文献资源准确性高					
10	我认为微信图书馆可以及时更新信息资源（例如及时发布通知公告、活动讲座、新书推荐等）					
11	我认为使用微信图书馆安全、可靠，不会存在隐私泄露的风险					
12	我认为微信图书馆提供的功能多样化（例如书刊检索、阅读、评论、预约研修室、查询个人信息等）					
13	我认为通过微信图书馆都可以找到我所需要的信息					
14	通过微信图书馆我可以向馆员推荐购书					
15	通过微信图书馆我可以查看通知公告、新书通报、联系馆员等					
16	我认为微信图书馆可以进行实时的咨询且响应及时					
17	我认为微信图书馆会主动推送我比较感兴趣的信息					
18	我认为通过微信图书馆任何时间、任何地点都可以快速找到所需的信息资源					
19	我认为微信图书馆提供了多种个性化的服务（例如可以查询个人当前借阅、欠费情况、预约、收藏图书等）					
20	我认为微信图书馆为我的学习或科研带来了便利					
21	使用微信图书馆我感觉很愉悦，可以激发我的学习兴趣					

(续表)

题号	问题	完全不同意	不太同意	一般	比较同意	完全同意
22	我认为微信图书馆资源丰富、服务功能多样且使用便捷					
23	我认为微信图书馆系统性能良好、安全性高、响应及时					
24	我认为微信图书馆提供的服务对我很有吸引力					
25	我觉得使用微信图书馆是一个不错的主意					
26	我支持微信图书馆提供的服务和功能					
27	与访问学校图书馆主页和客户端来说，我更为乐意使用微信平台					
28	老师或专家对微信图书馆的推荐对我使用微信图书馆有较大影响					
29	馆员对微信图书馆的宣传和倡导对我使用微信图书馆有较大影响					
30	同学或朋友对微信图书馆的推荐对我使用微信图书馆有较大影响					
31	整体上，我认为通过微信图书馆可以便捷地获取信息，另外多样化的服务功能也为我的学习或科研带来了便利					
32	整体上，我认为使用微信图书馆可以满足我的需求					
33	总之，我对目前的微信图书馆平台很满意					

（6）您在使用过程中对微信图书馆有什么建议？

A.2 微信图书馆用户体验评价指标体系调查问卷

亲爱的老师/同学：

您好！

此调查问卷根据层次分析法的原理进行设计，目的在于确定微信图书馆用户体验评价指标体系中不同要素间的相对重要程度，衡量尺度分为9个等级，其中1、3、5、7、9分别表示前一个因素与后一个因素同样重要、稍微重要、明显重要、相当重要、极其重要，2、4、6、8表示重要程度介于1~3、3~5、5~7、7~9中间。

请根据您的直观感受，在合适的框内打钩。

（1）微信图书馆用户体验评价分为感官体验、交互体验、功能体验、情感体验和社会影响五个方面，请对下列各组两两比较，对于用户体验评价的相对重要程度进行打分。

强度 指标	左侧指标重要于右侧指标					右侧指标重要于左侧指标				强度 指标
	9∶1	7∶1	5∶1	3∶1	1∶1	1∶3	1∶5	1∶7	1∶9	
感官体验										交互体验
感官体验										功能体验
感官体验										情感体验
感官体验										社会影响
交互体验										功能体验
交互体验										情感体验
交互体验										社会影响
功能体验										情感体验
功能体验										社会影响
情感体验										社会影响

(2) 感官体验包括界面设计、色彩搭配、功能模块、术语准确四个方面，请对下列各组两两比较，对于感官体验的相对重要程度进行打分。

强度 指标	左侧指标重要于右侧指标					右侧指标重要于左侧指标				强度 指标
	9∶1	7∶1	5∶1	3∶1	1∶1	1∶3	1∶5	1∶7	1∶9	
界面设计										色彩搭配
界面设计										功能模块
界面设计										术语准确
色彩搭配										功能模块
色彩搭配										术语准确
功能模块										术语准确

(3) 交互体验包括咨询馆员、发表书评、阅读分享、推荐购书四个方面，请对下列各组两两比较，对于交互体验的相对重要程度进行打分。

强度 指标	左侧指标重要于右侧指标					右侧指标重要于左侧指标				强度 指标
	9∶1	7∶1	5∶1	3∶1	1∶1	1∶3	1∶5	1∶7	1∶9	
咨询馆员										发表书评
咨询馆员										阅读分享
咨询馆员										推荐购书
发表书评										阅读分享
发表书评										推荐购书
阅读分享										推荐购书

(4) 功能体验包括文献检索、云阅读、个人信息查询、通知公告、新书通报、读者指南以及其他功能七个方面，请对下列各组两两比较，对于功能体验的相对重要程度进行打分。

附 录 | 315

强度\指标	左侧指标重要于右侧指标					右侧指标重要于左侧指标				强度\指标
	9:1	7:1	5:1	3:1	1:1	1:3	1:5	1:7	1:9	
文献检索										云阅读
文献检索										个人信息查询
文献检索										通知公告
文献检索										新书通报
文献检索										读者指南
文献检索										其他功能
云阅读										个人信息查询
云阅读										通知公告
云阅读										新书通报
云阅读										读者指南
云阅读										其他功能
个人信息查询										通知公告
个人信息查询										新书通报
个人信息查询										读者指南
个人信息查询										其他功能
通知公告										新书通报
通知公告										读者指南
通知公告										其他功能
新书通报										读者指南
新书通报										其他功能
读者指南										其他功能

（5）情感体验包括感知有用性、感知易用性和感知趣味性三个方面，请对下列各组两两比较，对于情感体验的相对重要程度进行打分。

指标＼强度	左侧指标重要于右侧指标					右侧指标重要于左侧指标				强度＼指标
	9∶1	7∶1	5∶1	3∶1	1∶1	1∶3	1∶5	1∶7	1∶9	
感知有用性										感知易用性
感知有用性										感知趣味性
感知易用性										感知趣味性

（6）社会影响包括同学、朋友的推荐，老师、专家的推荐以及图书馆的宣传推广三个方面，请对下列各组两两比较，对于社会影响的相对重要程度进行打分。

指标＼强度	左侧指标重要于右侧指标					右侧指标重要于左侧指标				强度＼指标
	9∶1	7∶1	5∶1	3∶1	1∶1	1∶3	1∶5	1∶7	1∶9	
同学、朋友的推荐										老师、专家的推荐
同学、朋友的推荐										图书馆的宣传推广
老师、专家的推荐										图书馆的宣传推广

A.3　重庆大学微信图书馆用户体验评价调查问卷

亲爱的老师/同学：

　　此次问卷主要是调查用户对于重庆大学微信图书馆的使用体验，分别从用户的感官体验、交互体验、功能体验、情感体验、社会影响五个方面进行评价，请您在熟悉微信图书馆的所有功能后，根据实际的使用感知进行填写。感谢您的配合与支持！

（一）微信图书馆感官体验使用评价

（1）您对学校微信图书馆的界面设计满意吗？

　　　① 很不满意　　② 不满意　　③ 一般　　④ 满意　　⑤ 很满意

（2）您对学校微信图书馆的色彩搭配满意吗？

　　　① 很不满意　　② 不满意　　③ 一般　　④ 满意　　⑤ 很满意

（3）您对学校微信图书馆的功能模块满意吗？

　　　① 很不满意　　② 不满意　　③ 一般　　④ 满意　　⑤ 很满意

（4）您对学校微信图书馆的导航术语准确性满意吗？

　　　① 很不满意　　② 不满意　　③ 一般　　④ 满意　　⑤ 很满意

（二）微信图书馆交互体验使用评价

（1）您对学校微信图书馆的咨询馆员功能满意吗？

　　　① 很不满意　　② 不满意　　③ 一般　　④ 满意　　⑤ 很满意

（2）您对学校微信图书馆的发表书评功能满意吗？

　　　① 很不满意　　② 不满意　　③ 一般　　④ 满意　　⑤ 很满意

（3）您对学校微信图书馆的阅读分享功能满意吗？

　　　① 很不满意　　② 不满意　　③ 一般　　④ 满意　　⑤ 很满意

（4）您对学校微信图书馆的推荐购书功能满意吗？
　　　① 很不满意　　② 不满意　　③ 一般　　④ 满意　　⑤ 很满意

（三）微信图书馆功能体验使用评价

（1）您对学校微信图书馆的文献检索功能满意吗？
　　　① 很不满意　　② 不满意　　③ 一般　　④ 满意　　⑤ 很满意
（2）您对学校微信图书馆的云阅读功能满意吗？
　　　① 很不满意　　② 不满意　　③ 一般　　④ 满意　　⑤ 很满意
（3）您对学校微信图书馆的个人信息查询功能满意吗？
　　　① 很不满意　　② 不满意　　③ 一般　　④ 满意　　⑤ 很满意
（4）您对学校微信图书馆的通知公告功能满意吗？
　　　① 很不满意　　② 不满意　　③ 一般　　④ 满意　　⑤ 很满意
（5）您对学校微信图书馆的新书通报功能满意吗？
　　　① 很不满意　　② 不满意　　③ 一般　　④ 满意　　⑤ 很满意
（6）您对学校微信图书馆的读者指南功能满意吗？
　　　① 很不满意　　② 不满意　　③ 一般　　④ 满意　　⑤ 很满意
（7）您对学校微信图书馆的其他功能满意吗？（悦读账单、预约研修室）
　　　① 很不满意　　② 不满意　　③ 一般　　④ 满意　　⑤ 很满意

（四）微信图书馆情感体验使用评价

（1）您对学校微信图书馆的感知有用性满意吗？
　　　① 很不满意　　② 不满意　　③ 一般　　④ 满意　　⑤ 很满意
（2）您对学校微信图书馆的感知易用性满意吗？
　　　① 很不满意　　② 不满意　　③ 一般　　④ 满意　　⑤ 很满意
（3）您对学校微信图书馆的感知趣味性满意吗？
　　　① 很不满意　　② 不满意　　③ 一般　　④ 满意　　⑤ 很满意

（五）微信图书馆社会影响使用评价

（1）您认为同学、朋友的评价对你的使用体验的影响程度如何？
　　① 弱　　② 较弱　　③ 一般　　④ 较强　　⑤ 强

（2）您认为老师、专家的评价对你的使用体验的影响程度如何？
　　① 弱　　② 较弱　　③ 一般　　④ 较强　　⑤ 强

（3）您认为图书馆的宣传推广对你的使用体验的影响程度如何？
　　① 弱　　② 较弱　　③ 一般　　④ 较强　　⑤ 强

调查问卷具体指标的解释说明（A 微信图书馆用户体验评价指标体系）。

一级指标	二级指标	指标描述
B1 感官体验	C1 界面设计	界面是否美观，图文搭配是否协调且具有辨识度
	C2 色彩搭配	整体色调是否舒适、便于阅读
	C3 功能模块	各个功能模块划分是否合理，突出重点，方便操作，符合用户的使用习惯
	C4 术语准确	导航名称准确、无歧义，不易使用户产生困惑
B2 交互体验	C5 咨询馆员	包括利用电话、邮箱、微信后台留言等方式向馆员咨询
	C6 发表书评	用户利用微信平台发表评论，查看他人评论，查看推荐的书评
	C7 阅读分享	将感兴趣的书籍、期刊等资源与他人分享
	C8 推荐购书	用户可向馆员进行新书举荐，向馆员推荐感兴趣的书籍，便于图书馆采购

(续表)

一级指标	二级指标	指标描述
B3 功能体验	C9 文献检索	包括检索的资源内容（纸本馆藏、电子期刊）、检索功能、检索速度与稳定性、检索结果展示、文献导出与引用
	C10 云阅读	期刊、报纸、图书等文献资源的阅读，推荐图书、推荐听书、查看阅读排行榜、新书上架、名家专区、经典图书等
	C11 个人信息查询	包括查询个人当前借阅、预约、收藏及欠费情况
	C12 通知公告	查看图书馆近期的通知公告，包括新闻、通知、活动、培训、公告等信息
	C13 新书通报	查看图书馆新书基本信息
	C14 读者指南	包括常见服务联系电话、校友服务、学科馆员联系电话、开馆时间等基本信息
	C15 其他功能	包括根据用户使用数据自动生成个性化悦读账单功能、预约研修室功能
B4 情感体验	C16 感知有用性	用户认为微信图书馆对自身学习、科研等带来价值的程度
	C17 感知易用性	用户在使用微信图书馆时所花费努力的程度
	C18 感知趣味性	用户在使用微信图书馆时感到愉悦体验的程度
B5 社会影响	C19 同学、朋友的推荐	周围同学、朋友的推荐对用户使用微信图书馆的影响
	C20 老师、专家的推荐	周围老师、专家的推荐对用户使用微信图书馆的影响
	C21 图书馆的宣传推广	图书馆的宣传和倡导对用户使用微信图书馆产生的影响

A.4　高校移动图书馆用户转换行为调查问卷

亲爱的老师/同学：

您好！

首先，感谢您抽出宝贵的时间来填写本次问卷。

为进一步提升移动图书馆的用户体验和服务水平，本调查旨在探究高校移动图书馆用户在使用过程中转换意向及转换行为的发生机制。特征求您对移动图书馆的使用情况进行评价。问卷结果不会公开，请您放心填写，感谢您的支持与配合！

第一部分　基本信息

（1）您的身份：

　　A. 学生　　　　　　　　B. 教职工

（2）您的性别：

　　A. 男　　　　　　　　　B. 女

（3）您的年龄：

　　A. 17 岁及以下　　　　　B. 18—24 岁

　　C. 25—30 岁　　　　　　D. 30—35 岁

　　E. 36 岁及以上

（4）您的学历是 [单选题]*

　　A. 大专　　　　　　　　B. 本科

　　C. 研究生　　　　　　　D. 博士及以上

（5）您的学科背景 [单选题]*

　　A. 自然学科　　　　　　B. 人文与艺术学科

　　C. 社会学科　　　　　　D. 工程与技术学科

E. 其他_____ *

（6）高校移动图书馆服务模式主要有：图书馆 APP、图书馆微信公众号、图书馆微信小程序、手机网页版等。请问您目前最常用的移动图书馆是？[单选题] *

A. 图书馆 APP　　　　　　　B. 图书馆微信公众号

C. 图书馆微信小程序　　　　D. 手机网页版

E. 从未使用过移动图书馆（请跳至问卷末尾，提交答卷）

（7）您经常使用移动图书馆的哪些服务？请按照使用频率由强至弱依次排序。

[排序题，请在中括号内依次填入数字] *

[　] 信息通知　　　　　　　[　] 信息查询

[　] 移动阅读　　　　　　　[　] 音频、视频学习

[　] 其他

第二部分　移动图书馆用户使用评价

从左至右依次为"非常不满意——非常满意"或"完全不同意——完全同意"，请根据您的对移动图书馆的实际使用经验，在对应的选项框里挑√。

（1）请您根据自己使用移动图书馆的体验，对以下问题进行回答，选择最符合的选项。

编号	序号	问题	完全不同意	不同意	一般	同意	完全同意
		系统质量					
SQ1	1	移动图书馆的系统运行稳定流畅，我能够正常访问和使用					
SQ2	2	我对移动图书馆的功能设计感到满意					
SQ3	3	移动图书馆的界面设计符合我的喜好（颜色、布局等）					

(续表)

编号	序号	问题	完全不同意	不同意	一般	同意	完全同意
		信息质量					
IQ1	4	移动图书馆提供的信息资源内容丰富、种类全面					
IQ2	5	移动图书馆提供的信息符合我的需求					
IQ3	6	移动图书馆提供的信息能够及时更新,具有新颖性和时效性					
		服务质量					
SVQ1	7	移动图书馆提供使用指南、服务提示、联系馆员等帮助服务					
SVQ2	8	通过移动图书馆的帮助服务,我能够快速、有效地解决使用中遇到的问题					
		满意度					
SA1	9	当前移动图书馆满足了我对它的期望(对功能,信息类型、内容,系统服务等需求)					
SA2	10	总的来说,使用当前移动图书馆令我感觉很愉悦					
SA3	11	总的来说,我对当前的移动图书馆感到非常满意					
		忠诚度					
LOY1	12	我能够体谅移动图书馆出现的微小不足(如启动速度慢、偶尔卡顿等)					

(续表)

编号	序号	问题	完全不同意	不同意	一般	同意	完全同意
LOY2	13	只要当前移动图书馆继续提供服务，我会一直使用它					
LOY3	14	我愿意向周围朋友、同学推荐使用当前的移动图书馆服务					
		习惯					
HA1	15	使用当前移动图书馆获取信息，对我来说是件很自然的事					
HA2	16	需要移动信息服务时，我会不假思索地选择使用当前移动图书馆					
HA3	17	使用当前移动图书馆来获取信息服务对我来说已经成了习惯					
		个人创新					
PI1	18	当我听说一种新的APP时，我愿意去体验一下它					
PI2	19	在周围人当中，我通常是第一个去尝试新鲜APP的人					
PI3	20	我喜欢去体验新的APP					
		主观规范					
SN1	21	那些对我的行为能够产生影响的人（同学、老师、专家、朋友、家人等）推荐我使用新的APP					
SN2	22	那些对我来说重要的人（同学、老师、朋友、家人等）推荐我使用新的移动服务					

（2）若要您放弃目前使用的移动图书馆，转换到新的移动信息服务，请您选择最适合的选项。

编号	序号	问题	完全不同意	不同意	一般	同意	完全同意
		转换成本					
SC1	23	使用新的移动信息服务需要下载、注册以及了解各项功能，这会花费我很多时间和努力					
SC2	24	使用新的移动信息服务会让我损失掉原来移动图书馆中的积分、等级、学习笔记等成果					
SC3	25	使用新的移动信息服务会让我失去原来移动图书馆中建立的关系，如好友、读书群等					
		替代品吸引力					
AA1	26	新的移动信息服务提供的信息质量更高，更加符合我的信息需求，我会考虑使用它					
AA2	27	新的移动信息服务平台运行更稳定，功能设计、界面设计更符合我的需求，我会考虑使用它					
AA3	28	新的移动信息服务提供更加贴心的帮助服务，我会考虑使用它					
		转换意向					
SI1	29	我最近有意向去尝试新的移动信息服务					
SI2	30	我很有可能会放弃使用当前的移动图书馆					
SI3	31	我很有可能会更换当前使用的移动图书馆类型					

（续表）

编号	序号	问题	完全不同意	不同意	一般	同意	完全同意
		转换行为					
AB1	32	在日常生活中，相比于当前移动图书馆，我使用新的移动信息服务的频率更高					
AB2	33	在日常生活中，相比于当前移动图书馆，我使用新的移动信息服务的时间更多					